기억의 고고학

정재림 지음

보고사

책머리에

　이 책을 엮기 위해서 묵혔던 글들을 꺼내 읽었다. 내가 쓴 글들을 읽으며 새삼 깨달은 바가 있었다. 조금씩 다른 목적에 따라, 몇 년의 기간에 걸쳐 썼던 평론들이 '기억과 망각'이라는 테마 주변을 맴돌고 있다는 사실이다. 〈문학이란 무엇인가〉라고 질문한다면, 〈기억과 망각의 드라마〉라고 답하겠다. 고통 없는 시대라는 혹평도 있지만, 문학의 공간을 채우고 있는 것은 여전히 상처의 기억들이다. 스타일과 치열성이 달라졌다고 해서 지금의 작가들에게 상처와 고통이 없다고 폄하할 수는 없기 때문이다.

　책의 제목으로 삼은 '고고학'이란 단어는 프로이트에게서 빌려온 것이다. 프로이트의 환자들은 무언가를 잊지 못하거나 자꾸 잊어버리는 증상에 시달리는 사람들이었다. 기억(망각) 작용에 고장이 난 사람들 덕분에 프로이트는 정신분석학의 지평을 열게 된다. 한 번 저장된 기억은 사라지지 않는다고 보았던 프로이트는 정신분석학자의 작업을 고고학자의 발굴에 비유한다. 작품에서 욕망과 억압의 흔적을 찾는 평론가의 탐사 역시 고고학자의 그것과 다르지 않을 듯하다.

이 책의 지면을 빌어 고마움을 표현하고 싶다. 글읽기와 글쓰기의 행복한 공간을 허락해주신 모교의 선생님들, 특히 까다로운 감식안과 엄정한 글쓰기로 가르침을 베푸신 이남호 선생님께 감사드린다. 동행해준 선후배와 동학들이 아니었다면 이 길이 쉽지 않았을 것이다. 또한 이 책을 내도록 격려해주고 도움을 준 이승준 선배와 김종태 선배에게 감사의 인사를 드린다. 그리고 흔쾌히 출판을 맡아주신 도서출판 보고사의 후의에도 감사드린다.

하나님과 부모님은 망각의 천재라는 점에서 같다. 부족하기만 한 나를 믿어주시고 어리석은 내 실수들을 잊어주시는 그분들이 아니었다면 오늘의 나는 없다. 어머니가 두 분, 아버지가 두 분이 되면서 사랑도 두 배가 되었다. 또한 남편과 은전이는 내게 든든한 울타리이다. 추운 겨울에도 따뜻할 수 있는 것은 그들 덕택이다.

2008년 10월
정재림

목차

책머리에 _ 3

1부

'우리'였다가, '우리'일 것이었다가, 결국 '그들'인
 - 최근 문학(담론)에서 '이주노동자'가 재현되는 방식에 대한 단상 … 9

시모니데스의 기억 - 90년대 후일담 문학에 관하여 … 29

미끄러지는 식욕의 환(幻) - 현대소설의 음식 모티프 … 51

롤러코스터의 문학, 안전한 탈주
 - 최근 소설 경향과 관련하여 … 65

불온한 열정, 혹은 포획된 욕망 - 현대소설과 에로티즘 … 77

2부

상상력은 힘이 세다 - 윤성희론 … 87

Post-it의 상상력 - 김애란론 … 103

스타일의 새로움과 주제의 고루함 – 이기호론 _122

바깥을 향한 불가능한 욕망 – 김윤영론 _142

기억의 배면을 응시하는 시선 – 양유정론 _159

불가능을 실연하는 유령작가의 글쓰기 – 김연수론 _173

사랑의 해독(解讀/解毒) – 이혜경론 _198

3부

삶과 죽음의 변증법 – 김훈 「언니의 폐경」 _215

안전한 독서, 위험한 독서 – 김경욱 「위험한 독서」 _236

의심하라:세상에 속지 않는 법
  – 은희경 「의심을 찬양함」 _255

'열정의 윤리'와 '결혼의 윤리' 사이에서
  – 정미경 「시그널레드」 _271

소통의 갈망 혹은 절망 – 신경숙 「숨어있는 눈」 _286

'우리'였다가, '우리'일 것이었다가, 결국 '그들'인
– 최근 문학(담론)에서 '이주노동자'가 재현되는 방식에 대한 단상

시모니데스의 기억
– 90년대 후일담 문학에 관하여

미끄러지는 식욕의 환(幻)
– 현대소설의 음식 모티프

롤러코스터의 문학, 안전한 탈주
– 최근 소설 경향과 관련하여

불온한 열정, 혹은 포획된 욕망
– 현대소설과 에로티즘

'우리'였다가, '우리'일 것이었다가, 결국 '그들'인

최근 문학(담론)에서 '이주노동자'가 재현되는 방식에 대한 단상

1. 투명한 얼굴의 흐릿한 목소리

옴니버스 영화 〈여섯 개의 시선(If You Were Me)〉의 여섯째 이야기인 〈믿거나 말거나, 찬드라의 경우〉(박찬욱, 2003)는 여성 이주노동자를 주인공으로 하여, 인권의 사각지대에 놓인 이주노동자의 현실을 코믹한 터치로 솜씨 있게 그려낸다. 그녀는 공장 기숙사를 나와 길을 잃고 헤매다가, 한 식당에 들어가 라면 한 그릇을 주문한다. 돈을 잃어버린 그녀가 라면 값을 지불하지 못하자, 화가 난 식당 주인은 경찰을 부른다. 그녀는 서툰 한국어로 자신이 '네팔'에서 온 '노동자'라고 말하지만, 경찰은 그녀를 '정신박약행려자'로 분류하여 정신과 의사에게 보낸다. 그녀의 외모가 한국 사람과 무척이나 닮았기 때문에, 담당 경찰들은 그녀의 서툰 한국어를 정신병자의 중얼거림으로 오해했던 탓이다. "나는 네팔 사람이에요" "나는 미치지 않았

어요"라는 찬드라의 절규가 정신병자의 넋두리로 오인된 채, 그녀는 정신병동과 부녀자 보호소에서 육 년 사 개월의 긴 시간을 보낸다. 이 기막힌 일은 네팔 이주노동자 '찬드라 구릉'이 실제로 겪은 실화이다. 그녀가 어처구니없는 상황에서 능동적으로 대처할 수 없었던 이유는, 자신을 표현할 '언어'를 소유하지 못했기 때문이다. 보호와 치료의 의무가 있는 경찰 및 의료진들, 출입국관리소 직원들에게, 자신의 언어를 갖지 못한 찬드라는 마치 보이지 않는 존재와 같이 취급되었다. 그리고 '언어'의 부재는 '이름'의 박탈로 이어진다. 그녀는 '찬드라'라는 자신의 이름을 빼앗기고 발음되기 쉬운 '선미아'라고 불리며, 국가 공무원들에 의해 '무전취식자' '정신박약행려자' '정신분열증환자'로 분류된다. 영화에서 인상적으로 표현되었듯이, 그녀는 '선미아'라는 호명에 "내 이름은 찬드라"라고 울부짖으며 발작적인 반응을 보인다. 하지만 그 부르짖음은 유의미한 언어로 전달되지 못한 채 정신병자의 웅얼거림이 되어 허공에 흩어지고 만다.

1980년대 후반 외국인 이주노동자(migrant worker)가 국내에 유입되기 시작한 이래, 국제노동시장에서 한국의 지위는 노동송출국에서 노동수입국으로 전환되었다. 코리안 드림을 품고 입국한 이주노동자들이, 한국인 노동자가 외면한 소위 3D업종 현장에 대체 투입되기 시작된 이래, 현재 국내 거주 이주노동자는 약 40만 명으로 추산되고 있다.[1] 노동인력이 절대적으로 부족한 한국의 노동시장에

---

[1] 정부의 외국인력정책은 산업연수생제도(1991), 연수취업제(1994), 고용허가제(2004)로 변해 왔지만, 정부가 '단순기능인력 수입금지' '자국노동자의 노동권 보호'라는 기본 방침을 고수한 채 이름만 바꾼 것이기에 여전히 이주노동자는 법제적 보호를 받지 못하고 있는 실정이다. 40만 명이라는 통계 수치에는 국제결혼으로 입국한 외국인

서 이주노동자의 존재는 필요악인 셈이다. 이주노동자의 존재는 자국민의 잠재적 노동력을 잠식한다는 점에서 위협적이지만, 이주노동자가 제공하는 저임금의 노동력이 현실적으로 절실히 요구되기 때문이다. 그러므로 이주노동자 문제의 최종 심급은 '민족'이나 '인종'이 아닌, '자본'이라고 하는 게 옳을 듯하다. 물론 자본의 논리 위에, 다시 민족과 인종, 국가, 젠더, 종교 등이 중첩되면서 문제는 더욱 복잡화되는 양상을 띤다. '이주노동자'의 속성 중 어디에 방점을 찍느냐에 따라, '그들'은 '우리' 안에 포함되기도 하고 '경계' 바깥으로 내몰리기도 한다. 뿐만 아니라 '이주노동자'로 뭉뚱그려 표현되기 어려울 만큼 이 일반 명사에는 여러 분할의 경계선이 포함되어 있다. 그러기에 발화 주체가 어디에 위치하느냐, 발화 주체와 이주노동자가 맺고 있는 관계가 어떠한가에 따라, 그들의 말이 엉뚱하게 들리거나 전혀 들리지 않게 되는 현상이 발생한다.

조선족 처녀와의 국제결혼이라는 동일한 테마를 소설화한 천운영의 『잘 가라, 서커스』와 김연수의 「이등박문을, 쏘지 못하다」의 남성들이 갖고 있는 장애가 '언어장애'라는 점은 상당히 시사적이다. 언어장애는 타자와의 만남이 수평적 만남과 대화에 이르지 못함을 암시한다. 소설의 주인공은 언어장애를 이렇게 규정한다. "성수는 자신을 부르는 소리에 잘 대답하지 못했다. 언어장애란 그런 것이었다." 즉 언어장애는 '대답할 수 있는 능력의 부재'인 셈이다. 하지만 장애가 없다고 해서 이주노동자와의 대화(만남)가 용이해지는 것도

여성의 숫자가 포함되지 않지만, 이들의 결혼 생활에서 발생하는 인권 유린적 측면은 이주노동자의 현실과 크게 다르지 않다.

아니다. 서로 다른 언어를 매개로 이루어지는 대화는 반드시 '번역'
의 과정을 거치게 되는데 번역의 과정에서 의미의 미끄러짐을 피할
수 없기 때문이다. 개별적인 타자와의 만남에서 겪는 언어와 번역의
어려움은, 문학 텍스트에서 이주노동자를 재현하는 과정에도 고스
란히 반복된다. 즉 문학 텍스트는 번역된 언어로 이주노동자를 재현
하는 한계를 가질 수밖에 없다는 것이다. 이 글이 '언어'의 문제를
중심으로 최근 문학(담론)에서 이주노동자의 재현을 살펴보려는 까
닭도 여기에 있다.2)

2. 그런데, 누구의 언어인가

　김인숙의 「바다와 나비」는 이방인이 겪는 곤경이 '언어'의 문제와
다르지 않음을 보여준다. '나'는 젊은 시절의 이상을 잃고 타락해
버린 남편을 견디지 못하고 자녀의 유학을 핑계삼아 중국으로 떠난
다. 그리고 중국에서 한국행을 준비 중인 '이채금'을 만나게 된다.
서툰 한국말을 구사하는 스물다섯 살의 조선족 여인은, 마흔을 넘긴
노총각과의 국제결혼을 위해 F-2비자를 기다리는 중이다. 분개하는

---

2) 이 글에서 다루고자 하는 소설은 다음과 같다. 김인숙, 「바다와 나비」(《실천문학》, 2002 겨울호); 이명랑, 『나의 이복형제들』(실천문학사, 2004); 강영숙, 「갈색 눈물방울」(《문학과 사회》, 2004 겨울호); 손홍규, 「이무기 사냥꾼」(《문학동네》, 2005 여름호); 김연수, 「이등박문을, 쏘지 못하다」, 『나는 유령작가입니다』(창작과비평사, 2005); 박범신, 『나마스테』(한겨레신문사, 2005); 공선옥, 「가리봉 연가」, 『유랑가족』(실천문학사, 2005); 이혜경, 「물 한모금」, 『틈새』(창작과비평사, 2006); 천운영, 『잘 가라, 서커스』(문학동네, 2006) 소설 인용은 면수로 대체한다.

'나'의 어머니와 달리, '나'의 반응은 담담하다.

> 처음 듣는 이야기는 아니었다. 그렇게 한국으로 시집온 조선족 여자들이 어느 날 자기 몸으로 낳아놓은 아이까지 내팽개치고 주민등록증 한 장만을 챙겨 도망가 버린다는, 그래서 심각한 사회적 문제가 야기되고 있다는, 그런 이야기는 한동안 신문과 티브이 뉴스에서도 자주 보았던 것이다. 어쨌거나 나하고는 상관이 없는 일이었다. 한 조선족 여자가 그렇게 야반도주를 결심할 때까지, 그들 부부 사이에 어떤 일이 있었는지…… 남자는 여자를 몇 번이나 두들겨팼는지…… 여자는 조선족이란 이유로 어떤 수모를 당했는지…… 그 여자가 견딜 수 없었던 것이 모욕인지, 분노인지, 그리움인지…… 사라진 것은 그 여자의 주민등록증뿐만이 아니라 그런 사연들 역시 마찬가지일 것이다. (263면)

'나'는 일반적이고 보편적인 '여성수난사'로 수렴되지 않는 조선족 여성의 구체적 삶의 세목이 존재하지만, 그것은 어머니의 짐작이나 사회면 기사에서 항상 누락되기 마련이라고 지적한다. 그러므로 개별적이고 특수한 요목들은 객관적인 언어가 아닌, 역설적으로 '말줄임표(……)'라는 기호에 생략된 형태로 드러날 수밖에 없는 형국이다. "안녕하세요. 나는 이채금입니다. 나는 한국 사람입니다"로 가득 채워진 '채금'의 한국어 교본을 보면서, '나'는 "앞으로 그녀가 겪어야 할 것이 다만 언어의 문제만은 아닐 테니. 언어보다 더한 것들…… 그러나 결국 언어인 것…… 나는 그것을 어떻게 표현해야 할지 알 수 없었다."(268면) '나'는 "안녕하세요. 나는 이채금입니다"라는 그녀의 어색한 인사의 의미가 한국인들에게 온전히 전달되지 않을 것이며, 그녀가 겪을 어려움이 결국 '언어'의 문제로 귀결되리라고 예상한다. 즉 그녀가 직면할 어려움의 전부가 언어는 아니지만, 이 언어에 국가와 계급, 젠더의 문제가 중첩되어 있다는 의미일 것이다.

한국 남성의 배우자든 이주노동자의 신분이든, 한국사회가 이방인에게 허락하는 자리는 철저히 '경계'로 제한된다. 이혜경의「물한모금」은 이방인이 처한 경계적 위치를 '경계석'이라는 상징물로 보여준다. 소설의 주안점은 이주노동자의 비참한 현실을 고발하는 데 있지 않다. 그보다는 타자에 대한 우리의 완고한 배타성에 의해 억압된 이주노동자의 소외된 내면을 울림 있는 언어로 전달해 주는 데 있다. 이주노동자 '아밀'의 시각에서 매정할 정도로 배타적인 '우리'를 바라보게 함으로써, 이주노동자 주체가 경험하는 소외감과 외로움을 효과적으로 전달하고 있다. '우리'와 '그들' 사이에는 보이지 않는 '금'이 존재하며 우리는 그들을 금 안으로 초청하지 않는다. 겨우 허락해주는 자리가 '경계'라는 사실이, 공장노동자 '아밀'이 자신의 손으로 만들고 있는 생산품을 통해 상징적으로 제시된다. 아밀은 자신이 만들고 있는 물건이 "차도와 보도 사이를 가르는 경계, 보도블록 가장자리"에 늘어선 '경계석'이란 사실을 우연히 알게 된다. 그러니까 '아밀'이 만든 경계석이 '금' 안에 거주하는 사람들의 안전을 위한 장치이듯, 이주노동자의 존재는 한국 노동시장의 원활한 유통을 위해 동원된 노동력일 뿐이라는 암시이다. 그나마 가까스로 경계에 머물게 해주는 데도 제한조건과 단서가 붙는다. 그러기에 출입국관리사무소 담당자에게 "이곳에 머무를 수 있게만 해준다면 금지된 일은 하나도 안할 사람들임을 알아달라는 겸손한 표정을 덧바르고" "하얗고 노랗고 검은 얼굴"들은 서류를 내민다. "난 작은 도마뱀보다도 무력하고 무해한 인간이랍니다. 그저 당신네 땅에서 잠시 숨쉬는 것뿐이에요."(21면)라는 '아밀'의 중얼거림은 자신의 위치를 한없이 낮추기 위한 자기 다짐에 가깝다. 반면 주체와 동일한 욕망을 품었던 '라흐맛'이나 '샤프'는 죽임을 당하거나 추방당한다.

「물 한모금」이 울림 있는 언어로 우리의 폭력적 배타의식을 전해준다는 사실을 인정하면서도, 이 '울림 있는 언어'가 누구의 것인가라는 의구심을 버릴 수 없는 까닭은 무엇일까. 가령, "샤프가 천둥벌거숭이처럼 보이기도 했다. 한 주일 내내 데친 채소처럼 지쳐 있던 샤프는 주말이 되면 반짝 생기가 돌았다."(16면)와 같은 식의 유창하고 매끄러운 언어는 누구의 언어인가. 서사문법의 관습상 서술자가 이주노동자 '아밀'의 말을 대변해 준다고 해야 할 터인데, 서술자가 이국어(異國語) 사용자인 '아밀'의 말을 이렇게 매끄럽게 대변할 수 있느냐는 것이다. 아니, 이것은 (내포)작가의 언어가 아닐까. 그렇다면 섬세하게 그려진 '아밀'의 내면이란 한국 작가에 의해 상상된 이주노동자의 내면이다. 이 과정에서 발생하는 문제는 타자의 언어에 포함된 언어의 '이질성(Fremdheit)'이 봉합된다는 점이다. 그렇다면 이 매끄러운 언어는 번역 불가능한 공백인 언어의 이질성을 희생하면서 얻어진 성취가 아닌가. 즉 이주노동자 '아밀'의 내면을 만나는 듯하지만 사실은 '타자'의 실체가 이미 사라지고 만 것이다. 아마도 몇 개의 이국지명과 이름만 바꾼다면, '아밀'의 내면은『틈새』에 실린 다른 소설 속 주인공들의 것과 차이를 보이지 않을 것이다. 그렇다면 이주노동자 '아밀'의 타자성은 다른 소설에 등장하는 아웃사이더들과 구별되지 않으며, 이런저런 이유로 소외받는 한국인으로 동일화된다는 문제를 노출한다. 오히려 타자의 언어가 드러나는 부분은 '아밀'이나 '샤프'의 어색한 한국어 발음을 통해서이다. "그는 스쳐가는 도로표지판의 영문글자들을 속으로 발음해보았다. 이치온, 구앙주. 입안엣말이었는데도 그의 혀와 입술은 낯이 설어 뻣뻣하게 움직였다."(11면) "이건 경계석이라고 해. 왜 도로에 보면 차가 다니는 곳하고 사람이 다니는 곳이 다르잖아. 그 사이에 놓는 거야. 기옹기에속? 샤프는 잘 구르지 않는 혀를 굴려가며 그 딱딱한 단어를 몇번 따라했다."(13면) 섬세하게 조탁된 언어보다 이주노동자의 딱딱한 발음이 타자의 목소리가 전달되는 효과적 통로가 된다. '번역'에는 번역 불가능한 빈공간이 존재하기 때문에 완벽한 번역(재현)일수록 의심스런 번역이 되고 마는 까닭이다. 그리고 이 타자의 언어야말로 동일자로 환원될 수 없는 틈새를 가진, 주체를 위협하는 타자의 언어라고 할 수 있다.

손홍규의 「이무기 사냥꾼」은 '언어의 이질성'이 주체를 전복·교란하는 계기가 될 수 있음을 보여준다. 죽음을 가장하여 삶을 연기하는 '알리'와 스스로를 '무해한 도마뱀'으로 표방하는 '아밀'은, 자신의 약함을 과장하고 자신의 정체성을 최대한 희미하게 하는 방식으로 경계에 머물고자 한다는 점에서 차이가 없다. 하지만 '아밀'이 "목줄띠 타는 갈증을 제 침샘에서 짜낸 침으로 달"래며 무력한 순응을 택한 반면, '교활한 공손'을 가장한 '알리'는 현실에 적극적으로 대응한다. '아밀'의 '이치온, 구앙주'라는 딱딱한 발음은 '이질성'을 드러내는 데 그치지만, '알리'가 '용태'에게 던지는 '앗살라무 알라이꿈!(안녕)'의 이질성은 주체/타자의 위치를 순식간에 전복시키는 역할을 한다. 용태는 '앗살라무 알라이꿈!'을 고마움과 재회에 대한 약속으로 해석했지만, '알리'가 던진 '앗살라무 알라이꿈!'은 주체에 대한 조롱과 배신을 의미했다. '알리'에게 모든 재산을 빼앗기고 '용태'가 타자를 모방하는 마지막 장면은, 의미론적 교란이 존재론적 전복으로 이어짐을 가시적으로 보여준다.

천운영의 『잘 가라, 서커스』는 촘촘하고 리얼한 언어를 무기로 개별자의 구체성을 살려낸다. 즉 『잘 가라, 서커스』의 성취는 타자의 언어를 복원하고자 하는 작가의 노력에서 비롯된다. 이방인을 내세우면서도 그들의 언어에 대해서 별다른 관심을 보이지 않았던 작가들과 달리, 천운영은 연변처녀 '림해화'가 자신의 언어로 사고하고 말하도록 배려한다. 그러므로 자신의 언어를 가진 '해화'가 구체성, 개별성을 가진 생생한 인물로 다가오는 것은 우연이 아닐 것이다. 즉 구체적 욕망과 물질성을 소유한 "피가 흐르고 숨을 쉬는 육체"를 가진 '해화'는, 「바다와 나비」에서 '말줄임표(……)'로 처리될 수밖에 없었던 조선족 여인의 구체적 세목들을 일정 부분 복원해 낸다. 하지만 소설 후반부로 가면 긴장의 밀도가 떨어지며 '해화'가 일반적인 '여성수난사'의 수순을 밟아간다는 인상을 지우기 어렵다. 그러기에 서사 전개와 밀접한 관련이 없는 속초 사내, 발해공주, 약물중독의 환각 등의 몽환적이고 신비한 분위기가 필요했던 것은 아닐까. 즉 번역 불가능한 부분을 은폐하기 위한 장치로 신비로운 분위기의 휘장이 필요했던 것이 아닌가 말이다.

3. 연민의 윤리학에서 동감의 윤리학으로

이명랑의 『나의 이복형제들』, 공선옥의 「명랑한 밤길」「가리봉 연가」가 사회적 마이너리티를 주인물로 내세운 이유도 이방인의 목소리를 담아내기 위한 설정이다. 『나의 이복형제들』에서 만신의 운명을 갖고 태어난 미성년, 장애인 여성, 인도 출신 이주노동자, 조선족 여인, 난쟁이 등이 '이복형제들'의 연대로 규합될 수 있었던 까닭은, 이들이 시장의 주변부에 위치한 인물이라는 점 때문이다. 「명랑한 밤길」의 '나' 역시 경제적, 가정사적으로 철저히 주변부에 속한 인물이다. 주변부적 정체성은 이들이 하나의 연대로 묶일 수 있는 토대가 되며, 타자인 이주노동자의 호소에 귀를 열 수 있는 계기로 작용하는 것이 사실이다. 그러나 '이복형제들'과 '유랑가족'이라는 레토릭에는 집단적 연대가 갖기 마련인 위험이 도사리고 있다. '이복형제들'과 '유랑가족'이란 레토릭은 이름을 소유하지 못한 타자에게 '주변부성'이라는 정체성을 부여하는 역할을 하지만, '하나가 된 다수'로 결집되면서 차이의 표지인 '이복(異服)'의 흔적들은 흐릿해지고 말기 때문이다. 즉 '형제들'이나 '가족'으로 동일화되는 과정에서 다양한 개별자의 상이한 사회문화적 차이들이 간과되고 지워질 수밖에 없다는 점이다. 즉 타자에 대한 연민에서 비롯된 연대는 동일화의 나르시시즘으로부터 자유롭지 못하다는 한계를 갖는다. 더욱이 연대가 이데올로기적 환상과 연결될 때, 주체에 의해 이주노동자라는 타자는 엉뚱한 방식으로 전유되게 된다.

가령, 박범신의 『나마스테』를 보자. 『나마스테』는 이주노동자 '카밀'이 노동현장의 모순을 깨닫고 주체로 각성되는 과정을 그리고 있다. 소설은 한국인 여성 '신우'와의 로맨스에서 출발하지만, 서사의 목적이 '카밀'의 주체 각성에 있기에 로맨스가 차지하는 비중은 후반부로 갈수록 희미해진다. 특히 세부 서사들이 '카밀'이 "분노의 불꽃"으로 타오르는 마지막 장면을 위한 장치들이라고 해도 과언이 아닌데, 이 장면을 통해 대상화되던 이주노동자의 주체성이 복원되는가라는 의문이 든다. 『나마스테』는 '외국인/내국인'의 이분법을 '자본가/노동자'의 계급투쟁으로 교묘하게 전환시키면서 네팔 청년을 주체로 입각시키지만, 이 과정에서 '이주(migrant)'라는 정체성의 표지는 소멸되고 일반명사 '노동자(worker)'의 표지만 남게 된 형국이기 때문이다. 극적인 분신장면은 '카밀'을 영웅으로 격상시키는 동시에 한 이주노동자의 부조리하고 불행한 죽음은 은폐·봉합하는 셈이다. 서사와 무관한 티베트 불교에 대한 장황한 설명과 신비화 전략 역시 주체 형성이라는 환상을 심어주기 위한 스크린으로 구실한다. 그렇다면 주체 형성 이전의 '카밀'은 한국의 노동시장의 값싼 노동력으로, 주체 형성 이후에는 한국 노동법의 개선을 위해 차출된 '용병'으로 존재하는 건 아닌가 말이다. 즉 『나마스테』의 '카밀'은 한국의 부당한 노동현실을 되비추기 위한 거울로서, 「가리봉 연가」와 『나의 이복형제들』의 이주노동자들은 한국 소외계층의 빈곤과 부조리를 예각적으로 드러내기 위한 또 하나의 사례로 차용되는 것은 아닐까. 그렇다면 주체처럼 보이는 이들 이주노동자는, 이중의 과정을 거쳐 대상화되고 타자화되는 운명을 겪게 되고 타자의 목소리 또한 다시 소멸되고 만다.

섣부른 연민이나 연대가 타자에 대한 전유(專有)로 전락하기 쉬운 상황에서 타자와의 대화를 위한 최소한의 준비는 무엇인가. 레비나스에 의하면, 타자의 외재성을 경험하는 '대면적 대화'가 가능하며, "진리는 타자로부터 분리된 존재가 타자를 위험에 빠뜨림이 없이 타자에게 말을 거는 데서 발생한다." 그는 불의와 폭력에 불과한 '레토릭(대상을 안다고 생각하고 타자로서의 말을 듣지 않는 말하기)'과 달리, 대면적 대화에서는 타자와의 절대적 거리지움, 차이가 유지되며 타자의 계시(啓示)가 가능하다고 말한다. "타자를 위험에 빠뜨림이 없이" 말을 건다는 것은, 타자의 외재성을 온전히 유지한다는 말에 다름 아니다. 즉 이주노동자를 재현하는 소설이 빠지기 쉬운 함정은, 타자에게 말걸기가 타자를 위험에 빠뜨리고 타자성을 훼손하는 방식으로 수행되기 쉽다는 설명이기도 하다. 김연수의 「이등박문을, 쏘지 못하다」, 강영숙의 「갈색 눈물방울」은 말하기(말걸기)의 곤경에서 벗어나는 나름의 방식을 예시한다. 먼저 김연수의 「이등박문을, 쏘지 못하다」를 보자. 동생의 혼담을 위해 하얼빈에 도착한 '성수'의 눈길을 사로잡은 것은 하늘을 날고 있는 두 마리의 새이다.

> 색바랜 벽지를 닮은 그 하늘을 배경으로 날개와 머리가 검은 새 두 마리가 한자리에서 맞바람을 타고 앉아 있었다. 이쪽으로도, 그렇다고 저쪽으로도, 또 나아가지도, 물러서지도 않고. 서로 가까워지지도, 멀어지지도 않고. 조심조심. 가만히. (183~184면)

"가까워지지도, 멀어지지도 않고" 앉아 있는 두 마리 새 사이의 간격은 주체와 타자의 절대적 거리에 대한 은유이며, 이 절대적 거리는 성수/성재, 한국인/조선족, 개인의 경험/집단의 역사 사이에도 존재하는 간극이다. 「이등박문을, 쏘지 못하다」는 나르시시즘적 동일화의 유혹에 저항하며 끝까지 절대적 거리를 유지해 나간다. "주주주죽고오싶다고! 혀혀형, 나나나나이이이제이이이렇게사사사는게 저저정말시시싫어."(201면)라는 동생의 절규를 온전히 이해할 가능성은 차단되어 있다. 왜냐하면 '성재'가 해석하는 과정에서 의미의 과잉이나 손실이 발생할 것이기 때문이다. 절규의 원인이 언어장애라는 핸디캡에 있는지, 사랑하는 여자와 결혼할 수 없다는 절망감 때문인지, 형의 일방적 행동에 대한 분노인지 알지 못하지만, '성수'는 절대적 거리를 끝까지 포기하지 않는다. 즉 그는 동생에 대하여 '짐작'하지 않겠노라고 거듭 다짐한다. 왜냐하면 '짐작'은, 타자의 외재성을 훼손하며 얻어지는 타자에 대한 폭력적 이해 방식이기 때문이다. 그런데 '성수'가 절대적 거리를 포기하지 않음에도 불구하고 대면적 대화가 발생하지 않는 이유는 무엇일까. 또한 '성수'의 태도가 또다른 방식으로 동생에게 침묵을 강요하고 있는 것은 아닐까. 절대적 거리의 인정과 '짐작'하지 않는 윤리적 태도는, 동일자의 폭력적 '레토릭'의 위험을 방지해준다. 하지만 이것이 대면적 대화, 윤리 발생의 충분조건이 되지 못한다는 한계를 갖는다. 나아가 절대적 타자성에 대한 지나친 주장은, 또다른 방식으로 타자에게 침묵과 수동성을 강요하는 폭력이 될 수 있다. 즉 '환대'가 철학적 개념이나 종교적 실천의 영역이 아닌, 현실의 장(場) 안에서는 타자의 능동적 발화 행위를 봉쇄하는 원인이 될 수 있다는 뜻이다.

레비나스는 대면적 관계가 제한적인 계약윤리에 있지 않고 비대

칭성(asymmétrie)에 기반하며, 또한 헌신이나 베풂과 같은 실천적 양태로 나타난다고 말한다. 하지만 현실의 장에서 곤란한 부분은, 헌신과 베풂과 같은 실천적 행위가 드러나는 확률이 극히 희박하다는 점이다. 인종, 민족, 국가, 젠더 등의 문화적 차이가 급속하게 국내로 유입되는 현실 상황에서, '타자의 윤리학'이 아무래도 공소하게 느껴지는 이유가 여기에 있다. '절대적 타자성' 이후의 실천적 대안이 모색되어야 하는 시점에서, 막스 셸러의 '동감의 윤리학'은 하나의 시사점을 제공해준다. 셸러에 의하면, '동감(Mitgefoehl)'은 자아중심주의에서 벗어나 다른 인간들을 자아와 동등한 실재성, 가치성을 가진 존재로 받아들이는 계기가 된다. 그는, 타자의 고통을 있는 그대로 이해하고 뒤따라 느끼는 '동감'의 능력이 인간에게 선천적으로 주어져 있다고 주장한다. 물론 타자의 고통을 주체의 고통으로 여기고 타자를 주체로 간주하는 것은 진정한 동감에서 제외되는데, 왜냐하면 인격의 본질적인 차이와 개인 사이의 거리가 동감의 전제 조건이기 때문이다.

강영숙의 「갈색 눈물방울」의 '나'와 동남아시아 사람들의 관계는 '동감'의 연대를 통한 타자와의 소통 가능성을 가늠해 보게 한다. '나'와 동남아인들의 거처인 낡은 이층짜리 빌라는 "이삼십 층이 넘는 새로 지은 주상 복합 건물들이 즐비한 곳" 도심의 한가운데 "골조 속속들이 이끼와 부식으로 뒤덮인 채 잊혀진 사원"처럼 위치해 있다. '도심의 한가운데'라는 '빌라'의 지정학적 위치는 이방인의 주변적 정체성을 상징적으로 보여준다. 도심에 살고 있는 사람들이 '도심의 한가운데' 버려진 빌라에 관심을 두지 않듯, 사람들은 거기에 사는 동남아시아 사람들에게 시종일관 무관심하다. 빌라의 같은 층에 살고 있는 '나'조차도 "그들 셋이 동거하는 집 쪽에서는 언제나 묵직한 솔향기나 쓰디쓴 차 맛 같은 이국의 냄새가 감돌았다. 그러나 그 집에 대해 아는 것 또한 그게 전부였다."(1518면)라고 말한다. 그러나 주변적인 '빌라'가 도심과 맺고 있는 관계가 단지 종속적이라고 단정지을 수는 없다. 호미 바바는 '사이에 낀(in-between)' 공간에서 생성되는 문화적 차이는 주류 문화의 불완전한 정체성을 부각시키고 위협하는 역할을 수행한다고 지적한다. 냉정한 무관심에서 돌연한 공포심이나 적개심으로 변하는 이방인에 대한 도심의 반응은, 이방인의 주변성에 잠재된 위협적 성격을 유추하게 한다(관리인의 적개심이나 경찰의 연행이 그러한 예가 될 것이다). '나' 역시 처음에는 그들에게 관심을 갖지 않지만 점차 그들과 관계를 맺어가게 된다. '나'의 변화가 급작스런 돌변이 아닌 이유는, '나'의 거주지가 그들의 거주지와 같은 곳이라는, 즉 '나'와 그들이 공유하고 있는 주변적 정체성에서 찾아야 한다.

물론 '나'는 빌라 같은 층에 살고 있으면서도 "같은 계층이라는 연대감도 이렇다 할 교류"도 없었노라고 말한다. 하지만 "이층에 사는 것들은 밤낮 안 가리고 동네 쓰레기통을 뒤지고 다닌다고 소문이 파다해. (중략) 지금 걸어 올라가는 년 좀 봐봐, 피부가 탱탱하잖아"라는 관리인의 비난은, "빌라에 사는 것들" 속에 이미 '나'가 포함되어 있음을 증명해준다. 그러나 주변적 정체성만으로 '나'와 그들의 관계맺음이 가능했던 것은 아니다. 더 중요한 요인인 '고통'의 '동감'에 있다. '나'는 애인과 헤어진 후 이별의 고통에 시달리며 밤마다 빌라 주변을 서성이게 되고, 이때 처음으로 동남아 여자를 발견하게 된다. "내가 그때까지 알고 있었던 인생 최대의 고통은 다름 아닌 치통이었다. 그러나 실연의 아픔을 치통보다 우위에 놓을 시간이 온 것이 분명했다."(19면)라고 말하며 자신의 고통을 호소한다. 그런데 실연의 고통이 끝난 이후의 '나'의 행보가 흥미롭다. '나'는 영어 회화 배우기에 도전하며 예기치 못한 '혹독한 말더듬이 증세'와 '일종의 실어증'을 겪게 된다. 배우기 시작한 외국어가 영어라는 사실은 중요하지 않은 듯하다. "자모가 스물여덟 개인 국제 보조어 에스페란토든, 천년 전에 존재했다 사라져버린 중국 어느 소수 민족의 언어든, 심지어 수화(手話)든 아무런 상관이 없었"(1521면)기 때문이다. 언어 배우기는 소통에 대한 갈망을 상징하고, 실어증은 소통의 지난함을 암시할 터이다.

영어 배우기 모티프가 서사적으로 유용한 장치라면 영어를 매개로 한 대화 장면이 나올 법도 하지만 그런 상황은 벌어지지 않는다. 그녀가 출국할 때까지 '나'의 '실어증'은 고쳐지지 않기 때문이다. 오히려 영어 배우기 모티프는, 언어가 진정한 동감의 필요충분조건이 아니라는 점을 입증해준다. 왜냐하면 언어보다 더 중요한 요소는 고통의 동감이기 때문이다. "왜 스스로를 아웃사이더로 만들죠"라는 힐난을 받던 날, '나'는 그녀의 말을 알아듣게 되며 그녀의 고통에 개입하게 된다. 즉 여러 사람 중 유일하게 "그때 나는 들었다. 여자가 쉬랑카! 즉 스리랑카 사람 같다는 말을."(1531면) 그날 밤 '나'는 처음 '이웃집'을 방문하며 고통의 실체가 치질이었다는 사실을 알게 된다. "나는 얼굴이 아주 작아진 동남아 여자의 몰골을 본 순간 고통에 대한 순위를 새롭게 매겨야 했다. 치통보다 참기 어려운 건 실연의 아픔, 실연의 아픔보다 참기 어려운 건 치질의 통증. 새로운 순서는 그랬다."(1533면) '나'와 그녀를 이웃으로 묶어주는 끈은 언어가 아닌 '고통'이라는 감정이다. '나'와 그들이 벌이는 파티는 '언어'를 매개로 하지 않고도 기쁨이 공유될 수 있음을 보여준다.

> 남자는 알록달록한 우산들을 초록 풀이 자란 공터에 펼쳐놓고 동남아 여자와 함께 춤을 췄다. 어디서 났는지 달짝지근한 술도 가져왔다. 우리는 술을 한 모금씩 입속에 부어 넣으며 도무지 알아들을 수 없는 말들을 각자 지껄이며 도시 한 귀퉁이에다 대고 웃음을 토해버렸다. (중략) 그리고 뒤로 돌아서서 머리를 가랑이 사이에 집어넣고는 멀쩡해진 자신의 항문을 보여주며 환하게 웃었다. (1533면)

이들의 교감이 고통의 '동감'을 통해 이루어진 것이기에, 언어를 매개로 한 의사소통이 필수적으로 요구되지 않는다. 소설은 교감과 연대의 형성에 있어서 동감이 언어보다 우위에 있으며, 오히려 '언어'가 오해와 왜곡의 원인으로 작용할 수 있음을 암시하는 듯하다. 서로의 입에서 나오는 "도무지 알아들을 수 없는 말들", 그 '언어의 이질성'은 주체/타자 사이의 지울 수 없는 절대적 차이의 표지이기도 하다. 동남아 여자의 떠남과 빌라의 재건축이 허가되었다는 소식이 동시에 알려진 것은 다분히 상징적이다. 빌라의 철거는 '나'가 거주지 없는 상태, 즉 이방인들과 동일한 상태에 놓이게 된다는 의미이며, 또한 보편적 연대로 환원될 위험이 제거되었다는 의미이기도 하다. 왜냐하면 동감의 감정이란, 철저히 개별자 대 개별자의 만남에서 가능한 것이기 때문이다. 그렇다면 「갈색 눈물방울」의 동감은 동일한 감정의 영역에 속한 연민과 어떻게 다른 것일까. 연민이 주체와 타자를 동일시하는 감정인 반면, 동감은 주체와 타자의 거리감, 분리의식에 기초한 감정이란 점에서 차별성을 띤다. 또한 동감은 절대적 간격을 전제조건으로 하기에 타자의 목소리가 전유될 위험에서 벗어난다. 즉 차이의 표지인 '갈색'이 훼손되지 않는 동시에 '눈물방울'로 상징되는 고통의 연대가 형성될 가능성이 열리는 것이다.

4. 귀 있는 자는 들으라

최근 문학(담론)에서 '우리 안의 타자'로 새로이 편입·등장한 이주노동자에 대한 관심이 폭증하고 있다. 문학담론의 양상은 크게 두 경향으로 나누어진다. 연대의 필요성 및 가능성을 모색하는 시도가 하나라면, '절대적 타자성'을 강조하는 입장이 다른 하나이다. 전자는 이주노동자를 착취하고 대상화하는 우리의 모습을 비판하며 그들이 우리와 함께 연대해야 할 주체임을 강조한다. 하지만 연민의 윤리는 동일자에 의한 타자의 전유라는 함정에 무방비적으로 노출되어 있다. 또한 노동자 계급의 정체성이 약화되는 시점에서 발생한 연대의 논리는, 민중과 교환가능한 등가물로서 이주노동자를 호출하려 한다는 혐의에서 벗어나지 못하고 있다. 이런 상황에서 '절대적 타자성'을 강조하는 담론들은, 나르시시즘적 재현 방식이나 연대의 이데올로기가 내포한 허구성을 폭로하여 이를 성공적으로 견제하는 역할을 수행한다. 그러나 인식론적 '환대'가 실천적인 윤리성으로 연결될 수 있는가라는 질문에 대한 답변이 아직은 마련되지 않은 듯하다. 뿐만 아니라 '절대적 타자성'에도 타자가 발화의 행위자가 될 기회를 봉쇄함으로써 타자에게 침묵을 강요할 위험이 내포되어 있기는 마찬가지이다. 전자의 문제가 이데올로기적 목적성에의 편중과 낙관적 온정주의에 있다면, '절대적 타자성'을 강조하는 입장은 지나치게 사변적이고 추상적이라는 문제를 노출하고 있다. 알랭 바디우가 꼬집듯이, 사회적 마이너리티를 사유함에서 있어서 정말 어려운 문제는 '차이의 윤리'가 아니라 '동일성의 인정'일 수 있기 때문이다.

최근 이주노동자(담론)에 대한 문학(담론)의 '환대'가 다소 과장된 것 아닌가 하는 의구심을 지우기 어렵다. 그러니까 왜, 지금, 이주노동자인가. 한 진영에서는 민중 계급을 대체할 새로운 용병으로, 다른 진영에서는 철학적 사유를 풍요롭게 할 사례로 이주노동자를 소비하고 있는 것은 아닌지. 돈을 벌기 위해 멀리 타국에서 한국을 찾은 이주노동자에게 한국의 문학 담론을 풍성하게 하기 위한 용병이 되어 달라는 요청은 그야말로 비윤리적이지 않는가. 아마도 요청에 응답할 책임이 그들에게 없을 듯하다. 수요-공급의 시장 원칙에 의해 초청된 타자라면 이주노동자의 목소리가 들리지 않는 것은 당연한 결과인 듯하다. 호미 바바는 '문화적 차이'의 목적이 단순히 "정치적 차별 행위의 이유를 폭로"하는 데 있지 않으며, 근원적으로 "언술의 발생 위치를 변화시키고 그 행위에서 이루어지는 소통의 관계를 변화"시키는 데 있다고 지적한다. 그러나 현재의 상황에서 우리 문학(담론)은 '언술의 발생 위치'를 변화시키는 데 실패하고 있거나 변화시키는 데 전혀 관심을 두고 있지 않은 듯하다(이주노동자가 쓴 문학물이나, 이주노동자 방송국 프로그램, 이주노동자 영화제와 같이 이주노동자가 창작 주체인 텍스트는 담론의 전개과정에서 거의 예외 없이 배제된다). 하위주체를 대변하려는 의욕에 사로잡힌 자비롭고 급진적인 서구 이론가들을 향하여, 말하려 하기 전에 먼저 끈기 있게 배울 것을 촉구하는 스피박의 주장을 우리도 새겨들을 필요가 있다. 눈앞에 현현한 메시야를 보고서도 언제 메시야가 오느냐고 질문하는 우매한 유대인들에게 예수는 거듭 말한다. "귀 있는 자는 들으라."

시모니데스의 기억
90년대 후일담 문학에 관하여

1. 〈고통의 글쓰기〉에서, 〈글쓰기의 고통〉으로

발바닥을 때리는 고문은 물고문에 비하면 정녕 아무것도 아니었다. 코로만 물이 들어가는 것도 아니었다. 함부로 휘둘러대는 물줄기에 따라 코와 입이 컥컥 막히면 미처 삼켜지지 않은 물이 벌컥벌컥 콧구멍으로, 입으로 다시 역류해왔다. 그러면 다시 온몸을 비틀어대면서 끊겨버리고야 말 것 같은 호흡을 붙잡기 위해 안간힘을 다하여야 했다. 그럴 때마다 찢어질 듯 부풀어 오른 심장에서 불꽃이 튕겨지는 느낌이 있었다. 이 결박을 풀고 하늘로 훨훨 날아가 버릴 수만 있다면, 고문자들의 손길에서 벗어날 수만 있다면, 그럴 수만 있다면…… 지금 이 순간 누군가 저 흉포한 물줄기를 거두어주기만 한다면 그를 위해서 평생 개처럼 충성을 바칠 것 같았다. 아니, 맹세할 수도 있었다. (양귀자, 「천마총 가는 길」)

위의 인용문은 양귀자 「천마총 가는 길」(1988)의 고문장면 중 일부이다. 이미 8년의 시간이 흘렀지만 고문의 상처는 아물지 않았다.

눈에 보이는 상처야 아물었겠지만, 정신에 깊이 각인된 고문의 비가시적 흔적이 지워지지 않았기 때문이다. 80년대는 고문의 시대였다. 고문이 효과적인 통치술로 용인되던 시절, 군화의 발길질과 비명, 신음이 끊이지 않던 비이성과 야만의 시대! 고문의 시대에는 모든 것이 분명했다. 고문자가 적이었으며, 피고문자는 동지가 되었고, 고문 없는 세상을 만드는 것이 지상과제였다. 고문의 시대를 응시하고 정직하게 그려내는 것만으로도 예술가는 시대적 소임을 다하는 셈이었다.

그렇지만 90년대 국내외적 상황은 급박하게 변화한다. 베를린 장벽의 붕괴를 시작으로 동구 사회주의가 잇달아 몰락하더니, 소련마저 낫과 망치가 그려진 붉은 깃발을 내리고, 대한민국에서는 새로운 정부가 출범한다. 문민정부로 일컬어지는 90년대에, 고문은 공식석상에서 사라진 것처럼 보인다. 남한사회를 비방하고 북한체제를 옹호한 혐의로 사형을 당했다거나 "내장이 터져나갈 정도의 고문"을 받았다는 따위의 이야기는, 이제 지난 시대의 흉흉한 소문으로 회고될 뿐이다.

그러나 고통이 사라졌다는 말은 아니다. 90년대에도 고통은 여전히 존재한다. 단지 고통의 양상이 변했을 뿐. 고문의 고통은 신체의 혹독한 아픔이며, 고문의 후유증은 고문자를 향한 적개심과 증오감으로 이어진다. 그렇지만 90년대의 고통은 "약간은 고통스럽고, 또 약간은 달콤하고, 또 약간은 괴로운 어떤 것"처럼 애매모호한 '고통'이다(「그리고 아무 말도 하지 않았다」). 그 고통이란 『고등어』의 명우의 혀끝에 돋아난 혓바늘에서 느껴지는 "통증"과 비슷한 성격의 것인지도 모른다. 고문의 끔찍한 고통이 혓바늘로 인한 모호한 통증으로 대체된 것이다. 고문의 고통에 비한다면, 혓바늘의 통증 정도는 사소한 아픔인 게 사실이다. 그렇다고 해서 통증을 아무것도 아닌 것이라고 무시해 버릴 수만은 없다. 아니, 조금만 더 엄살을 부리는 게 허락된다면, 원인의 애매모호함과 치료의 불투명성 때문에 고문의 고통보다도 견디기 어렵노라고 우겨볼 수도 있겠다. "겨울나무처럼 황량했고, 철을 단련하듯이 고통스러웠던 그 시절"이 차라리 좋았노라고 추억하는 「등꽃」의 주인공 '진태'처럼.

  90년대식 고통의 진정성을 밝히기 위해서, 먼저 고통의 진원지를 추적해 보아야 할 듯하다. 90년대의 고통은 창작의 고통과 긴밀히 연결되어 있다. 90년대 초반, 예술가 부류들은 일제히 창작의 고통을 호소해 오기 시작한다. 「꿈」의 작곡가는 한 달 동안이나 피아노를 만지지 못했고, 소설가는 몇 달 동안 한 줄의 글도 완성하지 못했으며, 영화감독 역시 영화를 제작하지 못하는 고통스런 상황에 처해있다. 「그리고 아무 말도 하지 않았다」의 홍윤배 역시 이름만 소설가일 뿐 소설을 쓰지 못하고 있다. 그들은 왜 쓰지 못하고 있는 것인가. 길을 잃었기 때문이다. 양귀자「숨은 꽃」(1992)의 '나'의 입을 빌자면, "지식과 열정을 지탱해 주던 하나의 대안이 무너지는 것을 신호로 나의 출구도 봉쇄되었다. 나는 길찾기를 멈추었다. 길찾기를 멈추었으므로, 나는 내 소설의 새로운 주인공을 찾을 수 없게 되고 말았"다는 설명이다. 고통을 그려야만 했고 고통을 쓸 수 있었던 '고문의 시대'는 역설적으로 행복한 시대였다. 반면 길을 잃고 더 이상 아무것도 쓸 수 없는, 글쓰기가 곤욕이고 고통인 90년대는 불행한 시대이다.

2. 불화하는 가정

작가들이 고문의 시대에 "고문과 죽음의 두려움" 속에서도 '고통의 글쓰기'를 포기하지 않았던 것은 "자신과 타인과 역사에 대한 세 가지 믿음"에 대한 확고한 신념이 있었기 때문이다. 아니, 오히려 고문과 죽음의 공포를 이기기 위해서라도 "자신과 타인과 역사"에 대한 믿음과 사랑을 확고히 했어야 했을 것이다. 그러나 고문이 사라진 90년대가 도래하자, 뜨거웠던 열정은 싸늘하게 식고 사랑의 결정체이던 가정은 여기저기서 무너져 내리기 시작한다.

글쓰기의 고통을 호소하는 작가들은 가정적으로도 심한 몸살을 앓고 있다. 『고등어』의 '명우'는 노동자 출신의 아내 '명숙'과 이미 헤어졌고, 「그리고 아무 말도 하지 않았다」의 '재섭'은 아내와 별거 중이며, 「등꽃」의 '진태' 역시 이혼의 위기에 놓여 있다. 일련의 후일담 소설에 이혼의 문제가 자주 등장하는 것은 90년대 풍속의 단순한 반영일까. 김영현의 「등꽃」(1993)은 이혼에 내포된 소설적 함의를 잘 보여준다. '나'를 비롯한 친구들에게 '진태'의 이혼소식이 전해지면서 소설이 시작된다. 진태의 이혼에 대한 친구들의 깊은 관심과 심각한 우려는 단순한 우정의 차원을 넘어선다. 친구들에게 진태의 결혼은 상징적 의미를 갖는다. 진태와 유선의 결혼은 "단순한 남과 여의 만남이 아니라, 우리들의 만남이었고, 우리들 사랑의 승리"였던 것이다. 진태와 유선, '나'와 친구들은 80년대 학생운동, 노동운동에 참여했던 사람들이다. 조직이 사랑 같은 개인적인 감정을 허용하지 않던 시대였지만, 진태와 유선은 예외적인 존재였다. 선망의 대상이던 두 사람에게 시련이 닥쳐오는데, 시위를 주도한 진태가 3년형을 언도 받은 것. 부모님의 혹독한 결혼독촉에도 불구하고 유선은 진태를 기다리고 둘은 80년 첫봄 결혼식을 올린다. 진태와 유선의 결혼은 80년대의 시작을 알리는 신호탄으로 이해되었고, 그들의 사랑은 아름다운 신화로 미화되어 회자되었다. 그래서 둘의 이혼은 가정의 깨어짐 이상을 의미한다. 그것은 80년대적 삶과 가치에 대한 자진폐기와 청산을 뜻한다. 때문에 80년대를 폐기할 수 없는 지고한 가치로 믿고 있던 친구들은 진태의 이혼소식에 당황하며 진태를 극구 만류한다.

이혼사유를 추궁 받은 진태는 그리움 때문이라고 답한다. "나는 문득 깨달았지. 내 가슴속에, 그렇게 살아오는 동안, 어느샌가 그리움이 사라져버렸다는 사실을…… 그리워해야 할 아무런 것도 가지고 있지 않다는 사실을 말이야." 결혼의 위기는 그리워해야 할 대상이 존재하지 않는다는 허탈감에서 비롯된 것이다. 진태가 맞닥뜨린 고통은 추구할 절대적 진리를 상실했다는 절망감과 무의미함에서 시작되었으며, 이것이 결혼의 위기로 드러난 것이다.

공지영의 『고등어』(1994)의 명우와 연숙의 이혼이 상징하는 바도 마찬가지이다. '명우'는 사랑보다는 동지애를 우선순위에 두었기 때문에, 사랑의 감정이 없었음에도 불구하고 노동자인 연숙과 결혼할 수 있었다. 그러나 90년대의 새로운 시대가 시작되자, 명우는 아내와 헤어진다. 아내와의 이혼은 80년대적 가치와의 결별을 상징한다. 김영현의 「그리고 아무 말도 하지 않았다」(1994)의 재섭의 별거 역시 동일한 함의를 갖는다. 딸 승희의 죽음 때문에 아내와 멀어지게 된 것이라고 말하지만 그것은 핑계에 지나지 않는다. 재섭의 진짜 문제는 "언제부터인가 그의 가슴속에는 불씨가 꺼져버리듯 열정이 사라져 버"렸다는 것, "그와 함께 희망도, 꿈도 사라져" 버렸다는 것이다. 그러니까 "그런 희망이 사라진 순간 그는 더 이상 무의미한 삶을 견디기 힘들"게 된 것이 문제이고, 이것이 아내와의 별거라는 비유로 소설 속에서 형상화된 것이다. 희망과 꿈을 상실한 재섭이 태백에 있는 기도원에 가는 행위는 희망을 찾기 위한 몸부림으로 해석된다. 벽화 "광야의 예수"를 그리면서 자신을 추스르게 되자, 그 무렵 아내에게 화해의 편지가 오는 것도 이 때문이다. "아직도 저를 사랑하고 있는지요? 저도 이젠 방황을 마치고 그만 집으로 돌아가고 싶어요. 다시, 아기도 갖고 싶구요"라는 아내의 편지를 받아들이고 현실로 복귀하는 결말은, 미래에 대한 소망을 포기하고 싶지 않은 작가의 의지를 반영한다. 딸 승희의 죽음이 80년대적 가치의 사산(死産)을 의미할진대, 아내와의 재결합과 새로운 아이의 탄생에 대한 소망이 의미하는 바는 분명하지 않은가.

3. 이제, 무엇을 할 것인가

80년대의 정치적 감수성으로 무장한 사람들, 아직은 80년대적 구호가 익숙한 사람들이, 처음 "즐거운 사라와 아담이 눈을 뜨고 돌아다닌 세상"에 내던졌을 때의 첫 느낌은 어떠했을까. 새로운 상황을 맞이한 이들의 반응은 당혹스러움과 곤혹스러움이다. 이것이 공지영「인간에 대한 예의」(1993)의 주인공이 겪는 곤혹감의 정체이다. '나'는 한때 노동운동에 투신했었지만 5년 전 조직에서 이탈, 여성잡지사의 기자가 되었다. 이 달의 책으로『인간에 대한 예의』를 선정하고 저자인 권오규의 인터뷰를 마친 상태인데, 데스크로부터 화가이자 명상가인 이민자를 만나보라는 요청을 받으면서 갈등이 시작된다. '권오규'와 '이민자'는 여러모로 대조적인 인물인데, 이들은 각각 80년대와 90년대를 상징한다. 권오규는 28세에 무기징역을 언도받고 50세가 넘어 자유의 몸이 되었다. 출옥한 지 이 년 만에 감옥에서 쓴 편지들을 묶어 출간하게 되는데, '나'가 취재한『인간에 대한 예의』가 그 책이다. 권오규에 비하면, 이민자의 이력은 화려하고 매력적이다. 21세의 나이로 대한민국 국전대상, 미국 뉴욕과 프랑스에서 전시회를 성공적으로 개최, 성공과 성취의 허망함을 깨닫고 인도로 여행, 삼년간 인도 전역을 맨발로 방황하다가, 문득 깨달은 바가 있어 귀국. '나'는 권오규와 이민자 중 누구를 선택할 것인가 고민한다. '나'는 80년대의 가치관에 향수를 느끼긴 하지만, 90년대적 삶의 매력 역시 잘 알고 있다. 80년대의 이념이 낡은 것이긴 하지만 그것을 내팽겨 치기엔 죄책감이 따르고, 90년대의 가치가 매력적이긴 하지만 그것은 너무도 생경하다.

'권오규냐 이민자냐'라는 양자택일의 갈등이 소설의 근간을 이룬다. "문민정부가 출범한 마당에 웬 장기수?"라는 반응처럼 권오규로 표상되는 80년대적 가치가 시대착오적으로 느껴지는 것도 사실이다. 더군다나 "내가 권오규 선생을 이번호에 실든 이민자를 이번호에 실든 세상은 어쨌든 그렇고 그렇게 돌아갈" 것이라는 무력감이 '나'를 더욱 맥빠지게 한다. 반복되는 질문과 답을 돌고 돌아, 결국 작가는 권오규의 삶에 손을 들어준다. "그녀가 사실은 더 매력있고 더 재미있는 시간을 내게 내주었지만, 권오규의 동생은 지루했고, 권오규는 내가 다 이미 알고 있다고 생각하는 고리타분한 이야기만 한 것도 사실"임에도 불구하고, 권오규와 같은 사람이 "시대와 역사와 인간에 대한 예의를 지켰던 한 사람"이란 사실을 인정하지 않을 수 없기 때문이다. 권오규의 삶이 고리타분한 이야기로 취급될 정도로 세월은 변했다. 더 놀라운 것은 '우리'의 변화이다. 한때 운동권이던 '나'와 '강선배'는, 자신이 그렇게도 경멸하던 부르주아로 "몰라보게 변했다."

공지영 「무엇을 할 것인가」(1993)는 '나'가 김정석의 결혼소식을 듣고 길을 헤매는 장면에서 시작된다. "신호등" 앞에서 길 건너편을 바라보다가 "머릿속에서 달력들이 거꾸로 팔락거리기 시작했고 1986년 겨울이 되"면서 80년대의 과거지사가 회상된다. '나'는 「인간에 대한 예의」의 주인공과 비슷한 이력을 소유한 인물이다. '김정석'은 '나'가 노동운동에 투신하고 이탈하는 데 지대한 영향을 미친 인물이다. 1983년 어느 가을날 교정의 뒤쪽 숲에서 여학생들이 강간을 당하는 일이 있던 다음날, 도서관 유리창에 매달려 "산 자여 따르라! 산 자여 따르라!"고 외치다가 연행된 사람이 있었는데, 그가 김정석이다. '나'는 김정석의 모습에 충격을 받아 운동에 투신하지만, 이후

그에 대한 개인적인 감정을 털어버리지 못해 조직을 떠나게 된다. 소설에는 운동현장을 떠난 사람들의 일련의 후일담이 소개된다. '나'는 운동권에서 배운 사회주의 지식으로 박사학위를 받고 전임 자리를 기다리고 있고, 한 후배는 우유대리점을 경영하고 있으며, 한 선배는 재벌기업의 기획실장이 되었다. 반면 김정석은 삶의 방향전환을 이루지 못하고 사촌형이 차린 골프용구점의 점원으로 일하고 있다. 김정석이 결혼하는 여자는, 사복경찰에게 쫓기다가 도서관에서 떨어져 하반신 마비가 된 운동권 여학생. 후배의 자조적인 말처럼 "약삭빠르게 일찍 빠져 나온 우리들만 무사"한 것이다. 과거의 기억으로 달음질치던 '나'는 다시 현재로 돌아온다.

> 다시 머릿속의 달력이 펄럭이며 1992년이 가고 있음을 알려주었고, 그러자 밀려 있는 자동차들의 매캐한 배기내음과 거리의 성마른 소음이 밀려왔다. …… 곧 파란 신호등이 들어올 거라고, 그래서 모든 차들을 멈추게 하고 길 건너편에서 이쪽 편으로 자신을 안전하게 걸어가도록 만들어줄 거라고 믿고 있었다. 하지만 요즘의 나는 아무것도 믿지 못하고 있다. 어쩌면 영영 파란불은 들어오지 않을지도 모르고, 그리고 이 자리에 그대로 언제까지나 서 있게 될지도 모른다는 생각을 했던 것이다. 나는 길을 건너기를 포기했다. 어차피 방향도 없는 길이었다.
> (공지영, 「무엇을 할 것인가」)

'나'는 방향상실감의 심각성을 털어놓는다. "파란 신호등"이 영영 들어오지 않을지도 모르겠다고, 아니, 자신은 이미 "길을 건너기"를 포기했노라고 말한다. "어차피 방향도 없는 길"이라고 자조한다. 하지만 소설은 좌절과 절망에서 끝나지 않는다. 좌절로 가득 찬 '나'의 말을 액면 그대로 믿기 어렵기 때문이다. 정말 포기했다면, 김정석의 결혼소식을 들었다고 해서 김 교수의 출판기념회에 가던 길을 포기하고 새삼스레 "1986년의 그 다방"을 찾아갈 이유가 없지 않은가. 또한 정말로 방향을 상실했다면, 소설은 "무엇을 할 것인가"라는 식의 제목을 달고 나올 수 없지 않을까. 파란 신호등으로 비유된 희망을 믿지 않고, 길이 정말로 방향도 없는 길이라고 생각한다면, 다른 질문을 던져야 마땅하다. 차라리 "나는 누구인가"와 같은 질문 말이다. 때문에 "무엇을 할 것인가"라고 말하는 질문자는, 여전히 80년대의 이념과 가치를 당위명제로 품고 있는 것이다. '나'에게 파란 신호등은 김정석이다. '나'의 엄살과 달리, 푸른 신호등은 결코 무력하지 않다. "박제된 맘모스의 이야기"를 늘어놓으며 김 교수의 출판기념회로 향하던 '나'의 발걸음을 옮기게 하여 "1986년의 그 다방"으로 돌아가게 하지 않았는가.

4. 상처(scar)로 변해버린 별(star)

별의 존재를 의심치 않았던 사람들, 별을 따라 길을 걸어야 한다고 믿었던 사람들에게 90년대는 너무도 충격적이었다. 그러나 언제까지나 길 잃었노라는 넋두리만 늘어놓고 있을 수 없지 않은가. 작가들의 길에 대한 모색은 소설에서 "신호등" "비상구" "빛"의 이미지로 형상화된다. 「무엇을 할 것인가」의 '나'가 이제까지의 길이 "어차피 방향도 없는 길"이었고 자신은 "길을 건너기를 포기"했다고 절망하면서도, "1986년 그 다방"을 찾아가는 것은 무엇 때문인가. 바로 "빛"에 대한 기억 때문인데, 그 빛의 발원지에는 김정석이 있다. 물론 '나'는 김정석의 "빛"이 옛날처럼 환하게 빛날 수 없는 현실을 안다. "1986년 그 다방"은 노래방으로 변했고 거기엔 "보랏빛과 노란빛의 네온사인이 간판 주위에서 천박하게 번쩍이고 있"을 뿐이다. "천박하게 번쩍"이는 네온사인의 빛, 자본주의 휘황한 불빛에 비한다면, 김정석의 빛은 너무도 미미하고 희미하다. 더 이상 별을 빛나게 해줄 어둠이 없는 것인지도 모른다. 네온사인의 조명이 밝아지자, 예전에 "별"과 같이 빛나던 존재는 한낱 "상처"로 전락하게 되고 만다. 예전에 갈 길을 밝게 비춰주던 "별"이, 이제 우리의 아픔을 기억나게 하는 "상처"가 되고 만 것. 교수의 출판기념회에 가서 입에 발린 치하를 늘어놓고, 금박이 선연한 재벌기업의 명함을 내밀면서도, 인간에 대한 예의 따위는 다 잊고 살아가는 한때의 운동권인 우리에게 아픈 과거를 환기시키는 선연한 "상처" 말이다.

"어둑어둑한 비상구 계단을 천천히 올라가면서 권오규 선생의 『인간에 대한 예의』라는 책과 사진기자가 건네준 그의 네거필름과 처형당한 사람과 고문 후유증으로 옥사한 사람의 이름만 달랑 적힌 취재메모를 떠올"리면서 마무리되는 「인간에 대한 예의」 역시 길찾기를 보여주는 소설이다. 암담하고 암울한 현실에서 "비상구 계단"을 더듬어 올라가는 '나'의 행위는 길찾기의 암중모색을 암시하는 터인데, 거기서 '나'가 권오규를 떠올린다는 것은 권오규로 표상되는 이전의 가치를 버리지 않으리라는 다짐으로 보아야 할 것이다.

공지영의 「꿈」(1993)도 길찾기의 지난함을 잘 보여주고 있다. 이 소설에는 희망과 꿈을 상실한 한 부류의 예술가들이 등장한다. 그들은 90년대의 예술가답게 창작의 고통을 호소하고 있다. 그들 역시 길을 잃었기 때문에 글을 못 쓰고 있다.

"가끔 선생님 또래의 선배님들과 이야기를 하다보면 차라리 그때는 얼마나 행복했을까 하는 생각을 하기도 합니다. 어떤 학자의 말대로 그때는 '별이 빛나는 창공을 보고 갈 수가 있고, 또 가야만 하는 길의 지도를 읽어내던' 그런 시절은 아니었을까 하고 말입니다. 밤 세시, 제방 창밖으로 아직도 별은 빛나지만…… 별은 우리에게 아무것도 말하지 않습니다. 멀고 희미하게 반짝이고 있을 뿐. 이제 저는 제가 무엇을 원해야 하는지도 모르겠습니다. 모든 것이 혼돈입니다." (공지영, 「꿈」)

위 인용문은 90년대 한 대학의 총여학생회장을 맡고 있는 독자의 편지 일부이지만, 작가가 독자의 입을 빌어 길잃음에 대한 자신의 절망을 토로하고 있는 게 분명하다. 요약컨대, 더 이상 별도 지도도 길도 없기 때문에 글쓰기의 방향도 상실했다는 의미이다. 「꿈」의 '나'에게 선배 시인은 "별"의 역할을 해왔다. 「등꽃」의 '진태', 「인간에 대한 예의」의 '권오규'와 '윤석', 「무엇을 할 것인가」의 '김정석' 역시 그 시대의 "별"이었다. 문제는 "별"이 예전처럼 밝게 빛나주지 않는다는 것, 그래서 '나'의 갈 길을 제대로 비춰주지 못하고 있는 것. 아니, 별빛이 흐려졌다는 것은 진실이 아닐지도 모른다. 오히려 네온사인의 불빛이 강렬해진 탓에 별빛이 상대적으로 희미해졌다는 게 정확한 진단일 법하다. 차라리 컴퓨터 화면의 커서가 발하는 빛이 더 밝은 것 같다. 90년대에는 별빛을 대신할 다양한 빛이 존재한다. 너무 눈부셔서 우리를 맹목(盲目)의 상태에 빠지게 하는 네온사인의 빛과, "길을 찾아봐, 찾을 수 있다, 없다, 있다, 없다, 있다없다있다" 라며 나를 혼돈으로 밀어 넣는 컴퓨터 커서의 불빛.

'나'가 꾸는 '꿈'은 길찾기의 모색이 어떤 방향으로 전개되는지를 암시한다. '나'는 군화 신은 사람들에게 쫓기는 악몽에 시달린다. "추락"을 두려워하는 '나'는 기를 쓰고 액셀러레이터를 밟아댄다. 달리던 '나'는 자신이 "표지판 위로 차를 몰아왔던 것" "길이 아니라, 길을 표시해 놓은 표지판 그 위로" 달리고 있다는 것을 깨닫는다. 달린다고 달렸지만 실상 표지판 위를 달리고 있었다는 것은 무슨 뜻인가. 길로 상징되는 삶을 모색한 게 아니라, 표지판으로 상징되는 이념에만 매달렸다는 따끔한 반성일 것이다. 때문에 향후의 나아갈 바가 명확해진다. "이제 표지판에서 내려와 길을 가기 시작해야 하는 것인지도 모른다. 표지판 위에 그림으로 그려놓은 매끄러운 표지가 아니라 진짜 길, 울퉁불퉁하고 가파르고 힘겨운 진짜 길을, 내가 걷기 전에 이미 그 길이 살육과 절망으로 가득 차 있었다 해도, 그것이 우리에게 주어진 길이라면 길 아닌 곳으로 도망치지 말고, 타박……" 정말로 "울퉁불퉁하고 가파르고 힘겨운 진짜 길"로 내려갔느냐를 떠나서, '표지판' 위에서 '꿈'을 꾸었다는 자기반성에 이르렀다는 것만으로도 중요한 전환이 생긴 것이다.

5. 알리바이의 문학

공지영 『고등어』(1994)는 작가의 이만저만한 고민이 총망라된, 80년대 후일담 문학의 결정판이라 할 수 있다. 애정의 삼각구도와 멜로적 설정을 적극적으로 끌어들인 이 작품은 대중적으로도 상당한 성공을 거두었다. 명우를 둘러싸고 과거 애인 은림, 현재 애인 여경, 과거 아내 연숙의 사랑이 실타래처럼 엉켜있다. 명우와 은림, 연숙은 함께 노동운동에 참여했던 동지들이다. 명우가 은림을 처음 만났을 때, 이미 은림은 후배의 아내였다. 사랑에 빠진 두 사람은 사랑의 도피를 결심하지만, 은림이 현실을 포기하고 여행가방을 싸 온 반면, 명우는 운동의 명분을 내세우며 은림에게서 돌아선다. 금지된 사랑, 짧았던 사랑은 이렇게 끝나고, 이후 명우는 노동자인 연숙과 결혼한다.

시간이 흘러 1993년. 현장에 있던 은림의 남편이 구속되고 은림은 병든 몸으로 명우를 찾아온다. 명우는 이미 노동현장에서 빠져나왔고 아내와도 이혼한 상태이며, 자서전을 대필해 주는 일을 업으로 삼아 살고 있다. 『고등어』는 80년대와 90년대가 얼마나 다른지를 보여준다. 그 차이는 '고등어'와 '자반고등어'만큼이나 천양지차이다. "짙은 초록의 등을 가진 은빛 물고기 떼. 화살처럼 자유롭게 물속을 오가는 자유의 떼들, 초록의 등을 한 탱탱한 생명체들"인 '고등어'는 젊음, 자유, 80년대의 상징이다. 90년대는 "소금에 절여져서 시장 좌판에 얹혀져" 있는 "배가 갈라지고 오장육부가 뽑혀져 나"간 '자반고등어' 같은 신세이다.

물론 여전히 80년대의 자리를 지키고 있는 사람들이 있다. 그 대표적 인물이 '은림'. 때문에 '은림'이 "초록 간판 아래"의 "비상구" 앞에서 명우를 기다리는 장면은 인상적이다. 비상구 앞의 기다림은 희망을 찾는 몸부림이란 의미일 터인데, 그렇다면 은림의 죽음이 의미하는 것은 무엇인가. 은림의 죽음은 80년대의 사망선고를 의미하는 것이 아닌가 말이다. 그렇기도 하고 아니기도 하다. 소제목을 빌어 말한다면 은림의 죽음은 "절망이라는 이름의 희망"인 셈이다. 왜냐하면 은림의 죽음은, 그녀가 일하던 "꽃씨"슈퍼라는 이름에 암시된 것처럼, 재생을 전제로 한 죽음이기 때문이다. 은림은 "형이 지금 쓰고 있는 이긴 사람들 이야기말구, 잃어버린 사람들⋯⋯ 하지만 빼앗기지는 않았던 사람들. 그래서 스스로 잃어버렸던 세대들, 잃어버리고도 기뻤던 우리들"의 이야기를 써달라는 간곡한 유언을 남기고 떠나며, 명우는 자본주의의 하수인으로 살아가던 현실의 삶을 반성한다(바로『고등어』라는 소설 자체가 은림이 소망하던 "우리들의 이야기"인 것이다).

전경린의『아무 곳에도 없는 남자』(1997)는『고등어』와 여러 가지로 비슷한 점이 많다. 얽히고설킨 애정의 구도가 그렇고, 소설쓰기로 귀결되는 마무리가 그렇다. 62년생인 전경린과 63년생인 공지영은 각각 지방중소도시와 서울에서 "1980년에서 90년 사이에 20대를 고스란히 보"냈기 때문에 두 사람의 사회적·역사적 경험도 상당히 근접해 있을 것으로 추측된다. 물론 전경린은 이미 후일담 유행이 한풀 꺾이고 나서 등단했기 때문에, 소설에서 80년대를 집중적으로 다루지 않는다. 그런데 작가는 첫 장편인『아무 곳에도 없는 남자』를 통해서 80년대의 문제를 정면으로 다룬다. 그러면서 자신의 작가적 "태생지"가 80년대이며, 첫 장편이 "태생지에 어느 정도 빚갚음"의 의미를 갖는다고 밝힌다. 작가는 "하늘에 이르는 두 가지 길" 즉 "상승과 추락"이 있으며, 자신은 "상승"보다 "하강"에 더 많은 매력을 느낀다고 말한다. "하강"이 두려워 항상 "상승"만을 고집했던 공지영의 인물과 정반대인 것이며, 그래서 전경린의 작품이 절망의 포즈에서 벗어날 확률도 커지게 된다. 『고등어』보다 복잡한 애정의 구도를 끌어들이고 있음에도 불구하고, 『아무 곳에도 없는 남자』가 신파조의 천격을 면할 수 있었던 이유가 여기에 있다.

『아무 곳에도 없는 남자』에는 크게 두 개의 애정의 축이 등장한다. 이나, 태인, 정수의 축이 하나이고, 태인, 이나, 서현이 또 다른 축이다. 서로를 향한 사랑의 감정은 집착에 가까운 형태를 띤다. 태인과 정수는 "자신이 비명횡사한 철로변을 떠도는 유령처럼, 서로가 서로를 맴돌고 있"는데, 그것은 "집요한 원한 같기도 하고, 은밀한 간원 같기도 하며, 어느땐 단순한 절망"처럼 느껴지기도 한다. 다음 인용문은 『아무 곳에도 없는 남자』의 사랑이 어떤 점에서 특수한 것인지를 잘 보여준다.

> "당신은 그 여자의 존재를 부정하지만 당신에겐 지금 그 여자가 필요하죠. 그 여자의 두 눈, 아주 크고 열에 들떠 있는 두 개의 거울은 여전히 당신을 당신이 원하는 바로 그 모습으로 비추어 주죠. 80년대식으로 뚜렷하게요. 당신의 현재의 알리바이를 제공하는 유일한 지지자이며 유일한 군중이며 유일한 정당성이죠. 유일한 혁명 동지이기도 한가요?"
>
> (전경린, 『아무곳에도 없는 남자』)

이것이 운동가 태인이 노동자 정수를 떠나지 못하는 진짜 이유이다. 80년대의 젊음을 탕진해 버린 강진수의 알리바이가 정수이기 때문에, 태인은 싫다고 말하면서도 정수를 떠나보내지 못하고 있는 것이다. 정수 역시 마찬가지이다. 강진수를 사랑해서가 아니라, 그를 떠난다면 그녀의 삶이 끈 떨어진 유리구슬과 같이 흩어질 것을 잘 알기 때문에 떠날 수 없는 것이다. 그래서 태인이 떠나자 정수는 자살을 하고, 정수가 죽자 태인은 기억상실증세를 겪으며 정신적 혼란을 겪게 된다. 이나와 서현의 관계 역시 마찬가지이다. 아버지에 대한 기억이 전혀 없는 이나에게 서현은 아버지와 같은 존재일 뿐이다. 즉 이나와 태인, 태인과 정수, 이나와 서현은 서로의 결핍을 비춰주는 "거울"이며, "현재의 알리바이를 제공하는 지지자"인 셈이다. 『아무 곳에도 없는 남자』의 사랑이 상당 부분 비사실적이고 인공적으로 느껴지는 것도 이 때문이다.

전경린 역시 80년대의 주인공인 정수와 태인에게 사망선고를 내린다. 은림이 폐결핵이란 낭만적인 질병으로 명우의 보호 아래 죽는 것에 비하면, 독약을 마시고 부엌칼로 동맥을 끊은 정수의 자살은 끔찍한 구석이 있다. 또 은림의 간곡한 유언이 명우의 삶에 나침반이 되도록 허락해 주었던 공지영의 배려에 비하면, 정수가 죽은 충격으로 태인이 기억상실증을 앓도록 방치하는 전경린은 모진 작가라 할 수 있다. 그러므로 『고등어』와 『아무 곳에도 없는 남자』는 비슷하지만 전혀 다른 결론을 제시한 셈이다. 두 작가는 모두 80년대에 사망을 선고했다. 그러나 『고등어』의 사망선고가 포즈에 가까운 것이라면, 『아무 곳에도 없는 남자』는 80년대를 향하여 가혹한 전면퇴장을 선언한 것이다. 공지영은 『고등어』에서 80년대의 인물을 사라지게 하지만, 그들의 곡진한 유언이 전해졌으므로 그들은 사라지지 않은 것이나 다름없다. 반면 『아무 곳에도 없는 남자』의 이나는 태인이나 정수의 유언에서 자유로우며, 아버지로 상징되는 정서현의 교훈과 호의로부터도 벗어나 있다. 이나의 방법은 '철저히 절망하기' '철저히 단절되기'이다.

이나의 방 벽에 걸려 있는 르네 마그리트의 그림 「인간의 조건1」은 80년대에 대한 작가의 입장을 드러낸다. 그림에서 창밖의 실제 풍경과 캔버스 위에 그려진 그림이, 한 치의 어긋남도 없는 일치를 보이고 있다. 그림과 현실, 이상과 현실의 완벽한 일치, 이것이야말로 이상주의자의 오래되고도 간절한 소망일 것이다. 그렇지만 실제 삶에서 이상과 현실 사이에는 심연이 존재하며, 그래서 삶은 "언제나 결핍 아니면 환멸"일 수밖에 없다. 현실과 이상의 불일치에서 오는 '결핍' 혹은 '환멸' 이것이야말로 "인간의 조건"이 아닐까. 80년대가 결핍의 시대라면, 90년대는 환멸의 시대이다. 전경린은 현실과 이상의 일치를 소망하는 이상주의를 거부하며, 80년대의 결핍도 90년대의 환멸도 거절한다. 그녀는 "환멸과 결핍, 그 사이에 추억과 꿈의 세 번째 공간"을 꿈꿀 뿐이다.

6. 기억의 정치학, 망각의 정치학

90년대 초반 한 때, 후일담의 형식이 문학의 우세종으로 군림하던 시기가 있었다. 맹렬한 기세로 쏟아져 나오는가 했더니, 어느 때부터인가 힘을 잃기 시작했다. 그것은 아마도 '후일담' 문학이 밟아야 할 수순이었을 것이다. 어차피 후일담 문학은 지나온 80년대를 정리하고자 하는 욕망에서 출발한 양식이었으므로, 시대의 부름에 충실하여 융성했던 한 시기를 지나 필연적으로 몰락의 길을 걷게 될 운명이었던 것이다.

그런데 쇠락의 길을 걸어가면서도, 후일담 문학이 완전히 사라지지 않고 명맥을 유지하는 이유는 무엇일까. 즉, "철지난 유행가"라고 폄하하면서도, "우리들은 저 팔십년대를 결국에라도 말이야, 벗어날 수 있을까"라고 중얼거리며, 80년대의 이야기를 자꾸 반복하는 이유가 무엇인가. 80년대가 충분히 다루어지지 않았기 때문이다. 더 정확히 말하자면 80년대가 아직 기억되지 않았기 때문이며, 다시 한번 말하자면 80년대가 망각되지 않았기 때문이다. 온당한 죽음과 장례의 절차를 거치지 못한 셰익스피어 희곡의 유령들이 자꾸만 되돌아오는 것과 마찬가지이다. 온당한 장례 절차를 거치지 못하고 망자(亡子)로 처리된 저 80년대의 원혼들! 고문당하다 창자가 터져죽고 사복경찰에게 쫓기다 떨어져 죽고 분신자살로 타죽은 수많은 사람들이, 공동체의 기억으로 편입되지도 망각되지도 못했기에 무의식의 틈을 비집고 불쑥불쑥 유령처럼 출몰하는 것이다. 그때마다 살아남은 자들은 죄책감과 부채의식의 '악몽'을 꾸며 "살아남은 자의 슬픔"을 곱씹어야 한다.

이렇게 볼 때, 90년대 초반 후일담 문학의 한계는 명백히 드러난다. 후일담 문학은 80년대를 '기억하기' 혹은 '망각하기'에 실패한 것이다. 두려움 때문에 끔찍스런 80년대의 시체들을 직시하지 못하고 눈물 어린 눈으로 삐딱하게 보는 데서 "환상"이 생겨난다. 바로 여기가 90년대 후일담 문학의 가장 큰 병통으로 손꼽히는 '절망의 포즈' '엄살의 몸짓'이 탄생하는 자리이다. "추락"에 대한 공포를 이기지 못했기 때문에, 진짜 시체를 들여다볼 용기가 없었기 때문에, 눈물의 렌즈를 끼고 과거를 바라보게 된다("아아, 80년대여 어찌 눈물 어린 열정없이 그대를 바라보겠는가"라는 김영현의 영탄이 대표적일 것이다). 눈물에 어룽져서 과거는 미화되고 신비화되며, 과거가 아름답게 채색됨에 따라 현실은 환멸의 쓰레기장으로 전락한다. 그리하여 '아름다운 과거'와 '환멸의 현실'이란 이분법이 탄생한다(공지영의 장편소설 제목에 등장하는 "아름다운"이란 수식언이 부담스런 이유도 이 때문이다. 『더 이상 아름다운 방황은 없다』, 『그리고 그들의 아름다운 시작』). 물론 현실을 제대로 직시하지 못한 잘못을 작가에게만 돌릴 수는 없다. 시간적 거리가 확보되지 못한 탓도 있었으므로.

그러므로 후일담 문학을 거대담론이 사라진 자리에서 잠시 피어났다가 스러지고 만 단종장르로 폄하할 필요도 없다. 왜냐하면 80년대가 기억되고 회고되는 한, 후일담 문학은 진행형의 문학이기 때문에. 역사를 기억하지 않는 자는 역사를 영원히 반복한다고 하지 않던가. 때문에 80년대를 반복하지 않으려는 사람들은 80년대를 기억하는 작업을 계속할 것이다. 즉, 극복하기 위해서라도 기억의 작업이 이루어져야 한다. 기억술의 창시자인 시모니데스에 얽힌 이야기는 우리에게 시사하는 바가 있다. 시모니데스가 스코파스의 연회에 초청을 받아 갔는데 스코파스를 칭송해 달라는 요청을 받는다. 시모니데스가 칭송을 마쳤을 때, 누군가가 시모니데스를 부른다. 그가 나간 사이에 연회장이 무너지고, 밖에 나가있던 시모니데스만이 참사를 피한다. 잠시 후 시모니데스에게 또 한번 사명이 주어진다. 잔해에 묻힌 망자들의 이름을 기억해 내라는 것. 시모니데스가 망자의 신원을 확인해준 덕분에 장례가 무사히 치러진다. 시모니데스의 이야기는, 기억이란 망자(亡子)를 추모하는 것에 다름 아니며, 기억만이 몰락과 죽음을 넘어설 수 있음을 암시해준다.

잔치는 끝났다
술 떨어지고, 사람들은 하나 둘 지갑을 챙기고 마침내 그도 갔지만
마지막 셈을 마치고 제각기 신발을 찾아 신고 떠났지만
어렴풋이 나는 알고 있다
여기 홀로 누군가 마지막까지 남아
주인 대신 상을 치우고
그 모든 걸 기억해내며 뜨거운 눈물 흘리리란 걸

그가 부르다 만 노래를 마저 고쳐 부르리라는 걸
어쩌면 나는 알고 있다
누군가 그 대신 상을 차리고, 새벽이 오기 전에
다시 사람들을 불러 모으리란 걸
환하게 불 밝히고 무대를 다시 꾸미리라

그러나 대체 무슨 상관이란 말인가

(최영미 「서른, 잔치는 끝났다」 중 일부)

"그 모든 걸 기억해" 내야 하는 사람, "부르다 만 노래를 마저 고쳐" 불러야 할 운명을 타고난 사람이 바로 '시모니데스'이다. 후일담 문학에서 글이 써지지 않는다고 끙끙거리던 저 예술가들이 시모니데스이며, 80년을 기억하는 후일담 문학을 썼던 그리고 아직도 쓰고 있는 저 시인, 소설가들이 시모니데스이다. 90년대의 시모니데스는 망각과 죽음을 넘어서기 위해서, 80년대를 추모하고 기억해야만 했던 것이 아닐까.

미끄러지는 식욕의 환(幻)
현대소설의 음식 모티프

> 그러나 옛 과거에서, 인간의 사망 후, 사물의 파멸 후, 아무것도 남지 않을 때에도, 홀로 냄새와 맛만은 보다 연약하게, 그만큼 보다 뿌리 깊게, 무형으로, 집요하게, 충실하게. 오랫동안 변함없이 넋처럼 남아 있어, 추억의 거대한 건축을, 다른 온갖 것의 폐허 위에, 환기하며, 기대하며, 희망하며, 거의 촉지되지 않는 냄새와 맛의 이슬 방울 위에 꿋꿋이 버티는 것이다.
>
> (마르셀 프루스트, 『잃어버린 시간을 찾아서』 중에서)

1

개발 독재 시대의 '잘 살아 보세'란 구호는, 밀레니엄 시대를 전후하여 '웰빙(well-being)'이란 신조어로 대체되었다. 그러나 '존재하다'란 동사의 형이상학적 아우라가 '살다'란 동사의 직설적이고 구차스런 뉘앙스를 가리고 있을 뿐이지, 의미론의 차원에서 두 구호가 지시하는 바는 크게 다르지 않은 듯하다. 아마도 자본주의의 상업적 전략과 결탁하여 유행처럼 번진 'being'의 관심이 의식주의 차원에 철저히 국한된 탓일 것이다. '의·식·주' 셋 중에서 단연 으뜸을 차지하는 품목은 '식(食)'의 항목이다. 저녁 황금 시간대에 텔레비전 채널을 이리저리 돌려보기만 해도 우리의 관심이 얼마나 '음식'에 집중되어 있는지를 확인할 수 있다. 최초의 인류가 먹음직해 보이던 사과를 베어 물었던 이래, 인간은 한순간도 '음식'의 문제에서 자유로울 수 없었다. 기아와 허기로부터의 탈출이 당면 과제인 최빈국에서든, 높은 문화적 수준을 자랑하는 선진국이든 말이다. 또한 음식은 개체 보존의 본능을 위한 필수 요소일 뿐만 아니라 사회의 질서와 문화를 구성하는 규정력으로 작용해왔다. 조상의 슬기와 지혜를 재치 있는 문장으로 표현한 속담에 '먹는다' 계열의 동사가 자주 등장하는 것은 음식과 문화 간의 상관관계를 짐작하게 한다(가령, '보기 좋은 떡이 먹기도 좋다', '꿩 먹고 알 먹고', '먹는 개는 안 때린다', '먹다 죽은 귀신은 때깔도 좋다', '누워서 떡 먹기' 등등).

게다가 '먹는다' 동사의 환유적 의미를 고려하면, '음식'의 문제는 훨씬 복잡한 양상을 띠게 된다. 우선 '먹는다' 동사는 욕망 및 권력 관계와 유사한 방식으로 작동하는 경향이 있다. '먹는다'는 능동형에는 '먹힌다'는 피동형이 상정되기 마련이므로, 포식자와 피식자는 욕망과 권력의 메커니즘을 벗어나기 힘들다. 둘 사이의 위계 관계를 유지 혹은 전복하려는 포식자와 피식자의 투쟁이 그치지 않으며, 식욕은 결핍이나 과잉의 형태로만 만족되기에 인간 존재는 항상 허기질 수밖에 없다. 또한 '음식' '먹는다'의 계열은 젠더 및 섹슈얼리티의 문제와 긴밀하게 연결되어 있다. 젠더와 연결될 때 '포식자/피식자'는, '남성/여성'으로 손쉽게 치환되며 자연스런 방식으로 여성은 먹는 음식물과 등가의 관계에 놓이게 된다. 아이러니한 사실은 '음식'을 만드는 주체인 여성이, '먹는다'는 동사의 환유적 축들을 거치면서, 자신이 만든 음식과 동일한 대상으로 둔갑한다는 사실이다.

때문에 음식에 내포된 환유적 질서들이 흔들리게 되면, 권력의 위계와 문화 질서에 일대 혼란이 발생할 수 있음을 짐작할 수 있겠다. 그러기에 국가 기구는 국민의 먹을거리에 촉수를 곤두세우고 있는 것 아닐까. 그러면 이제 한국소설에서 음식이 등장하는 장면들을 음미해보자.

2

소위 대표적 '빈궁 문학'으로 불려온 최서해의 「탈출기」(1925)에서 이야기를 시작해보자. 이 작품에는 '귤껍질'과 '쉰두붓물'이라는 두 가지 인상적인 음식이 등장한다. 이것들을 과연 음식이라고 부르는 게 타당한지 잠시 망설여지기는 하지만, 주인공 가족의 생명을 잇게 해준 식재료들이므로 음식이라고 해야겠다. 주인공은 "농사를 지어서 배불리 먹고 뜨뜻이 지내자. 그리고 깨끗한 초가나 지어놓고 글도 읽고 무지한 농민들을 가르쳐서 이상촌(理想村)을 건설하리라"는 소망을 품고 간도로 건너간다. 그러나 빈궁으로부터 '탈출'하고자 하는 꿈은 무참히 깨어지고, 주인공의 가족은 여전히 가난의 감옥에서 벗어나지 못한다. 만삭의 아내는 몰래 귤껍질을 먹으며 신 것에 대한 욕망을 삭이고, 늙은 모친과 어린 자식은 내다 팔려고 만들던 '쉰두붓물'로 허기를 달래본다. 가장 볼품없는 먹을거리인 '귤껍질'과 '쉰두붓물'은 식욕의 욕구조차 거부당한 하층민의 비참한 삶을 예각적으로 드러내기 위한 장치인 셈이다.

「탈출기」의 주인공이 자신을 "험악한 제도의 희생자"로 규정하고 'XX단'에 가입하는 사회적 성향을 드러낸다면, 현진건의 「운수좋은 날」(1924)의 주인공은 가난을 어찌해볼 도리 없는 숙명으로 받아들인다. 인력거꾼 '김첨지'가 팔십 전의 돈을 손에 넣고 기뻐하는 까닭은, 앓아누워 며칠 전부터 설렁탕 국물을 사달라던 아내의 소원을 들어줄 수 있게 되었기 때문이다. 예상외의 수입을 올린 김첨지는 집에 들어가기 전에 선술집에 들러 막걸리와 안주로 허기진 위장을 채운다. 가난한 김첨지의 소망은 "추어탕을 끓이는 솥뚜껑을 열 적마다 뭉게뭉게 흰 김, 석쇠에서 뻐지짓뻐지짓 구워지는 너비아니 구이며 제육이며 간이며 콩팥이며 북어며 빈대떡" 등으로 가득 채워진 안주 탁자 그 이상 그 이하도 아닐 것이다. 하지만 소망이 실현되는 것처럼 보이던 '운수좋은 날'은, 설렁탕 한 그릇 사주지 못하고 아내를 떠나보내야 하는 날이었으므로, 역시 이 날도 운수 나쁜 무수한 날들 중 하루에 불과하다. "설렁탕을 사다놓았는데 왜 먹지를 못하니, 왜 먹지를 못하니……? 괴상하게도 오늘은 운수가 좋더니만……"이라는 김첨지의 울음 섞인 탄식은 가난의 운명을 벗어나지 못한 식민지 하층민의 비애를 드러내 보여준다.

자발적 디아스포라를 선택했던 「탈출기」의 주인공이나 일정한 수입이 보장되지 않았던 「운수좋은 날」의 김첨지에 비하면, 김유정 「동백꽃」(1936)의 주인공은 형편이 사뭇 낫다. 소작인이나마 그는 농사지을 안정된 땅을 가진 집안의 아들이니 말이다. 그러나 예민한 청소년기를 보내고 있는 주인공이 견디지 못하는 바는 "느 집엔 이거 없지"라며 감자를 내미는 마름집 딸의 호의이다. 감자는 '소작인/마름'의 계층적 위계를 뚜렷이 하는 기호이므로, 자신의 마지막 자존심을 지키기 위해서라도 주인공은 감자의 유혹을 거부한다. 감자를 매개로 생겨난 '마름집 딸/소작인 아들'의 갈등은 '실팍한 닭/힘없는 닭'의 닭싸움으로 극화된다. 빈궁과 가난이 전 국토에 걸쳐 일반화된 상황에서도, '있는 자/없는 자'의 계층화는 지속·심화되기 마련이다. 아니, 오히려 절대적 빈곤이 일상화되어 있는 상황에서는 더더욱 음식을 매개로 한 갈등이 첨예화되기 쉽다.

오정희의 「유년의 뜰」(1980), 「중국인 거리」(1979)는 6·25전쟁의 상흔 속에서도 먹을거리를 중심으로 한 쟁투가 계속되고 있음을 확인하게 한다. 자신의 용모를 가꾸는 일 외에 별 재주가 없던 할머니는, 전후의 가난 속에서 가족의 생계를 위해 닭 도둑질을 무릅쓰는 모성을 발휘한다. "할머니가 그 닭의 목을 죽지 속에 파묻은 후 돌절구에 넣고 공이로 찧으면 닭은 단 한 마디의 비명도 없이 죽었다. 옷이 척척 들러붙게 더운 날인데도 할머니는 부엌문을 닫아걸고 흘러드는 땀에 눈을 섬벅이며 닭털을 뽑았다. 우리는 방문을 굳게 닫고 땀을 뚝뚝 흘리며 뜨거운 닭국을 마셨다." 할머니의 도둑질과 가족의 탐식은 전쟁의 일상적 폭력이 어떻게 윤리의식의 부재와 결탁하는지를 이해하게 한다. 또한 식탐에 가까운 '노랑눈이'의 무절제한 식욕은, 전쟁이 물질적 궁핍뿐만 아니라 정서적 결핍의 근원임을 입증한다. 석탄을 훔쳐 '군고구마, 딱지, 사탕 따위'로 교환하는 '중국인 거리'의 아이들 역시 윤리적 마비 상태에 놓여 있기는 마찬가지이다. 다른 점이 있다면 식민지 시대 유산자의 지위가 서양(미국)으로 대체되었다는 것이다. 구호물자의 제공국인 미국이 동경의 대상이 되기에, 여자아이는 "나는 커서 양갈보가 될 테야"라고 선언하며, 남자 아이는 교과서를 외우며 영어에 대한 집착을 보인다. 미국에 대한 동경은 가루우유, 단 케이크, 연한 치약 냄새가 나는 비스킷, 병에 담긴 초록색 액체 등의 음식물들에 대한 선호로 구체화된다.

3

아주 오랫동안(아니 지금까지도) 여성은 부엌과 주방의 주인이자 음식을 만드는 주체였다. 그러나 아이러니한 사실은, 음식을 만드는 주체인 여성이 음식을 향유하는 주체가 되지는 못한다는 점이다. 가령, 신경숙의 「풍금이 있던 자리」의 주인공은 음식 만드는 일과 관련하여 생모와 계모에 대한 기억을 떠올린다. 그러나 그녀들이 만든 음식이 보기에 좋았는가 혹은 좋지 않았는가와 전혀 상관없이, 그녀들은 집의 주인이 되지 못하고 집을 나가거나 집으로 돌아가야 한다. 왜냐하면 변하지 않는 집의 주인은, 먹는 주체인 아버지이기 때문이다. '밥상을 차려주는 여인'이라는 부제를 달고 있는 김채원의 「겨울의 환(幻)」(1989)은 주방의 주인이라는 정체성을 부인한 여성, 다시금 그 정체성을 소유하기를 갈망하는 여자에 대한 이야기이다. 주인공은 소설 서두에서 "언젠가 당신은 제게 나이 들어가는 여자의 떨림을 한번 써 보라고 말하셨습니다"라는 권유 때문에 이 글을 쓰게 되었노라고 밝힌다. 어머니와 할머니가 주인공 기억의 두

축을 이루는데, 두 사람은 여러 가지 면에서 대조적이다. 교원 생활을 하며 남편 없이 두 딸을 키웠던 어머니는 전통적인 한국의 어머니와 거리가 멀다. 친구들을 끌어 모아 화투판을 벌여 딸들을 추운 부엌으로 내모는가 하면, 어린 딸에게 손님들의 점심상을 차려오라고 명령하곤 한다. 남편과 이혼한 주인공은 어머니와 닮은 자신의 손을 들여다보며, 자신과 어머니의 운명이 닮아 있다는 사실에 두려움을 느낀다. "어머니와 저는(……)그런 여인이 아닐 뿐더러 오히려 밥상을 깨부수는 힘을 가지고 있지 않은가 하는 솔직한 두려움을 느낍니다."

반면 맛깔스럽고 정성스런 주먹밥을 해주던 모습, 군불을 지피며 아들(외삼촌)의 밥상을 차리는 장면과 함께 기억되는 할머니는 전통적인 인고의 여성상에 해당하며 결국 주인공의 정체성 형성에 모델로 기능한다. 그리하여 소설의 뒷부분에서 주인공은 이렇게 말한다. "바로 이 두 개의 영상, '밥상을 차리는'과 '싸리문 여잡고 기다리는 ……'이 두 개의 영상을 끌어내기 위해, 지난 밤새 진통을 하며 이 많은 말들을 쏟은 것 같습니다. 저는 삶의 열쇠를 찾은 기분입니다." 소설은 글쓰기의 산고와 맞물려 주인공이 정체성을 획득하는 것으로 마무리되는데, 이 주체성의 형성에서 할머니보다 중요한 역할을 담당하는 사람이 편지의 수신인인 '그'라는 사실을 눈여겨볼 필요가 있다. 그렇다면 어렵게 획득된 정체성이 남성 주체의 대상으로서의 타자로 돌아오기 위한 사투였다는 혐의를 갖게 되는 것은 아닐까. 또한 이 주인공의 성숙이 과연 불완전하고 수동적인 자세에서 벗어난 주체의 자율성, 적극성인지 의심스럽게 된다. 아마도 '밥상을 깨부수는 여자' 혹은 '집을 나가는 여자' 이후의 여성성이 준비되지 않았기 때문에 벌어지는 딜레마일 것이다.

천운영의 소설은 주체/타자의 딜레마를 극복하는 방식에 대한 하나의 시사점을 제공한다. 천운영 소설의 인물들은 더 이상 "밥상을 차리"고 "싸리문 여잡고 기다리는" 여성 정체성에 집착하지 않는다. 또한 그(녀)들은 음식의 적극적 향유자란 점에서, 게다가 지독한 육식 편향의 소유자란 점에서 이전의 여성들과 사뭇 다르다(물론 김이태의 「식성」에서 육식성의 여성을 만나게 되나, 그녀의 육식성에 별다른 이유가 없었듯 육식성에 대한 혐오라는 결말 역시 개연성을 얻기에는 역부족이다). 「숨」(2000)의 할머니는 병을 치료하는 방편으로 육식을 애용하기까지 한다. 가령, 빈혈인가 하면 생간을 찾고, 무릎이 안 좋으면 우족이나 뼈를 고아 먹고, 속이 불편하면 내장탕을 먹으며, 감기를 앓은 후에는 허파를 찾는 식이다. "식사를 할 만큼 충분히 배가 고팠다면, 내가 소골이 든 검은 비닐봉지를 건네준 순간 골을 식탁 위에 올려놓고 마른행주로 핏기를 제거한 다음 얇은 막을 벗겨내지도 않고 선 채로 집어먹었을 터이다. 두 손가락만을 이용해 한 근 남짓한 소골을 순식간에 해치우는 모습을 볼 때마다 나는 등골이 서늘해지는 것을 느끼곤 한다."(「숨」)와 같은 묘사나 "바닥에 뒹구는 고기팩에서는 핏물이 새어나오고 있다. 허기가 진다. 당장이라도 자리에 주저앉아 비닐포장을 뜯고 맨손으로 날고기를 집어먹을 수 있을 것 같다. 들짐승처럼 입가에 피를 묻힌 채 허겁지겁 먹을 것을 해치우고 포만감을 느끼고 싶다"(「바늘」)식의 진술에서 그(녀)들을 한 마리의 육식동물처럼 느껴지게 한다.

그(녀)들의 두드러진 육식 취향은 통념적인 남성/여성의 경계를 해체하기 위한 전략적 장치이다('그(녀)들'은 천운영의 여성 인물이 기존의 남성(그)이나 여성(그녀)으로 환원되지 않는 새로운 주체라는 점을 나타내기 위한 기호이다). 그(녀)들은 남편과 자식을 위해 정갈한 밥상을 차리는 대신 핏기도 가시지 않은 고깃점을 자기 자신의 입으로 허겁지겁 가져가며, 남편의 폭력에 무방비적으로 노출되기는커녕 유약한 남편에게 위협적인 폭력을 가하는 인물들이다. 즉, 그(녀)들은 이제까지 확고하게 작동해오던 남성/여성, 정신/육체, 정상/비정상의 경계를 지운 자리에서 생겨나며, 주목할 바는 이것이 그(녀)들의 탐욕스런 식욕으로부터 시작되었다는 점이다. 「겨울의 환(幻)」에서 여성이 '밥상을 깨부수는 주체'나 "밥상을 차리는 주체"라면, 「바늘」이나 「숨」의 그(녀)들은 '밥상을 먹어 치우는 주체'이다. 즉, 그(녀)들은 주체(남성)의 대상이 되거나 주체를 거부하는 방식이 아니라, 주체/타자의 경계를 지우는 방법으로 다른 주체가 되려 한다. 먹잇감에서 눈을 떼지 않는 포식자와 같은 그(녀)들은, 음식의 등가물로 대상화되지 않기에 '남성=능동성=가학성=섹슈얼리티의 주체/여성=수동성=피학성=섹슈얼리티의 대상'의 이분법은 무효화되기에 이른다.

4

이제까지의 먹을거리에 비한다면, 박완서의 『그 많던 싱아는 누가

다 먹었을까』(1992, 이하『싱아』)의 음식들은 흥성스럽고 아련한 추억들과 관련된다. "순전히 기억력에만 의지해서 써 보았다"는 작가의 말을 명심한다면, 작가가 과거 기억의 저장소로서 음식들을 호출하고 있음을 짐작하기 어렵지 않다. 아니, 작가가 먹을거리를 매개로 과거를 호출한 것이 아니라, 음식들과 함께 과거의 기억이 꾸역꾸역 딸려 나온다는 것이 정확하지 않을까. 우리는 '홍차에 적신 마들렌 과자 한 조각'의 맛과 함께 흐릿했던 기억이 복원되던 신비롭고 경이로운 장면을 프루스트의『잃어버린 시간을 찾아서』의 한 구절에서 확인할 수 있다. '잃어버린 시간'을 찾고자 하는 주인공은 밤마다 과거를 회상해내려고 애쓰지만, 자신의 기억은 의지에 의한 기억이기 때문에 참다운 기억이 되지 못한다고 고백한다. 그러던 주인공이 마들렌 과자 한 조각을 먹는 순간, 이제까지 망각의 무덤에 갇혀 있던 영상(방의 모습과 색깔, 광장과 거리의 모습 등등)과 감정을 완벽히 기억해내게 된다. 다시 말하면 이성적인 회상으로 가능하지 않았던 '잃어버린 시간 찾기'가 미각과 촉각이라는 감각을 통해 완벽히 복원된 것이다. 그렇다면 열등한 감각으로 등한시 되어오던 미각과 촉각에 의해 과거가 되찾아진 까닭은 무엇인가. 이성과 의식에 의한 기억은 늘 재구성과 검열의 과정을 거치기에 불완전한 반면, 이성적 통어와 거리를 둔 열등한 감각들이야말로 과거를 고스란히 간직하고 있는 기억의 저장소가 되기 때문일 것이다.

『싱아』의 유년의 기억들이 집 안과 자연에서 맛보았던 먹을거리와 연관되어 회상되는 까닭도 여기에 있다. 가령, 주인공에게 무한한 애정을 쏟았던 할아버지에 대한 회상은, "할아버지는 나를 내려놓고 나서 두루마기 주머니에서 먹을 것을 주섬주섬 꺼내 손에 쥐여 주는 것을 잊으신 적이 없었다. 노란 편지 봉투에 싼 미라사탕이 아니면 잔칫상에 염치 불구하고 집어넣었음직한 약과나 다식 따위였다"라든가, "그러나 할아버지가 베수건에 싸서 감춰 놓았던 삶은 밤이나 떡 쪼가리 같은 걸 상으로 주실 때는 정말 싫었다. 음식 국물과 침을 닦아내는 데 쓰는 베수건은 늘 눅눅하고 시척지근한 냄새가 났다"와 같이 음식과 결부되어 표현된다. 또한 시골 아이들의 놀이터인 농촌의 자연이 회상될 때, 자연은 풍성한 먹을거리가 널린 식탁으로 묘사되곤 한다. "우리는 어려서부터 삼시 밥 외의 군것질거리와 소일거리를 스스로 산과 들에서 구했다. 삘기, 찔레순, 산딸기, 칡뿌리, 메뿌리, 싱아, 밤, 도토리가 지천이었고, 궁금한 입맛뿐 아니라 어른을 기쁘게 하는 일거리도 찾았다. 산나물이나 버섯이 그러했다. 특히 항아리버섯이나 싸리버섯은 어찌나 빨리 돋아나는지 우리가 돌아서면 땅 밑에서 누가 손가락으로 쏘옥 밀어 올리는 것 같았다." 이와 같은 음식(자연)에 대한 묘사는 작가 자신의 과거를 복원시키는 동시에 공통 기억을 가진 농촌 출신의 독자들의 기억까지 고스란히 복원시키는 능력을 발휘한다.

 그런데 핵심이 되는 것은 소설의 제목에 등장하는 '싱아'이다. 현저동으로 이사 온 주인공은 서울내기들과 어울려 아카시아 꽃을 따먹다가 싱아를 생각해낸다. "나는 불현듯 싱아 생각이 났다. 우리 시골에선 싱아도 달개비만큼이나 흔한 풀이었다. 산기슭이나 길가 아무 데나 있었다. 그 줄기에는 마디가 있고, 찔레꽃 필 무렵 줄기가 가장 살이 오르고 연했다. 발그스름한 줄기를 꺾어서 겉껍질을 길이로 벗겨 내고 속살을 먹으면 새콤달콤했다. 입 안에 군침이 돌게 신맛이, 아카시아 꽃으로 상한 비위를 가라앉히는 데는 그만일 것 같았다." 그렇다면 싱아는 아카시아 꽃으로 은유되는 서울 생활의 결핍, 고향에 대한 그리움을 환기시키는 매개물이다. 아카시아 꽃의 비릿하고 들척지근한 맛으로 대체될 수 없는, 그러나 이미 잃어버린 시간(과거)을 저장하고 있는 먹을거리가 싱아인 셈이다. 그러기에 '그 많던 싱아는 누가 다 먹었을까'라는 질문은, 과거의 순수 기억을 저장하고 있을 '싱아'에 대한 향수, 이제는 복원될 수 없는 '잃어버린 시간'에 대한 안타까운 그리움의 표현이다. 그러므로 작가가 복원하고자 한 기억은 바로 '싱아 맛'에 대한 기억이라고 말해도 과장이 아닐 듯싶다.

5

이제 좀 따끈하고 부드러운 음식으로 마무리할 차례이다. 조경란 『식빵 굽는 시간』(1996)의 식빵이나, 권지예 「뱀장어 스튜」(2001)의 뱀장어 스튜, 이기호 「누구나 손쉽게 만들어 먹을 수 있는 가정식 야채볶음흙」(2005)의 야채볶음흙과 같은 음식들처럼(세 번째 음식을 부드럽게 삼킬 수 있겠느냐고 질문한다면, 작가 이기호는 '상상력의 부족'을 꾸짖을 것이다). 『식빵 굽는 시간』의 주인공은 "당신, 이제 당신에게 식빵 이야기를 하고 싶어"라며 말문을 튼다. 각종 빵을 만드는 과정과 함께 가족과 옛 애인과의 과거사가 하나씩 드러나고 주인공이 만들어준 빵이 거절당함을 통해 그들과의 소통이 실패했음이 암시된다. 그런데 왜 식빵일까. 주인공은 식빵이 가장 기본이 되는 빵이기 때문이라고 설명한다. 즉, 어두운 가정사나 실연의 상처에 얽매이지 않고 서른 살을 시작으로 새로이 출발하겠노라는 다짐인 것이다. '식빵'이나 '뱀장어 스튜'가 인생의 명백한 비유이므로, 『식빵 굽는 시간』과 「뱀장어 스튜」는 결국 인생에 대해 발언하고 있다고 해야겠다. 『식빵 굽는 시간』이 서른 살 여성의 이야기라면, 「뱀장어 스튜」는 "인생이란 화려하지 않고, 더군다나 장엄하지도 않으며 다만 뱀장어의 몸부림과 같은 격정을 조용히 끓여내는" 것에 지나지 않음을 깨달은 중년 여성의 이야기이다.

 이기호의 「누구나 손쉽게 만들어 먹을 수 있는 가정식 야채볶음흙」의 첫 구절은 『식빵 굽는 시간』의 그것보다 훨씬 짓궂다. "오늘의 요리는 누구나 손쉽게 만들어 먹을 수 있는 가정식 야채볶음흙이 되겠습니다." 이 소설은 6개월 동안 지하 벙커에 숨어 지내다가 흙맛에 반해 버린 사내의 이야기이므로, 앞의 두 소설과 성격이 다르다. '야채 볶음흙'이란 황당한 음식을 통해 작가가 말하고자 하는 바는 무엇일까. 소설에서 요리는 소설 창작 혹은 문학행위에 대한 비유이며, 때문에 작가가 불만으로 삼는 것은 상상력의 빈곤이다. 결국 '야채볶음흙'이란 기상천외의 음식은 새로운 창작 방법에 관심이 없는 "남들이 일방적으로 주입한 상상을, 멍청하게 받아먹"는 한심한 소설가(독자)의 코드화된 글쓰기(글읽기)에 대한 비판을 위해 도입되었던 것이다. 이처럼 음식은 가난의 질곡이나 정서의 결핍을 드러내는 기제로, 인생이나 상상력의 비유로 몸을 바꾸어 한국소설의 각 장을 장식해왔다. 그리고 앞으로 씌어질 소설에서도 새로운 장치와 전략을 내장한 소재로 초청받아 독자에게 풍성한 식탁을 제공할 게 분명하다.

롤러코스터의 문학, 안전한 탈주
최근 소설 경향과 관련하여

1

한국방송에서 방영 중인 〈상상플러스〉라는 프로그램이 있다. 이 프로그램은 예능부문 최고의 시청률을 자랑할 정도로 상당한 고정 시청자를 확보하고 있는데, 특히 '세대공감 올드 앤 뉴'라는 코너는 〈상상플러스〉의 시청률을 30%까지 끌어올린 일등 공신이다. '세대공감 올드 앤 뉴'는 MC와 게스트들이 진행자가 제시한 퀴즈를 함께 풀어가는 방식으로 진행되는데, 10대들이 사용하는 단어(가령, '무훗', '출첵', '지대', '지름신' 등)나 50대들이 사용하는 단어(가령 '뜨악하다', '추레하다', '허섭스레기', '괴발개발' 등)가 문제로 출제된다. 〈상상플러스〉는 "10대와 50대가 쓰는 단어를 이용한 MC들의 퀴즈 대결을 통해 세대 간 격차를 줄여" 보려는 의도에서 이 프로그램을 기획했다고 밝히고 있다.

이 프로그램을 보는 시청자는 '외계어'라고 표현할 수밖에 없는

10대들의 언어에 놀라기도 하고, 이제는 용법도 흐릿해진 50대의 언어에서 어떤 향수를 느끼기도 한다. 놀람과 향수 사이를 오가는 동안 얼마나 '세대 간의 격차'가 해소되는지는 잘 모르겠지만, MC와 게스트의 화려한 입담과 기발한 패러디성 닉네임이 주는 재미는 확실한 듯하다. 그러므로 시청자들을 〈상상플러스〉에 묶어두는 힘은 다른 세대의 언어를 배우는 데서 오는 즐거움에 있는 게 아니라, 철저히 토크쇼를 보는 즐거움에서 비롯되는 것이라고 해야 하지 않을까(하기야 몇 개의 단어를 배워서 '세대 간의 격차'가 해소되리라는 소박한 믿음을 가진 사람이 있기나 한 걸까). 프로그램의 기획 의도와 무관하게, 이 프로그램의 목표가 시청률에 있으며 개봉 영화나 자사 드라마의 홍보 및 광고가 부차적인 이득이라는 사실을 부인할 사람은 없을 듯하다.

최근 소설의 경향을 논하는 자리에서 다소 길게 텔레비전 프로그램을 언급하고 말았다. 이렇게 글의 물꼬를 튼 이유는 최근 소설이 텔레비전의 인기 프로그램과 어떤 점에서 퍽 닮아있기 때문이다. 90년대 이래 문학계에서는 '문학의 불황', '문학의 위기'에 대한 우려가 그치지 않고 있지만, 다른 한편에서 보자면 요즘처럼 문학잡지가 홍수를 이루고 근래처럼 소설이 많이 팔리는 때도 없다는 생각이 든다. 누군가의 과장어법을 빌리자면, 한국문학의 '르네상스'가 도래한 듯한 느낌이다. 더군다나 최근 한국소설은 치열하게 자기 갱신을 시도하는 중이라는 점에서 상당히 고무적이기까지 하다. 신인작가들의 소설을 다룬 평론에는 거의 예외 없이 '낯선 서사문법의 도입', '기발한 상상력', '전복적이고 쾌활한 상상' 등의 화려한 수사가 동반되곤 한다.

　안주를 거부하는 도전과 끊임없는 자기 갱신은 항상 새로운 문학의 모토가 되어왔기에 우리는 최근 한국문학에서 어떤 희망의 징후를 발견하게 된다. 그러나, 그럼에도 불구하고, 희망의 기미를 발견하면서 동시에 어떤 불안감(혹은 불쾌감)을 감지하는 까닭은 무엇일까. 마치 〈상상플러스〉의 기획 의도와 그 실제 목적의 괴리가 최근 소설에서도 반복되고 있는 것은 아닐까.

2

　우선 근래 소설들의 공통적인 경향으로 '웃음'과 '재미'를 꼽을 수 있다. 작가들의 재기발랄한 입담과 화려한 재담은 독자를 일거에 무장 해제하며 미소(微笑)나 실소(失笑), 홍소(哄笑)나 고소(苦笑), 혹은 박장대소(拍掌大笑)나 폭소(爆笑)를 터뜨리게 된다. 이들 소설의 건강한 웃음은 대중문화나 영상문화에 탐닉하던 과거 소설의 독자를 다시 문학으로 돌아서게 하는 데 적지 않은 공헌을 한 것이 사실인 듯하다. 이들이 웃음을 운용하는 방식을 잠시 살펴보자.

　예컨대 모든 슈퍼맨들의 이름이란 그런 것이다. 슈퍼맨의 경우엔 "어, 클라크? 무슨 시계의 일종인가?" 하기 쉽지만 사실은 사람의 이름이며, 007의 경우엔 "어, 본드? 접착제를 말하는 건가?" 하기 쉽지만 역시 사람의 이름이며, 배트맨의 경우에도 "어, 부르스? 그건 춤이잖아?" 하기 쉽지만 역시 사람의 이름인 것이다. 그들은 모두 그런 이름을 지닌 채——

평상시엔 지극히 평범한 정장 차림으로 신문사를 오가고, 미인을 만나고, 시가를 피우고, 스프링 캠프를 향해 출발하는 버스에 오르는 것이다.
(박민규, 『삼미슈퍼스타즈의 마지막 팬클럽』)

박민규 소설의 특장(特長)으로 발랄한 웃음을 꼽는 것에 이의를 제기할 논자는 없어 보인다. 말을 가지고 어르고 눙치는 솜씨에 있어서 작가의 솜씨는 가히 일급이라고 할 수 있다. 가령, '슈퍼맨', '본드', '부르스'라는 대중영화의 주인공 이름을 각기 '클라크(시계)', '본드(접착제)', '부르스(춤)'라는 일반명사와 연결지음으로써 독자로 하여금 웃음 짓게 한다. 고유명사가 일반명사로 엉뚱하게 비틀리면서, 독자는 그 황당한 상상력과 언어유희에 실소를 터뜨리게 되는 것이다.

「갑을고시원 체류기」에서는 간이벽을 사이에 두고 칸칸이 나뉘어진 고시원에서 소음을 내지 않고 방귀를 끼느라 안간힘을 쓰는 우스꽝스러운 모습을 그리는 장면이나("발뒤꿈치를 들고 걷는 게 생활화되었고, 코를 푸는 게 아니라 눌러서 조용히 짜는 습관이 생겼으며, 가스를 배출할 땐 옆으로 돌아누운 다음—손으로 둔부의 한쪽을 힘껏 잡아 당겨, 거의 소리를 내지 않는 기술을 터득하게 되었다")이나 방귀소리("피…쉬…")에서 '물고기', 거기서 다시 '그리운 금강산'을 떠올리는 불예측적인 자유연상은 웃음을 유발하는 성공적인 장치가 된다.

박민규, 이기호, 천명관 소설들에 특징적으로 나타나는 '웃음'이 긍정적으로 평가되는 것은 '웃음'이 가진 가치·체제 전복적인 성격 때문일 것이다. '웃음'은 억눌리고 경직된 의식을 해방시키는 주효한 전략이자 현실 질서를 비판하는 전략적인 무기로 인정받아 왔다. 최근 소설의 '웃음'이 그 뿌리를 성석제의 소설에 두고 있다는 점에 유의할 필요가 있을 듯하다. 성석제의 소설이 선사했던 재미와 가벼움은 90년대 중후반이라는 문단의 상황에서 그 자체만으로 충분한 의미를 가질 수 있었다. 거대담론의 붕괴라는 충격적인 상황에서 골방의 내면으로 침잠하거나 80년대를 향수어린 눈으로 회고하던 때, 그러면서도 거대담론이나 문학의 사회성, 정치성을 홀가분하게 털어버리지도 못하던 때, 그 이중의 억압을 웃음으로 전복시키는 성석제의 소설은 상당히 새로운 것임에 틀림없었다.

『새가 되었네』의 표제작인 「새가 되었네」는, 문학의 출구가 막혀 있는 시대적 상황에서 작가가 직면하고 있는 작가적 자의식을 보여주고 있다. 초기작에 속하는 이 소설은 성석제의 소설답지 않게 상당히 진지하고 무거운 느낌을 준다. 한 인물의 영락기, 몰락담을 소설의 주된 얼개로 한다는 점에서 소재적으로는 「황만근은 이렇게 말했다」나 「조동관 약전」과 다를 바가 없지만, 시종일관 진지한 서술자의 태도는 「새가 되었네」를 전혀 성석제답지 않은 소설로 만들어버린다. 이 소설은 IMF를 소설의 배경으로 하는데, 정직하고 성실한 '정사장'이 선배의 배신으로 파산하여 가족에게 버림을 받고 결국 철거 직전의 아파트에서 투신하여 자살하는 이야기이다. 철거 직전의 비어 있는 아파트에서 그를 맞이하는 것은 한 마리의 살찐 쥐이다. "꼭 맞아죽지 않을 만큼의 거리만큼 도망가서 뒤를 핼끔거"리는 쥐, 갑자기 "다시 그의 발밑을 스쳐 지나"가는 쥐는 죽음의 은유이다.

진지한 태도로 정직한 삶을 살아왔지만, 이제는 모든 사람에게 부담스런 존재로 전락한 그를 기다리고 있는 것은 결국 죽음이라는 전언이다.

이것은 또한 작가가 판단한 소설의 운명이 아닐까. 정직하게, 진지하게 세상을 직시하려는 소설이 맞이하게 되는 운명! 소설가가 문사나 투사로 추앙받던 과거의 영광이 이제는 불가능하다는, 아니 기껏해야 죽음이나 면하면 다행이라는 현실 진단 말이다. 때문에 작가는 '무엇을'이 아닌 '어떻게'를 고민한다. 즉 어떻게 소설의 죽음을 모면할 것인가. 그의 선배는 정직하고 순진한 사람들을 이렇게 폄하한다. "오늘도 중소기업 사장이라는 작자 하나가 목을 맸던데. 초보나 하는 짓이지. 저야 착한 사람이라는 말을 듣겠지만 도대체 남은 사람들은 어떡하라고 그래. 사업에 초보, 인생에도 초보인 것들." 그의 말에 의하면 순진한 '초보'는 죽을 수밖에 없으며, 살아남기 위해서는 '고수'가 되어야 한다. 성석제 소설 여기저기에 등장하는 '춤의 고수', '도박의 고수', '바둑의 고수'처럼. 자칫 폐인처럼 보이는 이들이 '고수'인 것은 그들이 죽음을 피하는 방법을 알고 있기 때문이다. '초보'는 5층짜리 아파트에서 떨어져 진짜 죽지만, '고수'는 사기를 치고 '새'가 되어 살아남는다. 죽음을 초래할지도 모를 진지성을 가볍게 포기함으로써, 공갈과 사기의 고수가 되어 눙치고 거짓말을 해대며 죽음과의 대면을 연기(延期)하는 셈이다.

하지만 최근 소설의 웃음이 이러한 부단한 고민과 전복성을 내장하고 있는지는 의심스럽다. 즉 '웃음'의 강도가 높아진 것은 사실이지만 그 웃음이 기존의 가치 체계를 위협할 만한 무기로 기능하는

지에 대해서는 유보적인 판단을 내려야 할 것 같다. 오히려 자동화된 인식을 전복하는 무기가 아니라 넓은 독자층을 확보하기 위한 기교로, 웃음이 차용되고 있는 것은 아닌지 곱씹어 볼 필요가 있을 듯하다.

3

또한 최근 소설들은 전통적인 서사문법에 의지하지 않고 기발한 상상력에 착안하여 이야기를 전개해가는 특징을 보인다. 이기호 소설을 예로 들어 보자면, 박정희 대통령의 죽음을 접한 아버지가 흥분하여 던진 재떨이의 파편에 맞아 뒤통수에 두 눈을 갖게 된 주인공(「백미러 사나이」)이 등장하는가 하면, 전쟁에 대비해 아버지가 마련해 둔 지하벙커에 6개월 동안 숨어 지내다가 흙을 주식으로 삼게 된 인물(「누구나 손쉽게 만들어 먹을 수 있는 야채볶음흙」)이 등장하기도 한다. 현실 세계에서 도저히 일어날 수 없는 일들임에도 불구하고 이러한 소재가 소설의 주요한 모티프로 자연스럽게 차용된다. 이전의 소설들이 환상을 기법적으로 차용하면서도 환상과 현실 사이의 경계표지를 마련했던 것과 달리, 이기호의 소설은 마치 환상이 곧 현실이라는 능청스런 태도를 취한다.

이기호의「누구나 손쉽게 만들어 먹을 수 있는 야채볶음흙」은 이렇게 시작된다. "오늘의 요리는 누구나 손쉽게 만들어 먹을 수 있는 야채볶음흙이 되겠습니다. 시간도 얼마 걸리지 않고 재료도 주위에서 손쉽게 구할 수 있는 것들이니, 바쁜 아침이나 아이들 간식용으론 아주 그만인 요리이죠. 특히 직장 생활 때문에 정신없이 바쁜 부인이나, 매끼 식사 걱정을 해야 하는 외로운 자취생, 아이의 영양식을 고민하는 주부들에게 적극 권장하는 요리입니다. 영양도 많고, 재료비도 저렴한 가정식 야채볶음흙, 맛도 좋고, 요리시간도 짧은 가정식 야채볶음흙, 자, 그럼 시작해 볼까요." 6개월 동안 지하 벙커에 갇혀 있었던 과거사가 소개되면서 흙을 먹게 된 사연이 어느 정도 개연성을 획득하게 된다. 하지만 소설의 결말 부분에 가면, 소설 전체가 정신병자의 망상이 아닌지 의심스럽게 된다.

 흙을 먹는 이야기가 망상인가 아닌가가 중요한 것은 아니다. 중요한 건 작가가 흙을 파먹고 사는 황당한 사나이의 이야기를 통해 상상력에 대해 말하고 있다는 점이다. 작가는 상상력의 빈곤과 선입견의 고루함을 다음과 같이 질타한다. "그 몇 번의 고비, 그것 때문에 여태껏 먹지 못하는 음식으로 오인되어 왔던 겁니다(세상 모든 음식의 시작이 다 그러했지요). 그 선입관만 깨지면 흙은 더 이상 흙이 아니라, 쌀로, 빵으로, 여러분의 주식으로 다가올 것입니다." '요리'에 빗대어, 작가는 창작행위에 있어서 '상상력'의 중요성을 토로하고 있는 셈이다. 즉 새로운 상상력이나 창작방법에 고심하지 않은 채, 그저 과거의 방식대로 소설을 쓰고 읽고 있는 사람들을 비판하는 것이다.

 「종이 물고기」를 통해 자신의 소설론을 펼쳐 보인 바 있는 김애란 역시 상상력을 중시한다. 소설가가 되기로 결심한 주인공의 가방에 비장의 무기처럼 들어있는 것이 무엇인가. 한 뭉치의 포스트잇이다.

이 새로운 소설가는 하얀 벽면의 원고지에 소설을 쓰는 것이 아니라, 다섯 면의 공백에 '포스트잇'을 붙이는 것으로 소설쓰기를 대체한다. 자신이 읽었던 책에서 좋아하는 부분으로 첫째 면을, 자신에 관한 이야기로 두 번째 면을, 스치는 단어나 문장으로 세 번째 면을, 공사장 아저씨들의 입담, 시장 아주머니들의 음담패설로 네 번째 면을 채우며, 천장인 다섯 번째 면에 소설을 붙인다. 네 개의 벽면을 토대로 하여 다섯 번째 벽면, 즉 소설이 탄생한다는 의미일 것이다. 주목할 점은 주인공이 자신이 밟고 있는 방바닥에 철저히 무관심하다는 것이다. "그가 두 발을 딛고 있는 방바닥에는 앞으로 어떤 것도 붙이지 않을 것이다. 그곳은 무엇인가 붙이기 위한 공간이 아닌 다른 벽면들을 받치기 위한 공간이기 때문이었다."

서점가의 베스트셀러 상위 목록을 차지하고 있는 박현욱의 『아내가 결혼했다』는 기존 서사문법에서 이탈하여 이야기를 빠르고 경쾌하게 진행시키는 장기를 보인다. 주인공이 자유분방한 아내와 결혼에 성공하기까지의 지난한 과정과, 아내가 주인공(남편) 아닌 다른 남자와 결혼을 한다는 황당한 이야기가 이 소설의 중심 뼈대이다. 아내가 다른 남자와 결혼한 사실이 황당한 이유는, 주인공의 아내가 법적인 남편과 결혼 상태를 유지하면서 동시에 또 다른 남자와 결혼했기 때문이다. 남편의 두 집 살림에는 익숙하지만, 익히 '일처다부제'에 관해서는 들은 바가 없기에 독자의 충격은 더욱 심해질 수밖에 없다. 작가는 "둘 다 사랑해"라고 당당히 말하는 아내와, 아내의 남성편력에 속수무책일 수밖에 없는 남편의 기이한 결혼 생활을 통해 신성화된 '일부일처제' 체제에 의문을 제기한다.

그런데 흥미로운 것은, 이 황당한 이야기가 처음부터 끝까지 축구 이야기와 버무려져 분리되지 않는다는 점이다. 축구가 '인생의 축소판'이란 알레고리의 차원에서 사용되는 것도 아니지만, 그렇다고 소설에서 축구 이야기를 제거해 버리면 소설은 아주 싱거운 이야기가 되어 버릴 게 분명하다. 심사평처럼 이 소설은 "월드컵 4강전을 관전하는 것 같은 느낌"을 주고, "월드컵 결승전을 관전하듯 경쾌하게 전개"되지만, 소설에서 이 이상의 축구의 의미는 없는 듯하다. 공식적, 비공식적으로 '일부일처제'가 용인되는 사회에서 '일처다부제'를 상상한다는 것은 그 자체로 도발적이고 전복적이다. 하지만 이 황당한 상상력이 '일부일처제' 사회에 대한 진지한 성찰과 반성을 내장하고 있는지는 의문이다. 오히려 재미있고 유쾌한 상상에 그치고 있으며, 상당 분량의 사회학적 지식이나 축구 이야기가 진지한 성찰을 은폐하는 장치로 활용되고 있는 것은 아닌지 의심스럽다.

4

웃음과 재미, 자유분방한 상상력이란 몇 가지에 초점을 맞추어 거칠게나마 최근 소설들의 경향을 살펴보았다. 2000년대의 문학은 80년대의 문학, 90년대의 문학과 달라야 하고 다를 수밖에 없을 것이다. 아니, '지금-여기'의 작가들은 지나친 강박이 아닌가 싶을 만큼 '새로움'에 목말라 있는 것 같다. 문학이 이전의 것을 극복하고 갱신하며 새로이 탄생해야 하는 장르임을 생각할 때, '새로움'에 대한 탐구는 높이 평가되어야 할 것이다. 더구나 최근 소설들은 순수문학을 외면해 오던 종래의 문학 독자들의 발걸음을 어느 정도 돌려놓는 데 성공했다는 점도 정상참작 되어야 할 것이다. '문학성'과 '흥미성'의 두 마리의 토끼를 동시에 잡는 작업이라면 이보다 더 반가운 소식은 없을 것이다.

하지만 풍자성과 전복성이 내장되지 않은 '웃음'은 그저 '헛웃음'으로 그칠 공산이 크지 않을까. 웃게 만들기 위한 웃음, 독자층을 잃지 않기 위한 전략으로서의 웃음이라면, 그것은 폐쇄적인 자기 회로에 갇힌 채 반복·재생산되는 공허한 웃음이 아닌가 말이다. 기발한 상상력에 대해서도 동일한 비판이 가능할 것이다. 유아적이고 유희적인 상상과 환상에 그치고 만다면, 그것은 이미 상식적인 시각을 전복할 힘을 상실한 것 아닌가.

〈상상플러스〉가 아무리 '세대 간의 격차' 해소라는 야심찬 기획의도를 주창하더라도, 제작자건 시청자건 시청률과 상업성에 방송의 목적이 있다는 사실에 이의를 제기하지 않는다. 최근 소설들이 '웃음'이나 '상상력'으로 소설에 '새로움'을 성공적으로 덧입히더라도, 작가들에게 문학과 현실에 대한 진지한 성찰과 고민이 수반되지 않는다면, 이 '새로움'은 상업적인 전략이라는 비판을 피하기 어려울 듯하다. 즉 새로운 소설들에 의해서 과거의 문학 독자가 문학으로 귀환한 것이 아니라, '새로움'을 추종하는 문학들이 대중문학에 투신한 것이 아닌가 하는 의심 말이다.

물론 문학도, 대중문화도 독자에게 즐거움을 줄 수 있다. 그렇지만 두 즐거움은 서로 다른 차원에 속한 것이다. 바르트는 대중문화의 즐거움은 "만족시켜 주고, 채워주고, 행복감을 주고, 문화로부터 와서 문화와 단절되지 않으며, 편안한 독서의 실천과 연결"되는 반면, 문학의 즐거움은 "상실의 상태로 몰고 가서 마음을 불편하게 하고, 독자의 역사적, 문화적, 심리적 토대나 그 취향, 가치관, 추억의 견고함마저 흔들리게" 한다는 점에서 다르다고 말한다. 아니, 어쩌면 문제는 즐거움이나 재미에 있는 것이 아니라 '안전함'에 있는 것은 아닐까. 롤러코스터는 탑승자를 극도의 긴장과 경악의 상태로 몰고 가지만, 그들을 다시 출발점으로 안전하게 데려다 준다는 점에서 결코 위험하지 않다. 안전한 탈주를 맛보게 하여 감정을 위무하는 '새로움'이 아닌, 세계의 허상을 드러내어 진정으로 존재를 불안하게 만드는 '새로움'을 기대해 본다.

불온한 열정, 혹은 포획된 욕망

현대소설과 에로티즘

어릴 적 우연히 보았던 한 텔레비전 단막극에 대한 지극히 주관적인 감상으로 이야기를 시작해야겠다. 단막극의 제목도 배우의 이름도 전혀 기억에 남아있지 않다. 다만 텔레비전을 끄고 난 후 무언가 말할 수 없는 울렁거림과 먹먹함, 그리고 불안감 때문에 쉽게 잠이 오지 않았던 기억만이 또렷하게 남아있다. 희곡 작가 지망생인 청년과 초등학교 여자 아이의 사랑이라는 자극적인 소재였기 때문일 수 있다. 밤마다 플루트를 부는 위층 소녀와 제대 후 희곡 창작에 열중하던 청년은 이런저런 사정으로 동거를 하게 된다. 소녀는 〈선생님이 제 남편이었으면 좋겠어요〉, 〈폐하의 아이를 갖고 싶어요, 우리들의 공주 말예요〉라는 말을 거침없이 내뱉을 만큼 예민하고 당돌한 면이 있었다. 소녀의 적극적인 구애에도 불구하고 청년은 자신의 욕망을 자제하고 소녀의 보호자 행세를 한다. 둘의 동거는 일 년 동안 지속되다가 소녀는 어머니의 초청을 받아 독일로 떠난다. 독일로 간 소녀는 일상을 알리는 편지를 보내고, 6년 후 자신의 귀국 사실을 알리고 청년을 호텔로 호출한다. 청년은 위스키를 마시며 원숙함과 관능미를 내뿜는 여인의 플루트 연주를 듣다가 정신을 잃는다. 여인이 위스키에 독을 섞었던 것. 현실과 환상의 경계를 진동하던 이야기는 독일로 간 소녀가 1년이 못되어 죽고, 소녀의 어머니가 대신 편지를 써왔던 것으로 확인되면서 안전하게 현실로 안착한다.

'롤리타 콤플렉스'를 연상시키는 자극적인 소재, 현실과 상상의 경계를 넘나드는 몽환적인 분위기, 신선한 반전이 내장되어 있던 이 드라마의 원작이 유흥종의 소설「죽은 황녀를 위한 파반느」였다는 것을 안 것은 한참의 시간이 흐르고 나서였다. 고백컨대 드라마 감상 후의 묘한 울렁임과 먹먹함의 진원지는 이제 막 성(性)의 비밀에 눈뜬 사춘기의 감수성이었을 것이다. 그러면 불안함의 정체는 무엇이었을까. 그것은 에로티즘과 아름다움이 결국 죽음과 맞닿아 있다는 진실을 어렴풋이 눈치챘기 때문 아니었을까. 소설에서 소녀의 이미지는 "날카로운 부리를 가진 새"로 표상된다. '장이진'은 그 새의 이미지를 실감할 때마다 그것이 "셀룰로이드처럼 얇게 덮여 있는 투명한 죽음의 세포막을 향해 다가오고 있다"는 느낌을 받고, 환각처럼 나타나는 검은새가 일사병에 걸려 죽어버렸으면 좋겠다고 말한다. 그러면서도 검은 새의 환각이 열병처럼 온 몸을 관통한 후면 "원고를 쓰고 싶은 욕구가 어금니에서 생살 돋듯 되살아나서 견딜 수가 없었다"고 고백한다.

벨라돈나의 독일어 이름은 〈Tollkirsche, Toll=미친, Kirsche=벗나

무〉, 즉 〈미친 벚나무〉, 마취작용이 강하고 독하다. 고대 그리스인들은 수명을 끊는 여신을 〈아트로포스(Atropos)〉라고 불렀는데, 이 식물의 이름은 아트로파, 사실 이 식물은 독살약으로 흔히 사용되었던 것. 나는 이 카드를 서독 뮌헨대학교 약물학연구소장 힐데버르트 바그너 교수가 쓴 『환각제』라는 책에서 직접 발췌했다.

(유홍종, 「죽은 황녀를 위한 파반느」)

이 소설은 극도의 열정이 항상 죽음의 문을 향해 열려있다는 사실을 보여준다. 극한의 열정, 극도의 아름다움을 욕망하는 주체들은 항상 죽음의 유혹에 노출되기 마련이다. 아름다움이 증여하는 쾌락은 죽음과 연결되어 있기 때문에, 쾌락의 경험은 황홀하지만 치명적이다. 예술은 간접적 향유이기 때문에 죽음에 이르지 않고 미(美)를 체험하는 통로가 된다. 맹독을 준비하고 현현한 이 관능적 여인의 이름을 에로티즘이라고 불러도 좋지 않을까.

에로티즘을 "죽음까지 파고드는 삶"이라고 명명한 바따이유는 에로티즘을 신성의 차원으로 승격시킨다. 그는 노동과 금기가 동시에 발생했을 것이라는 가설을 세운다. 인간은 노동하는 존재인데 에로티즘, 폭력, 죽음은 노동과 대척점에 놓여있다. 노동의 효율성을 떨어뜨리는 에로티즘과 폭력의 위험성을 미연에 방지하기 위하여 필연적으로 도입된 것이 금기이다. 하지만 금기는 마음만 먹으면 누구라도 뛰어넘을 수 있는 낮은 울타리에 불과하다. 인간은 갖가지 이름의 위반으로 금기의 허술한 울타리를 무너뜨리고 넘나들지 않는가. 그런 점에서 금기와 위반은 공모관계에 맺고 있는 셈이다. 왜냐하면 어떤 위반에도 불구하고 금기의 울타리는 지워지지 않으며, 정반대로 더욱 더 강고해지기 때문이다. 위반을 통해 주체는 자신과 타자 사이의 도저한 심연이 소멸했다는 황홀에 빠진다. 그러나 그 황홀함은 그저, 잠깐의 환각일 따름이다. 파괴적 열정, 황홀한 열망에 빠져 '낭비'와 '탕진'을 실천하며 반(反)노동하는 주체가 되는 것은 잠시의 경험일 뿐이다. 파괴적 열정은 노동이라는 무거운 짐을 벗게 하지만, 다시 불안과 극도의 긴장이라는 멍에를 씌운다. 이것이 노동하는 주체로서의 인간의 비극성이라고 말하면 과장된 것일까. 금기의 울타리 안에서 열정 없이 살거나, 위반의 충동에 굴복하여 불안에 떠는 삶.

> 예수께서 베다니 문둥이 시몬의 집에서 식사하실 때에 한 여자가 매우 값진 향유 곧 순전한 나드 한 옥합을 가지고 와서 그 옥합을 깨뜨리고 예수의 머리에 부으니 어떤 사람들이 분내어 서로 말하되 무슨 의사로 이 향유를 허비하였는가 이 향유를 팔아 삼백 데나리온 이상에 팔아 가난한 자들에게 줄 수 있었겠도다하며 그 여자를 책망하는지라 예수께서 가라사대 가만 두어라 너희가 어찌하여 저를 괴롭게 하느냐 저가 내게 좋은 일을 하였느니라 가난한 자들은 항상 너희와 함께 있으니 아무 때라도 원하는 대로 도울 수 있거니와 나는 너희와 항상 함께 있지 아니하니라
> (마가복음 14:3~6)

"순전한 나드 한 옥합"을 깨뜨려 예수의 머리에 부은 죄 많은 여인의 행위는 철저한 낭비이며, 탕진이다. 노동의 세계에 속한 정상인(여인을 타박한 사람은 회계를 담당했던 세속적 인간 유다였다)은 향유를 팔아 가난한 사람을 돕지 않고 어찌하여 "허비"하느냐고 불만을 터뜨린다. 하지만 향유 옥합을 깨뜨린 여인의 행동이 "허비"이기

때문에 그것은 가장 철저한 구도적 행위가 될 수 있다. 그러나 잉여의 비축이 모럴로 통하는 자본주의 시스템에서 이 탕진은 죄악에 불과하다. 또한 역설적으로 이 탕진이야말로 완고한 자본주의 시스템을 교란하고 훼방하는 게릴라일 것이다.

　예술의 영역에서 에로티즘이 긍정적으로 평가될 수 있는 지점이 여기에 있을 것이다. 에로티즘의 파괴적 열정은 위엄에 찬 규율과 체제에 이의를 제기하고 그것을 혼란스럽게 하는 파괴력을 내장하고 있는 셈이다. 90년대 중반 수많은 '내실부인'들이 "나는 누구인가"라고 자문하며 '다락방'을 뛰쳐나왔던 문학 현상에 대하여 긍정할 수 있었던 까닭도 여기에 있다. 의도야 어쨌건 그녀들의 뛰쳐나옴은 가부장제 이데올로기와 자본주의 시스템을 교란하는 효과를 발휘했다고 볼 수 있다. 노동을 버리고 탕진을 선택한 그녀들의 행동은 다르게 보이지만 어찌보면 80년대의 투사의 행위와 닮아있지 않은가.

　2000년대의 문학과 영화에서 에로티즘의 수위와 강도가 훨씬 높아졌다는 판단은 틀리지 않을 것이다. 그런데 높아진 수위에도 에로티즘의 역동성과 파괴성이 순화되었다는 것은 개인적인 느낌에 불과한 것일까. 이러한 불만은 자유로운 성묘사에 단련되어 무뎌진 우리의 감수성 때문에 생겨난 것일 수도 있겠고, 사회 분위기가 자유로워진 탓도 있겠다. 하지만 에로티즘이 불온한 혁명성을 상실하고 자본주의 시스템에 포획된 것은 아닌가라는 의구심을 완전히 떨쳐 버릴 수는 없을 듯하다.

　염소를 몰고 "이미 오랜 전에 훼손된 집"을 떠났던 전경린의 소설을 보자. 불온한 열정으로 가득차 있는 전경린의 소설은 '불륜'의 모티프를 자주 차용한다. 불륜은(소설가 김훈에 의하면 '불륜'은 '불우한 사랑'이다) 극단의 충동이라는 점에서, 사회 체제 내에서 용인될 수 없다는 점에서, 그럼에도 불구하고 흔하게 경험된다는 점에서, 극단의 에로티즘을 구현할 수 있는 소재가 된다. 전경린의 『내 생의 꼭 하루뿐인 특별한 날』에는 몇 겹의 불륜이 예비되어 있다. 남편 '효경'과 사무실 아가씨의 불륜, 아내인 '미흔'과 윗집 남자 '인규'의 불륜, 나비마을에 전설처럼 내려오는 며느리의 불륜 등. '효경'의 외도 사실이 밝혀지기 전까지 '미흔'의 가정은 평온하고 안락한 중산층 가정이었다. 오븐에서 쿠키와 카스테라 굽는 향기가 피어오르고, 고급 오크가구로 꾸며진 거실에는 크리스마스 트리의 따뜻한 불빛이 깜박이는 그런 중산층 가정 말이다. 그런데 크리스마스날 밤 사무실 아가씨가 집에 찾아옴으로써 이 중산층 가정은 쉽게 무너져 버린다.

극도의 우울증에 시달리는 아내를 치료하기 위해 남편은 조용한 시골마을로 이사를 한다. 하지만 '미흔'의 다친 마음은 치유되지 않고 '미흔'은 두통약과 수면제에 의지해 살아간다. 그런데 욕망 없는 삶을 살아가던 '미흔'에게 "내 생에 꼭 하루뿐인 특별한 날"이 찾아온다. 말할 것도 없이 '인규'라는 새로운 사랑의 대상을 만난 것이다. 그녀는 '인규'의 차에서 결혼식장의 축하곡이었던 라벨의 '죽은 황녀를 위한 파반느'를 함께 들으며 생(生)의 욕망과 활력을 되찾게 된다. 남루하고 처참하고 하찮게 여겨지던 삶에 한 줄기 광명이 찾아온 셈이다. '인규'는 '미흔'에게 '구름 모자 벗기' 게임을 제안한다. 사 개월의 기간 동안 서로를 허용하되 '사랑한다'고 말하면 둘의 관계가 종료

되는 게임. 사랑을 고백하고, 결혼을 약속하고, 거래가 성사되고, 육체를 허용하는 '일부일처제' 사회에 대한 나름의 반란인 셈이다.

그러나 둘의 사랑은 '게임'이 되지 못하고 진짜 사랑으로 발전하고 만다. 그리하여 결말은 지리멸렬하고 구차하다. 둘의 애정 행각이 밝혀지고 분노에 찬 남편은 심한 폭력을 행사하고 부부는 이혼에 이른다는. 이 소설이 통속으로 전락하지 않고 아슬아슬한 줄타기에 성공할 수 있었던 것은, 이들의 사랑이 우리 안의 내장된 위험한 충동들을 드러내주고, 죽음에 이르는 사랑으로 일부일처제의 가부장제 이데올로기에 어느 정도 흠집을 내는 데 성공했기 때문일 것이다. 그러니까 어느 가정에나 걸려있게 마련인 행복한 가족사진('스위트 홈'을 과시하는 다정한 포즈의 이 가족사진이야말로 사실 얼마나 우스운가)에 숨겨진 위선과 추악함을 꿰뚫어 보는, 이 가족사진을 찢어발기는 힘이 어느 정도 감지된다는 뜻이다. 그럼에도 이 소설에서 통속적 멜로와 낭만적 감상성의 찌꺼기를 부정하기는 어려울 듯하며, 그런 이유에서인지 이 소설은 『밀애』라는 영화로 만들어져 상영되었다. 여성 감독의 시선에 의해, 여성의 욕망이 그려졌다고 하는데 정말 그러한지는 의문이다. 영화 감상 후 남게 되는 것은 관객의 관음증을 유도한 몇 차례의 정사장면이기 때문이다. 그리고 '미흔'의 무기력한 삶이 남편의 외도에서 비롯되었음을 의도적으로 과장하는 방법에도 불만이다. 그녀의 무기력한 삶이 남편의 외도에서 비롯된 것이고, 활력도 새로운 남성에 의해 가능해지는 것이라면, '미흔'은 철저히 남성 의존적인 인물이 아닌가. 그렇다면 이것은 또 다른 방법으로 남성중심의 가부장제 이데올로기에 복무하는 결과를 가져온다.

정이현의 「낭만적 사랑과 사회」에 대해서도 비슷한 비판을 해볼 수 있을 것이다. 자신의 섹슈얼리티를 신분상승의 도구로 사용하는 주인공 '유리'를 "로맨스, 결혼, 가족, 국가 등을 둘러싼 제도적 이데올로기에 균열을 만드는 존재"로 볼 수 있을지 판단이 서지 않기 때문이다. 그녀는 자신의 섹슈얼리티를 교환-가능한 상품으로 용인한 세속적 인물 아닌가. 또한 이 작품의 주안점은 자본주의 시스템을 전복하는 신랄함에 있는 것이 아니라, 독자의 관음증적 욕망을 자극하는 쾌감에 있는 것 아닐까. 불륜도, 동성애도, 변태적 성욕도 너그럽게 포용한다는 점에서 자본주의 시스템은 대단히 관대하다. 아침 드라마에서는 불륜이 아름다운 사랑으로 그려지고, 「왕의 남자」로 스타덤에 오른 '이준기'는 중성적 섹시함을 드러내며 상업광고에 등장하고, 트랜스젠더 하리수의 은밀한 사생활은 방송을 타고 전파된다. 그러니 이 사회의 자유분방함과 관대함은 얼마나 놀라운 것인가. 그러나 벌써, 이미, 이것은 자본주의의 상품으로 둔갑하여 교환되고 있는 것 아닌가. 관대한 자본주의 시스템이 모든 것을 허용하는 방식으로 에로티즘의 불온성과 혁명성을 잠재우고 길들이고 있다면, 에로티즘을 다루는 문학과 예술의 방식은 이미 그 혁명성을 상실한 것이다. 그렇다면 코드화된 에로티즘은 황홀하지도, 섬뜩하지도 않다. 그저 식상하고 지겨울 따름이다. 지금의 예술가들은 이제 새로운 방식의 에로티즘을 꿈꿔야 하지 않을까. 우리를 황홀한 매혹에 빠뜨리는 동시에 공포와 불안으로 몰아넣을 만한, 이 완고한 체제를 뒤흔들며 자본주의 시스템에 포획되지 않는.

상상력은 힘이 세다 — 윤성희론

Post-it의 상상력 — 김애란론

스타일의 새로움과 주제의 고루함 — 이기호론

바깥을 향한 불가능한 욕망 — 김윤영론

기억의 배면을 응시하는 시선 — 양유정론

불가능을 실연하는 유령작가의 글쓰기 — 김연수론

사랑의 해독(解讀/解毒) — 이혜경론

상상력은 힘이 세다

윤성희론

1

 윤성희의 첫 번째 창작집 『레고로 만든 집』[1])에 실린 소설을 읽으며, 우리는 어렵지 않게 '그림자'라는 단어를 발견하게 된다.

> 옆집 옥상에 볼품없이 솟아 있는 굴뚝이 달빛을 받아 부엌 쪽으로 길게 그림자를 드리운다. (「레고로 만든 집」, 9면)
> 가방 무게에 한쪽으로 어깨가 갸웃해진 그림자가 앞서 걷는다. 한 걸음 내디딜 때마다 양 어깨가 가볍게 출렁였다. 그림자 속의 가방은 제 크기보다 더 크고 무겁게 보였고, 그 가방의 실루엣을 보고 있으면 걸어온 길을 되짚어갈 수 없을 만큼 먼 길을 걸어온 사람처럼 묵직한 피로가 어깨를 덮쳐왔다. (「이 방에 살던 여자는 누구였을까?」, 33면)

---

1) 윤성희는 1999년 「레고로 만든 집」(≪동아일보≫, 신춘문예)으로 등단하였고, 지금까지 『레고로 만든 집』(민음사, 2001), 『거기, 당신?』(문학동네, 2004), 『감기』(창작과비평, 2007) 세 권의 창작집을 발표하였다. 앞으로 인용은 소설 제목과 면수로 대신한다.

불길한 그림자가 당신을 덮치고 있습니다. 남자는 그 불길한 그림자가 눈에라도 보이는 듯, 불안하게 눈동자를 움직이며 말했다. (「악수」, 119면)
그 순간, 그림자가 그녀를 스쳤다. (「그림자」, 135면)

「그림자들」처럼 '그림자'가 소설의 제목으로 선택된 경우도 있다. '그림자'란 단어의 잦은 등장이 암시하듯, 어둡고 무거운 톤(tone)이 첫 창작집 『레고로 지은 집』의 주된 정조를 이루고 있다. 그림자를 형성한 어둠의 정체는 대략 두 가지로 압축되는데 가난과 불우한 가정사가 그것이다. 물론 이 둘은 서로의 원인으로 상호작용하며 더 큰 어둠을 만들고 있는 듯하다.

등단작인 「레고로 만든 집」이 대표적이다. 집을 날리고 반신불수가 되어 안방에 누워있는 아버지, 전세금을 갖고 사라져 버린 어머니, 어린아이의 정신연령밖에 갖추지 못한 오빠. 그리고 이 허술한 가정의 가장인 딸이 있다. 아버지에게는 리모컨을 누를 힘밖에 없고 오빠는 레고로 집을 만드는 데 열중할 뿐이며 어머니는 가끔 전화를 걸어 한숨을 내쉰다. 아버지와 오빠에게 방을 내준 '나'는 부엌 한 켠 냉장고 옆에 잠자리를 마련한다. 꽁치 조림 냄새가 가시지 않는 곳, 문이 닫혀 있어도 어디선지 바람이 불어오는 곳, 냉장고의 기계음으로 가득 채워진 곳. '나'는 "사방이 뚫린 곳에 홀로 서 있는 기분이 든다"고 말한다.

'나'는 가족의 생계를 위해 대학 정문에 있는 복사가게에서 아르바이트를 한다. 국립대학 경영학과에 다닌다는 거짓말, 주운 학생증으로 도서관에 출입하며 대학생들의 책을 훔치는 행위는 '나'의 욕망을 역설적으로 드러낸다. 다른 삶에 대한 욕망은 '벽돌로 지어진 이층집'에 대한 동경으로 나타나기도 한다.

> 나는 오늘 오전까지 해주기로 한 책을 펼쳐든다. 표지에는 붉은 벽돌로 지어진 이층집이 있다. 하늘을 향해 뻗은 지붕이 웅장하다. 옆에 서 있는 커다란 나무가 그 집 지붕 위로 그늘을 만든다. 나는 350페이지 책을 복사하면서 170여 번 그 집을 본다. 처음에는 집 전체를 보다 100페이지, 200페이지 넘어가면서 눈길이 구석으로 향한다. 대문에서 현관까지 향하는 길에 놓인 자갈들과 작은 꽃나무들을 본다. 커다란 나무 밑에 그네를 매달면 좋을 텐데. 현관에 새집을 닮은 우편함을 만들면 어떨까. 나는 그 집을 부수고, 다시 짓기를 반복한다.
> 복사기가 작동할 때마다 뿜어져 나오는 빛에 눈이 시큰거리고 눈물이 맺힌다. 나는 그 빛을 보는 것을 좋아한다. 빛은 잠시 동안 나를 낯선 세계로 이끌어준다. 나는 복사를 하면서도 빛에 눈을 찡그리지 않으려 애쓴다. 매캐한 공기가 감도는 건조한 복사실에서 견딜 수 있는 것은, 바로 이 빛 덕분이다. 처음 복사 일을 시작했을 때에는 종이 사이로 새어 나오는 빛을 잠시도 쳐다보지 못했다. 그래서 일일이 복사기의 뚜껑을 닫아야 했다. 그러다 보니 일은 더뎌질 수밖에 없었고, 사장의 눈총을 받아야 했다. 하지만 언제부턴가 빛에 따스한 열기가 있다는 사실을 알게 되었다. 빛이 오른쪽 눈을 지나 왼쪽 눈으로 옮겨질 때 느껴지는 열기가 좋아지기 시작하면서, 복사하는 일이 재미있어졌다.
>
> (「레고로 만든 집」, 13~14면)

붉은 벽돌로 지어진 이층집을 상상하는 일, 그 집 현관에 우편함을 만들면 어떨까 상상하는 일은, 말 그대로 '공상(空想)'에 지나지 않는다. 하지만 '공상'에 정신을 판 사이에 350페이지짜리의 두꺼운 책이

얇아져 있지 않은가. 물론 '나'는 알고 있다. "빛은 잠시 동안 나를 낯선 세계로 이끌어" 줄 뿐이라는 것을. 하지만 '내'가 살고 있는 집은 '레고로 만든 집', 엉성하고 허술하여 쉽게 훼손되는 집이다.

안방에서 아버지의 마른기침 소리가 들린다. 냉장고가 조용해지고, 창에 드리운 그림자가 조금 흔들리는 것 같다. 나는 일어나 창 쪽으로 걸어간다. 옆집 옥상에 우뚝 서 있는 굴뚝이 사람처럼 보인다. 그 굴뚝이 우리 집을 넘겨다보는 것 같아 가슴 한끝이 잠시 섬뜩해진다. 무엇에 쓰였을지 모를 나무 조각들과 문짝 떨어져나간 농이 보이고 그 위로 가지만 남은 포도 넝쿨이 볼품없이 엉겨 있다.
또 한 번 아버지의 기침 소리가 집안을 울린다. 그 소리를 이기려는 듯, 냉장고가 크게 윙 하고 울린다. 나는 몸을 돌려 부엌을 둘러본다. 창문은 닫혀 있지만 어디선지 바람이 불어오는 것 같다. 개수통 안에는 며칠째 쌓아놓은 설거지 거리가 가득하다. 맨 위에 있는 접시를 건드리면 와르르 무너져 모두 깨져버릴 것 같다. 어둠 속에서 나는 그 접시들을 헤아려 본다. 계란 프라이를 담은 그릇 때문에 개수통 주변은 기름으로 얼룩졌을 것이고, 김치찌개를 끓였던 냄비는 가장자리가 새까맣게 타 있을 것이다.

「위의 책」, 9~10면)

위 인용의 황폐한 풍경은 '나'의 내면 풍경을 그대로 보여준다. 옆집 옥상의 황폐한 모습이 '나'의 내면 풍경과 닮아 있기에, '나'는 옥상에서 살고 있는 '고양이'에게 관심과 연민의 감정을 품는다. 고양이를 위해 부엌 창문을 열고 먹다 남은 꽁치 토막을 던져주기도 하고, 고양이와 '야옹' 하는 소리를 주고 받기도 한다. 하지만 옥상의 고양이들은 옆집 주인에게 내쫓김을 당하고, 다섯 마리의 새끼 중한 마리가 굴뚝에 떨어지고 만다. 굴뚝에 떨어진 새끼와 그 새끼를 버리고 간 어미 고양이는 '나'의 불우한 가정사를 떠올리게 한다. 그런데 버림받은 고양이에 대한 '나'의 반응은 어떠한가. "굴뚝으로 고양이가 떨어졌다면 어쩔 수 없다"고 '나'는 생각한다. 동정과 연민이 자학으로 변형되는 부분이며, 이는 오빠가 만든 레고 집을 부수는 행위와 연결된다.

> 굴뚝 위에는 몇 개의 벽돌이 엉성하게 놓여 있다. 고양이가 떨어질 수 있을 정도로 충분히 공간은 벌어져 있다. 나는 벽돌을 들어내고 어두컴컴한 굴뚝 속을 들여다본다. 아무것도 보이지 않는다. 플래시를 안 가져온 것을 후회했지만 다시 가지러 올라가지는 않는다. 달빛을 가리지 않기 위해 몸을 움직여보지만 1미터 정도만 눈에 보일 뿐, 아래쪽은 모두 암흑이다. 나는 발뒤꿈치를 들어 귀를 굴뚝에 대본다. 아주 희미하게 고양이 울음소리가 들리는 것도 같다. 하지만 그것이 바람소리인지 울음소리인지 분간할 수가 없다. 나는 바닥에 떨어져 있는 벽돌 한 조각을 굴뚝 속으로 던진다. 돌이 바닥에 닿는 소리가 들리고, 그 소리에 섞여 고양이 울음소리가 가늘게 떨리고 있다. 나는 벽돌 조각들을 굴뚝 속으로 마구 밀어넣는다. 마지막 던진 커다란 벽돌이 바닥에 떨어지는 소리를 내지 않는다.
>
> (위의 책, 28~29면)

> 발밑에서 무엇인가가 반짝인다. 나는 허리를 숙여 그것을 본다. 바퀴 달린 레고다. 멀리 집어던진 것 같은데, 고작 여기 떨어져 있다니. 나는 발 끝에 힘을 주고, 그것을 밟는다. 으스러지는 소리가 유난히 크게 들린다.
>
> (「레고로 만든 집」, 29면)

복사기에 얼굴을 대고 복사하는 그로테스크한 장면과 더불어, 위의 인용 부분은 강렬한 인상을 남긴다. 『레고로 만든 집』에 실린 단편들은 가난과 고독에 침잠된 내면 풍경을 어두운 톤으로 잘 주조해낸 작품들이라고 할 수 있다.

2

여러 평론가들의 지적대로, 두 번째 창작집 『거기, 당신?』에 오면 기존의 우울한 어두운 분위기가 많이 탈색된다. 인물들을 둘러싼 문제들이 달라지지는 않았지만, 현실에 대한 그들의 대처 방식이 달라졌다고 할 수 있다. 「고독의 의무」를 보자.

주인공인 '나'는 4월 1일 만우절에 태어났다. 가정 환경을 살펴보건대, '나'의 성격이 밝고 낙천적인 것은 의외라고 할 수 있다. '나'가 초등학교 삼학년 때 아버지는 간암 말기 진단을 받고 직장을 그만둔다. 아버지는 산에 올라가서 산나물과 이름 모를 약초를 캐왔다. 수많은 풀과 뿌리들의 즙을 내서 마시는 사이, 아버지의 병은 기적처럼 낫게 되었다. 뿐만 아니라 아버지가 캐온 약초들은 비싼 값에 팔려 나가게 되면서 경제적인 문제도 자연스레 해결되었다. 하지만 행복은 오래가지 않았다. 아버지의 약초 즙을 먹은 사람이 죽는 사고가 발생하자, 아버지는 불법의약품 제조 혐의로 경찰에 잡혀간다. 법정 싸움이 계속되는 2년 사이, 사두었던 논밭을 다 팔게 된다. 어머니는 위암 말기 선고를 받고 죽고 아버지는 약초를 캐러

산에 갔다가 돌아오지 않는다. 이런 상황에서 '나'는 친구들과도 점차 멀어진다. 대신 그는 〈만우절이 생일인 사람들의 모임〉이라는 인터넷 동호회에 가입하고 거기에서 만난 '돋보기'를 아이디로 사용하는 여자와 결혼을 한다. 그렇지만 신혼 여행지에서 반대 차선을 넘어온 트럭과 충돌하여 아내는 다리를 쓰지 못하게 된다.

이만하면 '나'는 불행한 사람이 아닌가. 하지만 '나'는 낙천적이고 긍정적인 자세로 현실에 대응한다. 낙천적이고 긍정적인 성격은 외할머니에게 물려받은 장기이다. 외할머니 성격의 가장 큰 특징을 꼽으라면, "웃음이 많은 분"이라는 점이다. "전쟁 통에 부모를 잃고 두 동생을 키워야 했는데, 그때 어린 동생들이 슬프지 않도록 사소한 것에도 기쁘게 웃어야 했다. 그래서 웃는 게 버릇이 되어버렸다고 언젠가 외할머니는 내게 말해주었다." 외할머니의 낙천적인 성격과 삶의 자세는 '나'에게 그대로 유전된다.

> 아버지는 자주 산으로 올라갔다. 등에 짊어진 커다란 배낭에는 산나물이 가득했다. 도시에서 태어난 아버지에게는 그 모든 것들이 이름 모를 풀들이었다. 아버지가 산을 헤매는 동안 어머니는 버스로 사십 분 거리에 있는 한 지방 대학의 구내식당에서 일을 했다. 나는 흙이 잔뜩 묻은 아버지의 운동화를 빨았다. 아버지가 아프다는 말을 들은 후부터 동생은 자주 울었다. 나는 코미디 프로그램을 빠짐없이 보았고, 코미디언들의 우스꽝스런 행동을 흉내내기 시작했다. 하루 종일 말이 없던 동생은 그런 나를 보고 웃었다. 특히 지구를 떠나거라~ 라고 약간 콧소리를 섞어 말하면 허리를 붙잡고는 깔깔거렸다. 동생 덕분에 나는 구봉서부터 김형곤까지 모든 코미디언들의 성대모사를 할 줄 알게 되었고, 학교에서는 언제나 오락부장을 했다.
> (「고독의 의무」, 185면)

낙천적인 대처법은 가령 이런 식이다. 부모님께 선물 받은 구두를 할머니의 장례식장에서 잃어버린다. 할머니가 자신의 구두를 신고 하늘로 날아갔다고 생각하고, 그러자 새 구두를 잃어버린 것이 그다지 속상하지 않게 된다. 가족이나 친구들 사이의 끈이 느슨해지자 '나'는 〈만우절이 생일인 사람들의 모임〉이란 동호회에 가입하게 된다. 동호회 회원들은 자신의 생일날 일어났던 수많은 거짓말 같은 이야기를 해가며 서로를 위로했다. 중요한 것은 "그 이야기들이 진짜인지 가짜인지에 대해서는 아무도 중요하게 생각하지 않았다"는 점이다. 그럼에도 불구하고, 왜 그들과의 수다가 그에게 위로와 위안이 되는 것일까. 가볍고 악의 없는 가짜 말의 향연 속에서 질식할 듯한 사실의 무거움을 피할 수 있기 때문이 아닐까. 그래서 "아무도 정말이야? 라고 묻지 않았다. 그건 모든 동호회 회원들이 지켜야 할 첫 번째 규칙이었다."

아내가 불구가 된 사건에 대하여 이야기하는 방식도 가볍기만 하다. 이런 식이다.

우리는 T시로 이사를 왔다. 서울의 18평 아파트 전세금으로 이곳에서는 34평 아파트를 얻을 수가 있었다. 아침마다 나는 달리기를 했다. 처음에는 5킬로미터도 뛸 수가 없더니 지금은 10킬로미터를 뛰어도 그다지 힘들지 않았다. 아파트 입구에서부터 T시에 유일하게 있는 대학의 정문까지가 딱 10킬로미터였다. 아내와 싸운 날에는 그 길을 두 번 왕복하기도 했다. 아내의 몸무게가 80킬로그램을 넘어가면서 나는 운동의 강도를 조금 높여야 했다. 팔 힘을 기르기 위해 밤마다 팔굽혀펴기를 했다. 나는 어느 CF에서 본 팔굽혀펴기를 하는 건전지 흉내를 내었다. 팔굽혀펴기를 하는 나를 보면서 아내는 말했다. 나보다 오래 살아야 해. 아내의 말처럼 나는 정말 오래가는 건전지가 되어야 했다. 그래도 아내를 안아올릴 때면 두 팔이 저절로 떨렸다. 휠체어를 몰고 갈 수 있는 곳은 많지 않았다. 어느 곳을 가나 늘 계단이 있었다. 그럴 때면 나는 아내를 안고 계단을 올라가야 했다. 땀이 하도 많이 나서 나는 땀 흡수가 잘 되는 면 티셔츠를 주로 입었다.
(「고독의 의무」, 201~202면)

80킬로그램에 육박하게 된 아내를 들어 올려야 하기 때문에 팔운동을 해야 한다는 것이나, 땀이 많이 나기 때문에 면 티셔츠를 주로 입게 된 것이, 아내의 불구가 가져온 변화의 전부라는 식의 화법이다. 물론 아닐 것이다. 어머니의 죽음, 아버지의 행방불명, 아내의 불구는 그렇게 간단히 말하고 말 문제가 결코 아닐 것이다. 하지만 '나'는 특유의 화법으로 상황을 해석하고 그에 대처한다. 소설 마지막 부분에서 '나'는 뒷산을 산책하다가 아버지를 떠올린다.

산길을 걸으면서 나는 아버지를 생각했다. 단맛 나는 약초를 구했을까? 길가에 난 민들레를 뽑아 그 뿌리를 씹었다. 썼다. 이거 참 맛있네. 나는 큰 소리로 말했다.
(위의 책, 203면)

"이거 참 맛있네"라는 발화가 쓴 뿌리를 단 뿌리로 바꾸어 놓지는 못한다. 하지만 '괜찮다'고 말하는 것은 일종의 자기 최면이다. 마치 "배가 부르다고 생각하니 쓸쓸하다는 생각은 조금씩 옅어"지는 것처럼(「봉자네 분식집」).

3

　세 번째 창작집에 실린 소설들 역시 『거기, 당신?』의 연장선상에 있다고 해야 할 듯하다. 특히 「이어달리기」가 흥미롭다. 줄거리를 간단히 요약해보면 다음과 같다. 그녀는 C시장에서 콩나물국밥 장사를 하며 네 딸을 키웠다. 평범한 네 딸에게는 나름의 개성이 있다. 독립심이 강한 첫째, 감수성이 남다른 둘째, 이야기를 잘 하는 셋째, 말수가 적은 막내. 넷은 속초의 한 펜션으로 휴가를 다녀오다가 우연히 버스 전복사고를 목격하게 된다. 그들은 나름의 특기를 살려 위기에 처한 승객들을 구해내게 되고, 그 미담이 알려져 인터뷰 요청을 받게 된 것이다. 그러니까 버스전복사고와 그로 인한 인터뷰 요청이 「이어달리기」라는 한 편의 소설이 시작하게 된 작인인 셈이다. 기자와의 인터뷰를 통해서 드러나는 가족사의 전모는 신산하고 가난한 가족 이야기를 벗어나지 않는다.
　고아 출신의 남녀가 만나 한 가정을 이룬다. 부부 싸움이 그칠 날이 없지만 둘 사이에서는 네 딸이 태어난다. 싸움질에 나서기 좋아하던 남편은 사소한 다툼 끝에 일찍 세상을 떠나고, 졸지에 가장이 된 아내는 야쿠르트 장사, 건물청소, 콩나물국밥 장사로 청춘을 보낸다. 일주일에 다섯 번 야근이 있는 회사에 다니는 첫째나, 미혼모가 될 처지에 놓인 둘째, 편의점 아르바이트에 바쁜 막내의 일상을 보건대, 부모대의 가난은 딸들에게 고스란히 유전될 듯하다. 하지만 「이어달리기」는 특유의 이야기 구성법을 통해 구태의연하고 질척거리는 이야기의 분위기를 쇄신한다.

이 소설의 독특한 점을 꼽으라면, 플롯을 구성하는 방식이 아닐까. 플롯을 구성하는 수천 수만의 방식 가운데, 작가는 플롯의 목적을 가능한 한 많이 흩으러 놓는 방식을 취한다. 그리고 하나의 목적에서 벗어나 이야기가 곁길로 빠져드는 와중에 유머가 발생한다.

첫째는 손바닥으로 가슴을 쳤다. "내가 니들 때문에 못 산다." 그녀가 첫째의 뒤통수를 치며 말했다. "니가 엄마냐? 내가 엄마냐?" 대학을 졸업한 그해에 이십만원짜리 월세를 얻어 독립을 한 큰딸은 때론 자신이 동생들의 언니가 아니라 엄마라고 착각을 하곤 했다. 아버지가 큰딸의 손을 잡고 가족을 부탁한다고 말했기 때문이었다. 하지만 같이 아버지의 임종을 지켜본 동생들의 증언은 달랐다. "아버지는 가족, 까지밖에는 말을 못했어." 둘째는 말했다. 셋째의 기억은 보다 생생했다. "아버지가 언니 손을 잡은 게 아니야. 언니가 아버지의 손을 잡았지. 그리고 아버지는 이렇게 말했어. 아오오우아아. 그게 무슨 말이었는지 아버지밖에 모를 거야."

(「이어달리기」)

굳이 정신분석학을 끌어들이지 않더라도 이 장면에서 왜 유머가 발생하는지를 이해할 수 있다. 하지만 흥미로운 부분은 이 장면 바로 다음이다. 다음 장면에서 어머니는 딸들의 갑론을박을 자르며 이렇게 말한다. "그건 그렇고, 인터뷰는 해? 말아?" 〈그건 그렇고〉라는 말은 앞의 장면을 한순간에 의미없는 것들로 격하시키는 언사이다. 인용 장면은 인물의 성격 조형을 위해서나 혹은 사건의 진행을 위해서 필요했던 부분이 아니기 때문에, 단순한 자유화소라고 말할 수 있다. 이 자유화소의 기능은 무엇일까. 이야기가 하나의 목적으로 집중되는 것을 방해하고 지연하는 데 있다. 만약 이야기가 목적 중심의 플롯을 따라 진행된다면, 독자는 어쩔 수 없이 그 목적지에서 가족사의 비극이나 가난의 문제와 맞닥뜨리게 될 것이다. 하지만 윤성희는 나름의 방법으로 이 구태의연함을 피해간다. 윤성희 소설의 화소 배열은 촘촘한 그물의 형상이 아니라 호수 위로 튕겨나가는 물수제비의 모양을 닮아 있다. 간격을 두고 동심원을 형성하는 물수제비처럼 하나의 화소는 다음 화소로 가볍게 튕겨 나간다. 화소에서 화소로 이동하는 사이에 눅진한 눈물은 말라버리게 되고 덕분에 소설은 시종일관 명랑한 톤을 유지하게 된다.

소설에서 또 하나 독특한 점은 서술자가 전지전능한 권한을 소유하고 있다는 점이다. 가령, 괄호 안에 삽입된 형태의 다음과 같은 구절을 보자.

(이 인터뷰가 기사화된 날 그녀는 삼백 스물다섯 그릇을 팔게 된다.)
(그 이유를 알았다면 그녀는 13호 주인의 위에서 자라고 있는 암세포에게 고마워해야 했을 것이다)
(그리고, 훗날, 기자가 찾아와 또 도마를 찍어간다. 그건 아주 나중의 일이다. 2055년쯤. 반으로 갈라진 도마가 신문 1년을 장식할 것이다.)
(2058년, 집이 무너졌을 때, 그때까지도 거실에는 막내의 상장이 걸려 있었다. 훈련된 개들이 무너진 건물에서 막내의 시체를 찾아냈다.)

서술자는 인물의 질병을 꿰뚫어 보고 있을 뿐만 아니라 약 50여 년 앞의 사건을 예지하는 능력까지 갖추고 있다. 즉 서술자는 동심원의 파장을 관찰할 수 있는 위치에 서있는 것이다. 그런데 서술자의 전능성과 유머는 어떤 관계가 있으며, 서술자에게 전능한 권한이 요구되었던 까닭은 무엇일까. 만약 소설에서 서술자의 전능성이 담보되어 있지 않았다면, 우리는 '도마'의 기원을 알 수가 없다. 왜냐하면 등장인물들이 알고 있는 도마 이야기는 도마의 기원 및 유전에 관한 커다란 그림의 일부에 불과하기 때문이다. 가령, "이 도마는 몇 년이 되었죠?"라는 기자의 질문에 대해 그녀는 "아주 오래된 거예요"라고 대답할 수밖에 없다. 전능한 서술자는 등장인물의 불완전한 지식을 보충해주는 역할을 한다.

　(오대산 자락에서 약초를 캐던 약초꾼은 딸의 결혼선물로 도마를 만들어주고 싶었다. 다른 집들은 장롱을 해준다지만 그럴 형편이 되지 않았다. 딸이 생리를 시작하자 약초꾼은 눈여겨보아 두었던 박달나무를 베어 삼대째 도마를 만들고 있다는 장인을 찾아갔다. 장인은 죽기 전에 이런 말을 했다. 그 도마가 자신이 만든 최고의 도마였다고. 서분례 할머니는 아버지가 선물해준 도마 덕분에 삼십년이 넘도록 순대장사를 했다. 서분례 할머니가 죽은 후, 할머니의 가게는 설거지를 하던 김영자라는 여인이 물려받았다. 도마와 칼도 함께. 설거지라면 자신이 있었지만 순대국밥에는 자신이 없었던 김영자는 세 달 만에 가게 문을 닫았다. 그리고 그 칼과 도마를 C시의 중앙시장에서 잔치국수를 파는 언니에게 선물로 주었다.)　　　　　　　　　　　　　　　　　　　(「이어달리기」)

서술자에 의해 보충된 도마의 역사를 재구성해 보면 이렇다. 도마를 만든 사람은 K읍에서 순대 장사를 하던 '서분례' 할머니의 아버지였다. 할머니의 아버지는 약초를 캐던 약초꾼이었는데 딸의 결혼선물로 도마를 만들어주고 싶어 했다. 딸이 생리를 시작하자 약초꾼은 눈여겨보아두었던 박달나무를 베어 삼대째 도마를 만들고 있다는 장인을 찾아간다. '서분례' 할머니는 아버지가 선물해준 도마 덕분에 삼십 년이 넘도록 순대장사를 했다. 할머니가 죽자 가게에서 설거지를 하던 '김영자'라는 여인이 도마와 칼을 물려받았다가, 다시 도마는 C시의 13호 잔치국수 주인에게 전해진다. 그리고 콩나물국밥 주인인 그녀의 차지가 되었으니, 도마는 제대로 된 주인을 찾은 셈이다. 할아버지(약초꾼)-어머니(서분례)-딸(그녀)에게로. 하지만 이것이 정말인가라고 물으면 자신은 없다. 그저, 상상된 이야기일 확률이 크기 때문이다. 그러므로 다시 서술자로 돌아가자. 과연 이 전지전능한 서술자는 누구이며 이런 이야기는 왜 필요한 것일까.

이 가족들은 우울증 환자가 될 위험에 처한 적이 있었다. 우울증의 위기에 처한 식구들에게 첫째는 다음과 같은 '우울증 퇴치 비법'을 내놓는다. 우선 초등학교 운동장을 떠올린다. 운동장에는 줄다리기용 밧줄이 놓여 있고, 가운데는 빨간색 리본이 묶여 있다. 이쪽에 열 명 저쪽에 열 명의 사람이 줄을 잡는다. 줄다리기에는 스무 명의 사람이 필요하므로 스무 명의 얼굴을 떠올려야 한다. 쉽게 얼굴이 떠오르지 않을 때는 똑같이 생긴 스무 명의 내가 줄다리기를 한다. 이게 끝이다. 탁구, 이인삼각경기, 복주머니 터뜨리기 경기 혹은 이어달리기가 줄다리기를 대신해도 아무 상관이 없다. 왜냐하면 이 놀이들의 목적들은 동일하기 때문이다. 마치 불면증 환자가 금해야 할 첫째가 잠을 자야한다는 강박에 대한 망각이듯, 이 놀이들의 정교한 서브 플롯들은 우울증의 현실에서 달아나기 위한 장치일 뿐이다. 유희의 목적은, 목적마저 망각하고 놀아보는 경지에 이르는 데 있다.

막내의 '물수제비뜨기' 역시 중력의 법칙을 거스르는 유희라는 점에서 동일한 상징성을 갖는다. 아버지를 잃은 막내는 보름이 지나도 학교에 가지 못했다. 아마도 막내는 아직 애도(哀悼)를 마치지 못한 것이리라. 학교로 상징되는 사회로 막내의 발걸음을 다시 되돌리게 해준 것이 '물수제비뜨기'였다는 사실은 의미심장하다. 물수제비뜨기나 이어달리기 등의 놀이는 상상력의 다른 이름일 것이며, 그러니까 상상력은 힘이 세다고 말해야겠다. 철저히 주관적이란 제한을 갖지만 말이다.

서분례 할머니의 이야기를 보자. 셋째를 임신하고 있었을 때, 그녀는 K읍에서 이사를 온 과부에게 순대를 파는 할머니에 대하여 듣게 된다. 그녀는 순대 가게 할머니를 왜 찾아갔으며, 할머니를 만나고 나서 왜 울었던 걸까. 모호한 구석이 너무 많은 이야기이기 때문에, 기자는 당연히 묻는다. "그래서 그분이 진짜 어머니였나요?" 하지만 그녀는 말한다. "그게 뭐 그리 중요한가. 사진가 양반은 남자라 잘 모르겠지만 그런 건 하나도 안 중요하다오."(여기에서 남녀의 구분 또한 하나의 트릭에 불과하다. 왜냐하면 이것은 삶을 어떻게 받아들이느냐의 문제이지, 여성 혹은 남성이라는 성별과는 무관하기 때문이다).

그렇다면 이렇게 말해야 한다. 그녀가 순대가게 할머니가 자신의 어머니라고 생각하는 것은 순전한 상상이다. '순전한'이란 수식어를 붙인 이유는, 이 상상이 현실적인 행동과 전혀 연결되지 않기 때문이다. 즉 어머니가 없다는 사실보다는 어느 도시에서 순대를 파는 어머니가 있다는 상상이, 진위 여부를 떠나 그녀에게 작은 위안이 되지 않을까. 마치, 〈만우절이 생일인 사람들의 모임〉의 사람들이 무익한 가짜 이야기를 늘어놓으며 우울증을 견디듯이.

  하지만 결국 유희는 유희일 뿐이다. 중력을 거슬러 기적처럼 물 위로 떠오르던 돌멩이가 마침내 물 속으로 가라앉듯이……. 하지만 그렇게 견뎌 보는 것도 소중하긴 하다.

Post-it의 상상력

김애란론

1. 지나가는 삶, 거기에 깃든 이야기

「베타별이 자오선을 지나갈 때, 내게」의 주인공 '나'는 경력 3년차의 학원강사이다. '나'는 학원 면접을 치루고 의정부 북부행 국철에 몸을 싣고, 자신의 '방'이 있는 서울 북쪽 어딘가로 가는 중이다. 열차가 출발지인 인천에서 종착지에 도착하기까지 50여 개의 역에 잠시 정차했다가 떠나는 것처럼, '나'의 머릿속에는 삶의 편린들이 잠시 떠올랐다가 사라진다. 학교에서 채용결과를 알아보고 나오다가 친구와 만났던 일, 학원면접 때 있었던 일, 자기소개서에 대한 한 선배의 충고, 63빌딩을 처음 보았을 때의 충격, 재수시절 독서실의 구조, 밤새워 수강증을 끊던 에피소드 등등. 그러니까 머릿속에 명멸하는 단상이 소설의 주요 얼개를 이루고 있는 셈이다. 인과적 시간의 순서를 무시한 채 문득 떠올랐던 이야기들을 재구성해보면 '나'의 재수생활로부터 현재까지의 삶이 대략적인 모습을 드러낸다.

우선 대학을 졸업하고 보습학원에 취직하기까지의 이야기. 4.0 이상의 학과성적, 900점 이상의 토익성적에도 불구하고, '나'가 '먹물들의 막장'이라고 폄하되는 학원에 취직한 이유는 무엇일까. 구직활동을 게을리 한 데 그 이유가 있는 것은 아니다. 높은 학점에도 불구하고 서류 심사에 떨어지자 자격증이 없기 때문이라고 생각하여 운전면허를 땄고, 자신의 눈이 너무 높은가 싶어서 작지만 건실한 회사에 원서를 넣어 보았지만 결과는 마찬가지였다. 자기소개서를 잘 쓰기 위해 인터넷에서 모범답안을 뒤져보기도 했다. 취업에 실패한 '나'는, 자기 자신과 모범답안의 인생을 자조적으로 비교한다. 만일 IT 회사에 서류를 낸다면, 자신이 포털싸이트에 대한 관심으로 자기소개서를 채울 때, 모범답안의 인생은 "어려서부터 아버지가 사다준 애플 컴퓨터를 분해하며 노는 것이 참 즐거웠습니다"라고 쓸 것이다. '나'가 취미란을 '독서'나 '영화감상'과 같은 무난하고 평범한 것으로 채울 때, 그는 똑같은 란에 '승마'라고 적을 것이다. '나'는 자기소개서의 콘텐츠와 면접의 인성이 취업의 당락을 결정한다는 사실을 알 뿐, '콘텐츠'와 '인성'의 정확한 어의를 파악하지 못했기 때문에, 서른 번이나 취업의 문을 두드렸다고 할 수 있다. 자기소개서의 콘텐츠가 돈으로 만들어지는 것이고 여자의 인성(人性)이 얼굴과 동의어라면, 높은 학점밖에 가진 게 없는 '나'가 경쟁에서 탈락하는 것은 당연한 결과 아닌가. 대학졸업 후 서른 번이나 서류심사에서 떨어지자 "혹시 나는 정말 괴물이 아닐까"라고 중얼거리며 까다로운 서류심사를 거치지 않아도 되는 보습학원을 직장으로 선택하게 된다.

"다음역은 노량진, 노량진입니다"라는 안내방송을 듣자, '나'에게 1999년 봄 노량진의 에피소드들이 떠오른다. "열차가 노량진을 떠나고 있었다. 그러자 오랫동안 잊고 있던 일들이 한꺼번에 떠올랐다." 그해 '나'는 대학입시에 실패하고 상경하여 "약속의 땅" 노량진에서 재수를 하고 있었다. '나'의 재수원인은 성적이 아닌 1997년에 터진 IMF에 있었다. IMF로 교대의 경쟁률과 커트라인이 터무니없이 높아졌기 때문이다. 여성전용독서실을 계약하고 자신의 책상 위에 "내가 오늘 헛되이 보낸 시간은 어제 죽은 이가 그토록 바라던 내일이었다"라고 쓴 포스트잇과 일년치 계획표를 붙이고 재수에 돌입한다. "기상 수업 점심 자율학습 수업 저녁식사 수업 숙제 자율학습 등의 순서"에 따라 하루를 규모 있게 보냈다. "나는 공부계획을 보름마다 한번씩 세웠고, 그중에 그날 한 일은 노란색으로, 밀려서 나중에 한 일은 초록색으로 표시하며 지워나갔다. 그리고 모든 것을 다 지우고 나면 굉장히 기분이 좋았다."

지방 출신의 가난한 재수생인 '나'에게 수험생활은 고단하고 고독한 싸움일 수밖에 없다. 도시는 중요한 입시 정보를 친구들에게 반대로 알려주는 것이 지혜임을 알려주고, 수강증을 끊기 위해서 밤을 새워 줄을 설 것을 강요한다. 반년이 넘도록 독서실의 같은 자리에 앉아 있지만, 옆좌석에 앉은 사람에게 어떤 관심도 갖고 있지 않다. 다음은 옆자리에 앉아있던 언니와의 마지막 대화이다.

수능 일주일 전, 언니는 포스트잇에 글씨를 써서 내 앞에 내밀었다.
──언제 나가?

나는 언니가 준 쪽지 밑에 조그맣게 답글을 써서 언니에게 보여줬다.
──수능 전날, 바로요.
언니는 새 쪽지를 써서 내게 건넸다.
──시간이 하루라도 더 있으면 좋겠지?
나는 답글을 썼다.
──아뇨. 모든 게 빨리 끝나버렸으면 좋겠어요.
언니가 바로 답글을 달았다.
──나도.
언니는 나를 툭, 하고 건드리더니 마지막 쪽지를 건네주고 등을 돌린 채 문제집을 풀었다. 쪽지에는 두 글자가 적혀 있었다.
──잘 가.
나는 작게, 그리고 진심으로 중얼거렸다.
"언니도요."

(김애란, 「베타별이 자오선을 지날 때, 내게」, ≪창작과 비평≫, 2005 겨울)

그들이 진정한 관계맺음을 유보하는 것은, 자신이 지금 여기를 지나가고 있다고 생각하기 때문이다. 그렇다면 재수생과 고시생의 집합소인 노량진은, 지나가는 사람들이 일시적으로 모여 이루어진 장소이다. "노량진에는 머무는 사람보다 지나가는 사람이 항상 많았던 것 같다. 혹 오래 머물더라도 사람들은 그곳을 '잠시 지나가고 있는 중'이라고 생각했다. 그것은 나도, 재수생 언니도, 민식이도, 총무 오빠도 마찬가지였다." 스쳐지나가는 사람들의 관계에서는 진정성이나 깊이가 쉽게 만들어지지 않을 것이다. 그래도 민식이와의 연애는 건조하고 피곤한 수험생활에 물기를 준다. 하지만 경제적으로 여유가 있는 민식이에게 어떤 거리를 느끼기 때문에 민식이와의 연애는 이렇다 할 진전을 이루지 못한다.

그렇다면 여기는 지나가는 곳이라고, 그리고 내일은 오늘보다 나을 거라는 확신은 맞았던 것일까. "그곳이 정말 '지나가기만' 하는 곳이었다면 얼마나 좋았을까. 7년이 지난 2005년 지금도 나는 왜 여전히 그곳을 '지나가고 있는 중'인 것일까"라는 고백처럼, '나'의 삶은 여전히 지나가는 중이다. 그러니까 현재는 과거의 반복이며, 내일도 오늘이 되풀이 될 전망이다. '나'는 여전히 "지나가고 있는 중"이라고 믿으며 "노량진"의 삶을 살고 있는 셈이다. 현실의 부박함에도 불구하고, '나'에게 삶을 긍정하는 어른스러움이 느껴지는 이유는 무엇일까. 그것은 지하철 노선도를 별자리와 연결시키는 상상력 덕분이다.

> 낯선 지명의 점들과 그 사이를 잇는 직선. 나는 그것이 카시오페이아나 페르세우스, 안드로메다라 불리는 이국말로 된 성좌의 이름처럼 어렵고 낯설었다. 내가 모르는 도시의 별자리, 서울의 손금. 서울에 온 지 7년이 다 돼가는데, 그중에는 내가 아직 한번도 가보지 못한 동네가 많다. 지하에서 온몸으로 바람을 맞으며 안내방송을 들을 때마다 나는 구파발에도, 수색에도 한번 가보고 싶었다. 하지만 그러지 못한 것은 서울이 너무 넓은 탓이 아니라, 내 삶의 영역이 너무 좁았던 탓일 것이다. 하지만 모든 별자리에 깃든 이야기처럼, 그 이름처럼, 내 좁은 동선 안에도 ─ 나의 이야기가 있을 것이다. (위의 책)

'나'는 점과 직선이 불규칙하게 얽혀있는 서울의 지하철 노선도를 별자리로 치환한다. 복잡한 지하철 노선도에서 별자리를 읽어내는 이 자리가, 김애란의 독특한 상상력이 만들어지는 지점이다. 지하철 노선도가 별자리로 바뀔 때, '구파발'이나 '수색'은 누추한 일상성을 벗어 버리고 낭만적이고 비극적인 전설이 깃든 '별'로 격상된다. 1999년을 보냈던 '노량진'이나 독서실의 좌석 'K-59'의 구차하고 가난한 과거의 시공간 역시 '나의 이야기'를 간직한 빛나는 별로 탈바꿈한다. 지하철 노선도를 성좌(星座)로 치환하는 상상력은 다분히 자기 방어적인 목적에서 발생한다고 볼 수 있다. 왜냐하면 과거의 지점들이 빛나는 별로 둔갑하면서 실제적 시공간의 누추함이 은폐되기 때문이다. 「달려라, 아비」와 「사랑의 인사」의 아들/딸이, 굳이 달리는 아버지와 길 잃은 아버지를 상상하는 것 역시 비슷한 이유에서이다. 아버지에 대한 상상은 자신을 버린 아버지에게 면죄부를 부여하는 행위이기도 하지만, 자신이 아버지에게 버려진 존재라는 끔찍한 진실로부터 구원받기 위한 선택이기도 하다.

2. 상상의 구멍으로 숨쉬기

김애란 소설 주인공들의 첫인상은 발랄하고 명랑하다. 그런데 명랑해 보이는 그들에게서 어두운 그림자가 느껴지는 까닭은 무엇인가. 그 어두움은 기질적인 우울에서 생겨난 음영이 아니라, 어쩔 수 없는 가정환경에서 비롯된 그늘이다. 그들은 어려서 아버지에게 버림받았거나, 가정 형편이 어려워 아르바이트로 학비를 벌어야 하거나, 생활비 때문에 지하방이나 옥탑방을 전전할 수밖에 없는 사람들이다. 부모복도 재물복도 없는 가난하고 불우한 사람들. 그런데 이들에게는 상처받은 사람이 품게 마련인 독기라든가 증오심이 보이지 않는다.

「달려라, 아비」의 주인공은 한번도 아버지를 본 적이 없다. 아버지가 자신이 태어나기 전날, 만삭이 된 어머니를 지하방에 버려두고 집을 나갔기 때문이다. 졸지에 미혼모로 전락한 어머니는, 혼자 몸을 풀었던 그 방에 살며 택시운전으로 생계를 꾸려간다. 어머니나 '나'에게 아버지는 불행의 근원, 증오의 대상이 되는 게 당연하다. 하지만 그들은 아버지를 원한의 대상으로 만들지 않는다. 그래서 아버지는 "금기의 대상"이 되지 않으며, 그들은 아버지란 "우리에게 중요한 문제가 아니기 때문에 자주 언급되지 않았을 뿐이다"라고 당당하게 말할 수 있게 된다. "자신을 연민하지 않는 법"이란 어머니의 유산을 물려받은 딸인 '나'는 아버지를 미워하는 대신 달리는 아버지를 상상해 낸다.

> 내겐 아버지를 상상할 때마다 항상 떠오르는 장면이 있다. 그것은 아버지가 어딘가를 향해 열심히 뜀박질하고 있는 모습이다. 아버지는 분홍색 야광 반바지에 여위고 털 많은 다리를 가지고 있다. 허리를 꼿꼿이 편 채 무릎을 높이 들고 뛰는 아버지의 모습은 누구도 신경쓰지 않는 규칙을 엄수하는 관리의 얼굴처럼 어딘가 우스꽝스러워 보인다. 내 상상 속의 아버지는 십수년째 쉬지 않고 달리고 있는데, 그 표정과 자세는 늘 변함이 없다. (김애란, 「달려라, 아비」, 『달려라, 아비』, 창작과비평, 2005)

'나'는 아버지를 부정하지 않으며, "어딘가에 계셨지만 그곳이 여기는 아니었"을 뿐이라고 말한다. 만삭의 어머니를 팽개치고 달아나 버린 파렴치한 아버지를 저주하는 대신, "아버지는 달리기를 하러 집을 나갔다"고 믿기로 한다. 아버지의 무책임과 몰염치를 방면하는 대가로, '나'는 버림받은 아이의 운명에서 벗어나게 된다. 그렇다면 달리는 아버지에 대한 상상은 아버지를 용서하는 어른스러움이라기보다는, 상처받지 않기 위한 자기방어에 가깝지 않을까. 때문에 '나'는 자신이 "결국 용서할 수 없어 상상한 것이 아닐까"라고 자문한다. 즉 "아버지가 달리기를 멈추는 순간, 내가 아버지에게 달려가 죽여버리게 될" 것 같은 두려움 때문에 계속 뛰어가는 아버지를 상상하는 것이다.

아버지의 죽음을 알리는 편지가 도착하면서, '나'의 상상은 와해될 위기에 처한다. 진실을 담고 있는 편지는 농담과 상상으로 현실을 비껴가던 모녀를 현실의 자리로 불러들인다. 아버지의 아들, 그러니까 '나'의 배다른 형제가 보낸 편지는, 달리는 아버지에 대한 상상이 말 그대로 상상에 불과했음을 증명한다. "후꾸오까를 지나고, 보루네오섬을 거쳐, 그리니치 천문대를 향해 달"려갔다가 "스핑크스의 왼쪽 발등을 돌아, 엠파이어스테이트빌딩의 백십번째 화장실에 들러, 이베리아반도의 과다라미산맥을 넘고" 있는 것으로 상상되던 아버지는, 사실 미국으로 건너가 결혼했다가 이혼을 당하고 전처의 남편과 싸우고 달아나다 자동차 사고로 죽었던 것이다.

피할 수 없는 진실에 직면한 '나'의 반응은 어떠한가. "그러자 갑자기 나는 서러워졌고, 그 서러움이 나를 속이기 전에 빨리 잠들어야겠다고 생각했다." 그리고 편지가 전달한 진실을 다시 상상으로 덮어버린다. 편지의 내용을 묻는 어머니에게 "아버지는 어머니의 집에 와서 매주 잔디를 깎았습니다"라는 문장을 "어머니 미안하대. 평생 미안해하며 살았대"라고 오역해준다. "후꾸오까를 지나, 보루네오섬을 건너, 그리니치 천문대를 향해 가는 아버지. 스핑크스의 발등을 돌아, 엠파이어스테이트빌딩을 거쳐, 과다라마산맥을 넘고 있는 아버지"에게로 되돌아온다. 그리고 눈이 아프고 부실 것을 염려하며 상상의 아버지의 얼굴에 썬글라스를 씌워준다. 썬글라스로 아버지의 '눈'을 가려주는 행위는, 아버지(타인)에 대한 배려라기보다는 자기에 대한 배려에 가까운 것이 아닐까. 즉 진실 대신 상상을 선택함으로써, '나'와 어머니는 서러움과 자기연민의 함정에서 벗어난다.

「종이물고기」는 한편의 소설론으로 읽어도 무방하다. 소설가를 꿈꾸는 '나'에게도 상상력은 필수적으로 요구된다. 예비 소설가의 유년시절부터 살펴보자. 그는 "좁고 구불구불한 계단이 하늘까지 이어지는" '똥고개'에서 태어났다. 가난한 부모가 맞벌이를 나갔기 때문에, 그는 방에 갇혀서 자거나 상상하며 낮 시간을 보냈다. 나중에 하나의 놀이가 더 생겼는데 도배지 대용으로 발라진 신문지를 읽어보는 것. 하지만 어린 소년은 한자와 영어를 읽을 수 없었기 때문에 신문은 구멍투성이의 활자일 수밖에 없었다. 가령, "OO 사건 5개항 OOO 발표, 지나친 OO는 삼가되 바로 OO 지켜야, 내년 OO831억 확정, 고춧값 내림새, 780보다 27%OO"과 같은 식이다. 구멍투성이의 신문이므로 온전한 이해에 이르지 못하는 것은 당연하다. 공란으로 남아 있는 구멍은, 상상으로 메워지거나 불가지의 영역으로 남아있을 수밖에 없다.

그런데 서술자는 "그것은 어느 면에서 다행이었다. 그는 이해하지 못했으므로 속지 않을 수 있었다"라고 전한다. 객관성과 사실성이 생명인 신문, 아니 신문이 전하는 세계에 대한 이 불신은 무엇인가. 작가는 마치 '세상은 기만이며 속임수이다'라고 말하는 듯하다(「그녀가 잠 못 드는 이유가 있다」의 주인공 역시 세계를 불신하는 사람이다. 그녀는 "사람들이 A를 그냥 A라고 말하지 왜 C라고 말한 뒤 상대방이 A라고 들어주길 바라는지 이해" 못하는 사람이다. 그래서 그녀가 세상과 소통하기 위해서는 "번역"이 필요하다고 말한다. 즉 세상은 기만이며 번역없는 소통은 불가능하다는 것!). 읽을 수 없는 구멍이 신문의 상당 부분을 차지하고 있기 때문에, 역설적으로 그가 세상에 기만당할 가능성은 적어진 셈이다. 구멍을 상상으로 대체하는 것을 넘어서, 그는 구멍 난 신문(세상)을 훌륭한 놀이 도구로 활용한다. "그는 퍼즐을 맞추듯 이 문장과 저 문장, 이 단어와 저 단어를 섞어 읽었다. 모르는 단어의 뜻을 제멋대로 상상하기도 하고, 세로로 씌어진 글을 가로로 읽기도 했다." 신문지로 도배된 방을 놀이터 삼아 낮꿈과 상상을 즐기던 소년은 성인이 되어 소설가가 되기로 결심한다.

그런데 창작을 위해 소설가 '구보'의 품안에 두꺼운 대학노트를 간직되었던 것과 달리, 2004년 '그'의 가방에는 "포스트잇 한뭉치가 위조지폐처럼 수상하게 들어 있었다." 서울에 도착한 '그'는 허름한 옥탑방에 자신만의 방을 만들고, 다섯 면의 벽을 소설 창작의 원고지로 활용한다. 하얀 벽면에 쓰는 것이 아니라, 다섯 면의 공백에 포스트잇을 붙이는 것으로 소설쓰기는 대체된다. 그가 읽은 책에서 좋아하는 부분을 골라 적은 포스트잇이 첫째 벽면을 채운다. 첫 번째 면을 채운 그는 "전혀 다른 시대, 다른 분야에 있는 사람들의 목소리가 모두 '연결'되어 있다는 점에 놀라워했다." 두 번째 면은 자신에 관한 이야기, 세 번째 면은 스치는 단어나 문장으로 채워진다. 네 번째 면은 공사장 아저씨들의 입담, 시장 아주머니들의 음담패설 등. 네 번째 면을 채운 말들의 건강함은 세 번째 면에 붙어있는 단상들을 부끄럽게 한다. 다섯 번째 면인 천장에 소설이 붙여진다. 나머지 면의 포스트잇을 기초로 하여 쓰여진 천장의 포스트잇이 의미하는 바는 무엇인가. 네 개의 벽면은 소설창작에 영향을 끼치는 요소들의 비유일 터이다. 이 포스트잇을 토대로 해서 다섯 번째 벽면은 탄생한다. 다섯 번째 벽면을 채우는 일, 즉 소설쓰기는 이전의 작업보다 훨씬 어려웠다. 천장의 포스트잇을 모조리 떼어버리기도 했고, 몇 달 동안 단 한 장의 포스트잇도 써붙이지 못할 때도 있었다. 소설의 완성을 눈앞에 두고 그는 이거야말로 "진짜"라고 생각한다.

방은 촘촘한 비늘에 덮인 어떤 생명체 같았다. 비늘이 붙어 있지 않은 창문과 방문은 그 생명의 어떤 기관처럼 느껴졌다. 그는 겨우내 닫아두던 창문을 활짝 열었다. 기다렸다는 듯 차가운 바람이 방안으로 휘몰아쳤다. (…… 중략 ……) 바람이 들고 날 때마다 모든 벽면은 바깥을 향해 천천히 부풀어오르다 다시 원상태로 천천히 가라앉았다. 그럴 때면 다섯 개의 벽면에 붙은 포스트잇들은 일제히 파르르 몸을 떨었다. 그러자 그것은 더욱 살아있는 것처럼 보였다. 그는 그 방 전체가 하나의 종이 비늘이 달린 물고기가 되어 부드럽게 세상을 헤엄쳐다니는 상상을 했다.

(「종이물고기」)

포스트잇 비늘을 단 종이물고기가 탄생하는 장면이다. 종이물고기가 진짜임을 증명이라도 하듯, 수천 장의 비늘 사이에서 바닷모래가 흘러내린다. 그러나 다음날 옥탑방이 무너지면서 종이물고기가 가짜였음이 드러난다. 방바닥으로 흘러내리던 바닷모래의 정체는 부스러진 시멘트 가루였던 것이다. "포스트잇들이 그동안 벽면에서 서서히 진행되던 균열을 모두 가리고 있었"던 것이다. 포스트잇 때문에 벽면의 금이 숨겨져 있었던 것이다. 포스트잇의 상상은 금간 현실을 은폐할 뿐, 현실의 균열을 회복시키지는 못하는 셈이다. 다섯 번째 벽에 포스트잇을 붙이는 작업은 어린아이의 낮꿈, 혹은 상상과 동일하다. 불안하기 때문에 꿈을 꾸고 상상을 하듯, 불안은 소설을 쓰게 하는 추동력이 된다. 꿈을 꾸는 동안 혹은 상상하는 동안, 불안한 현실을 잊고 숨을 쉴 수 있게 된다. 비록 꿈에서 깨어나면 다시 불안의 원인 제공자인 현실과 대면해야 하지만 말이다.

그런데 흥미로운 점은 그가 네 면을 떠받치고 있는 방바닥에 무관심하다는 것이다. "그가 두 발을 딛고 있는 방바닥에는 앞으로 어떤 것도 붙이지 않을 것이다. 그곳은 무엇인가 붙이기 위한 공간이 아닌 다른 벽면들을 받치기 위한 공간이기 때문이었다." 네 면을 떠받치고 있는 방바닥, 그의 두발이 딛고 있는 방바닥은 현실을 의미할 것이다. 상상은 현실과 가장 먼 거리에 있다. 「스카이 콩콩」 역시 현실과 상상의 관계를 보여준다. 「스카이 콩콩」의 '나'는 아버지, 형과 함께 옥상 위에 지어진 가건물에 살고 있다. 가난한 소년은 이해할 수 없는 일, 슬픈 일이 생길 때마다, 스카이 콩콩을 탄다.

점프할 때 보이는 동네의 풍경은 순간마다 달랐다. 콩, 하고 뛰어오르면 조금 전 보이던 아저씨가 감쪽같이 사라졌고, 다시 콩, 하고 날아오르면 아까는 없는 여중생이 나타났다. 나는 설핏 보이는 먼 곳, 그 '언뜻'함이 좋아 자꾸 발을 굴렀다. 그러다 언젠가는, 온힘을 다해 뛰어오르면, 두 발이 땅에 닿기 전 내가 사라져버렸으면 좋겠다고 생각했다. 나는 두 눈을 감고 하늘에 한참 머물러 있었다. 그런데 얼마 후 공중에서 슬쩍 실눈을 떴을 때, 가로등이 내게 깜빡, 하고 윙크해주는 것을 보고 말았다.

(「스카이 콩콩」)

스카이 콩콩을 타고 공중에 떠있는 동안, 이 순간만은 현실을 떠나 있게 된다. 현실을 떠난 이 때가 "가로등이 내게 깜빡, 하고 윙크해주는" 황홀한 순간이다. 스카이 콩콩 타기는 현실에 틈을 내는 훌륭한 방법인 셈이다. "콩"하고 떠있는 순간, 현실과 무관할 수 있게 된다. 그러나 현실의 중력은 '나'가 계속해서 공중에 떠있는 것을 허락하지 않는다. 상상의 틈새는, 불우한 인물들이 원한을 품지 않고 현실을 견디게 하는 자양분이 된다. 이 상상의 구멍에서 이들은 잠시 숨을 쉬고 가로등이 윙크하는 황홀한 경험을 한다. 하지만 김애란은 상상의 뒷덜미를 낚아채는 현실의 강포함을 잘 알고 있다. 포스트잇으로 가리더라도 집의 붕괴를 막을 수는 없고, 스카이 콩콩 타기에는 일종의 자기기만이 있음을.

그러니 이쯤에서, 한가지 거짓말에 대해 고백해도 좋을 것 같다. 어릴 때 나는 아버지에게 고추를 보여주고 스카이 콩콩을 받았다. 그것은 분명한 사실이다. 나는 스카이 콩콩에 올라 콩콩대는 것을 좋아했다. 그것도 사실이다. 하지만 내가 스카이 콩콩을 타며 본 것, 혹은 느낀 것들에 대한 이야기는 잘못 되었다. 왜냐하면 스카이 콩콩의 점프 시간은 그렇게 길지도, 느리지도 않았기 때문이다. 스카이 콩콩은 코오오오-옹 하고 뛰어올라 코오오오-옹 하고 착지하는 것이 아니었다. 그것은 말 그대로 '콩콩' 타는 것이었다. 스카이 콩콩에 장착된 스프링의 탄력은 형편없었다. 스카이 콩콩에 오른 뒤 그 자세를 그대로 유지하려면, 정신없이 콩콩콩콩콩-거려야 했다. 그리고 그 모습은 우아하지도 아름답지도 않았다.

(「스카이 콩콩」)

현실을 견디기 위해 "가끔 세상에서 가장 근사한 공간을 상상"하는 이들의 현실은 어떠한가. 이들은 편모, 편부 슬하에서 자랐으며, 옥탑방이나 지하방에 살고 있으며, 경제적으로 매우 궁핍한 삶을 살고 있다. 「노크하지 않는 집」, 「영원한 화자」, 「그녀가 잠 못 드는 이유가 있다」에는 현실의 곤고함이 잘 드러나 있다.

3. 불구의 집, 옥탑방 혹은 지하방

대산대학문학상을 수상한 「노크하지 않는 집」을 보자. 대학 휴학 중인 '나'는 밤에 편의점 아르바이트를 한다. 지금 살고 있는 집으로 세달 전에 이사를 왔지만, 옆방에 살고 있는 4명의 여자들의 얼굴을 보지 못했다. 처음에 '나'는 "사람들과 인사도 하고 공동의 문제에 대해 효율적으로 이야기도 나눌 겸 해서 반상회 비슷한 모임을 주선해보려고" 했었다. 하지만 "서로의 얼굴을 보고 이상하리만치 화들짝 놀라 얼른 문을 닫아" 버리는 여자들의 태도는 '나'의 의지를 좌절시킨다. 그러므로 다섯 개의 방이 붙어있는 이 집이 "가정집이 아닌 것만은 분명하다." 이웃 간의 왕래가 전혀 없는 이 집은 "한마리 커다란 불구의 짐승"처럼 느껴진다. 이 집의 세입자들은 철저한 익명으로 존재한다. 몇 번 방 아가씨로 불리기 때문에 이름이 필요없고 얼굴은 가려지거나 절반 혹은 삼분의 일 정도만 노출된다. 흘러나오는 소음이나 신발의 크기, 건조대에 걸린 옷들로 그들을 추측해볼 따름이다. 가령 "몸에 긴장을 주는 옷들이 없는 것으로 보아 여자의 직업은 사무직이 아닌 것 같다"라는 식으로 짐작될 뿐이다.

꼭 해야할 말이 있더라도 상대의 방을 노크하는 법은 없다. 항의를 담은 포스트잇을 문에 붙여놓을 뿐이다. "내 옷에 손대지 마시오." "나갈 때 꼭 문을 잠그고 나갑시다. 신발 도둑맞은 사람이 있습니다." "밤 열시 넘어서는 세탁기를 돌리지 맙시다." 그렇다면 그녀들이 소통을 거부하는 이유는 무엇일까. 아마도 누추하고 구차한 삶을 공개하고 싶지 않아서일 것이다. 즉 "세 칸짜리 분홍색 서랍장 하나, 오른쪽 모서리 귀가 닳은 한 칸짜리 금성냉장고 하나, 그리고 생리 중에 흘린 피가 까맣게 말라 있는 아이보리색 요 한 채와 장미가 무더기로 그려진 이불"이 있는 세 평 남짓한 자신의 현실을 노출하고 싶지 않기 때문일 것이다. 그들도 혹시 "지금 이곳을 벗어나기 위해 이곳에 있는 것"이라고 자위하는 것이 아닐까. 하지만 「베타별이 자오선을 지나갈 때, 내게」의 '나'가 대학에 입학해서도, 졸업을 하고도, 노량진의 재수시절과 동일한 삶을 살고 있듯이, 지나가는 중이라고 믿는 그녀들 역시 세 평 남짓한 지금의 삶을 되풀이하게 될듯하다. 숨막힐 듯한 익명의 생활을 참지 못한 '나'는 "이 집은 평온하고 나름대로 질서있지만 무언가 이상하다고, 나는 그녀들에게 이야기할 것이다. 소리나 냄새가 아닌 실제 얼굴을 보고 말이다"라고 결심하지만 관계맺음에 대한 '나'의 시도는 좌절되고 만다. 견딜 수 없는 무서움에 "이제는 정말 누군가 필요한 시간"이라고 전화를 걸지만 "이상하게 모두가 통화중이거나 부재중"이다. 누추한 삶, 소통부재의 현실에서 벗어날 가능성은 희박해 보인다.

「나는 편의점에 간다」의 '나'도 비슷한 삶을 살아가고 있다. 다른 점이 있다면, 도시적 삶에 익숙한 '나'가 익명성 속에서 오히려 편안함을 느낀다는 것이다. '나'는 아무말도 하지 않은 채 물건을 구입할 수 있는 편의점을 애용한다. "숨길 것도 감출 것도 없다는 듯 투명유리 사이로 훤히 내장을 드러내고" 있는 편의점은, 소비자의 이름이나 얼굴에 관심을 갖지 않는다. 편의점은 오직 고객이 구매하는 상품에 관심이 있기 때문에, '나'는 이름도 얼굴도 가린 채 존재할 수 있게 된다.

> 내가 편의점에 갈 때마다 어떤 안심이 드는 건, 편의점에 감으로써 물건이 아니라 일상을 구매하게 된다는 생각 때문인지도 모르겠다. 비닐봉지를 흔들며 귀가할 때 나는 궁핍한 자취생도, 적적한 독거녀도 무엇도 아닌 평범한 소비자이자 서울시민이 된다. 그곳에서 나는 깨끗한나라 화장지를, 이오요구르트를, 동대문구청에서 발매한 10리터용 쓰레기 봉투를, 좋은느낌 생리대를, 도브 비누를 산다. (「나는 편의점에 간다」)

편의점은 익명적 삶을 가능케 할 뿐만 아니라, "궁핍한 자취생"을 "평범한 소비자이자 서울시민"으로 만들어준다. 집 근처에는 세 군

데의 편의점이 있는데, '나'는 마지막으로 생긴 큐마트의 고객이 된다. 세븐일레븐의 사장의 알은 체 하는 호의가 부담스러웠고, 패밀리마트 사장의 배려없음을 참을 수 없었기 때문이다. 큐마트의 아르바이트 청년은 사적인 말을 하지 않는 사람이었기 때문에, 큐마트의 단골이 된다. 하지만 '나'는 자신이 이중의 배신을 당하고 있음을 알게 된다.

> 그런데 큐마트를 오래 다니다보니 나는 뜻밖에 의도하지도 원하지도 않은 내 정보들이 매일매일 그가 들고 있는 바코드 검색기에 찍혀나가고 있다는 것을 깨달았다. 예컨대 그는 나의 식성을 안다. 대여섯 종류의 생수 중 내가 어떤 물을 가장 좋아하는지, 자주 사가는 요구르트가 딸기맛인지 사과맛인지, 흑미밥과 쌀밥 중 무엇을 더 선호하는지 등을 말이다. 원한다면 그는 내 방의 크기도 추측할 수 있다. 쓰레기봉투를 매번 10리터를 사가는 나는 결코 큰 방에 살고 있을 리 없다. (위의 책)

'나'의 사생활이 철저히 비밀에 부쳐졌다고 생각했지만, 바코드 검색기를 통해서 식성, 가족관계, 성생활이 노출되고 있었던 셈이다. 편의점은 아무것도 묻지 않는 "거대한 관대"이기도 하지만, 모든 것을 보고 있는 권력이기도 하다. 두 번째 착각은, 그러나 편의점은 '나'를 알지 못한다는 것. 급한 용무가 생긴 '나'는, 큐마트 아르바이트생에게 열쇠를 맡기러 간다. 그리고 "항상 제주 삼다수랑, 디스플러스"를 사가는 자신을 모르냐고 묻지만, 청년은 "손님, 죄송하지만 삼다수나 디스는 어느 분이나 사가시는데요"라고 답한다. 편의점 검색기의 관심은 오직 '나'가 구매하는 상품에만 있었던 셈이다. 편의점은 척박하고 비정한 도시적 삶이 극대화된 장소이다. 아무것도 묻지 않는 "거대한 관대"를 베풀고, 일 년 내내 휴일 없이 '나'를 기다려 주지만 편의점의 관심은 '나' 아닌 상품에 있을 뿐이다. 그래서 '나'는 편의점에서 "누구도 만나지 않았고, 누구도 껴안지 않았다."

4. 상상에서 현실로, 나에서 당신에게로

「베타별이 자오선을 지나갈 때, 내게」는 「종이물고기」의 그가 적어놓은 다음의 포스트잇을 태반으로 하여 탄생했다. "이것은 당신과 아무 상관없을 지도 모른다. 하지만 우리는 우리와 아무 상관없는 수만 가지 일들이 우리의 인생에 중요한 영향을 미친다는 사실을 잊곤 한다. 당신이 절대 가볼 리 없는 지방 관광도시의 고장난 공중전화와 당신, 스타크래프트 챔피언과 당신, 고생대부터 지금까지 살아왔다는, 빛도 산소도 없는 곳에 사는 지옥의 오징어와 당신, 당신과 당신 사이의 당신." 자신과 무관해 보이던 IMF 때문에 '나'는 대학 입시에 실패했으며, 독서실의 같은 방을 사용하던 고시생 언니의 지나가는 말("Y대 나온 내 친구 봐. 나 지방 사대 갈 때 비웃더니, 학점도 높고 토익도 높은데, 응? 걔 지금 뭐하는 줄 알아? 걔 지금 놀잖아.")은 7년 후 '나'에게 정확히 실현된다. 그러니까 주변의 모든 사건은 "베타별이 자오선을 지나"간 데 원인을 둔 결과들인 셈이다.

세 번째 벽을 장식하고 있는 포스트잇 하나를 골라내고, 그것과 관련한 삽화들을 첫 번째, 두 번째 벽면에서 추려내서 다섯 번째 벽면에 옮겨 붙이면 여기에서 한편의 소설이 탄생한다. 김애란의 소설을 읽으며 서사적 인과의 고리가 헐겁다는 인상을 받게 되는 이유가 여기에 있다. 한 개의 삽화는 6×8 포스트잇 한 장에 꼭 들어찰 분량밖에 되지 않는데, 작가는 포스트잇과 포스트잇 사이의 인과성은 적당히 무시하고 있다. 왜냐하면 한 개의 삽화와 또다른 삽화는 모두 "연결"되어 있다고 믿기 때문이다. 아니, 이것이 정확한 이유는 아닐 것이다. 진짜 이유는 세계가 인과적으로 연결되어 있지 않기 때문이며, 기만과 속임수를 본질적으로 내장하고 있다는 의구심 때문이다.

    김애란의 주인공들은 상상의 틈새로 도약함으로써 현실을 증오하지 않는 법을 배울 수 있었다. 원한을 품지 않고 현실을 긍정하는 이들에게서 어떤 어른스러움이 느껴지는 게 사실이다. 그러나 상처받지 않기 위한 긍정이라면, 이 어른스러움의 진정성은 의심받게 되지 않을까. 이들의 관심은 타인이 아닌, 자신한테로 집중되어 있다. "당신의 상상을 빌려오"더라도, 그 이유는 자신이 어떤 인간인지를 알기 위한 목적에서이다. 사랑을 하더라도 "그 사랑이 '나는'으로 시작되는 사람이 하고 있는 사랑"인 것이다(「영원한 화자」). 그러나 진정한 어른스러움이 되기 위해서는 "당신의 맨얼굴을 보고는 뒷걸음치"지 말고 아프더라도 타인과 마주쳐야 하지 않을까. 고통스럽더라도 이웃의 방을 노크하고, 아버지가 자신을 버렸다는 진실을 인정해야 하지 않을까. 옥탑방이나 지하방에 숨어서 상상으로만 살고 있는 이들의 어른스러움에서 유아적이고 자폐적인 흔적을 완전히 지우기는 어렵다.

스타일의 새로움과 주제의 고루함
이기호론

1. 황당한, 너무나 황당한 이야기

이기호의「누구나 손쉽게 만들어 먹을 수 있는 가정식 야채볶음흙」(이하「야채볶음흙」)은 시작부터가 황당하다.

> 1) 오늘의 요리는 누구나 손쉽게 만들어 먹을 수 있는 가정식 야채볶음흙이 되겠습니다. 시간도 얼마 걸리지 않고 재료도 주위에서 손쉽게 구할 수 있는 것들이니, 바쁜 아침이나 아이들 간식용으론 아주 그만인 요리이죠. 특히 직장 생활 때문에 정신없이 바쁜 부인이나, 매끼 식사 걱정을 해야 하는 외로운 자취생, 아이의 영양식을 고민하는 주부들에게 적극 권장하는 요리입니다. 영양도 많고, 재료비도 저렴한 가정식 야채볶음흙, 맛도 좋고, 요리시간도 짧은 가정식 야채볶음흙, 자, 그럼 시작해볼까요. (이기호,「누구나 손쉽게 만들어 먹을 수 있는 가정식 야채볶음흙」,《문예중앙》, 2005 봄, 207면)

마치 요리 프로그램이라도 진행하듯이, 소설은 이렇게 시작된다. 야채볶음'흙'이라니! 두 번째 단락은 한술 더 뜬다.

   2) 먼저 주재료부터 살펴봐야겠지요. 재료는 다음과 같습니다.
- 양상추 100g
- 참치통조림 1개
- 식용유 2큰술
- 달걀 2개
- 실파 다진 것 3큰술
- 소금 후추 약간
- 고령토 3공기

  설마 '야채볶음흙'이 정말 '흙'으로 만든 음식을 말하는 건 아닐 줄 알았는데, 독자의 예상을 깨고 "고령토 3공기"를 주재료로 한 진짜 요리임이 밝혀진다. 황당해하는 독자에 아랑곳하지 않고, '나'는 "포슬포슬 혀에 감기는 고소한 흙, 어때요, 벌써부터 군침이 돌지 않습니까?"라고 능청을 떤다.
  불편한 독자의 심기를 고려한 것인지, '나'는 자신이 흙을 먹게 된 "좀 구질구질한 이야기"를 털어놓는다. '나'가 흙을 먹게 된 데는 아버지의 역할이 결정적이었다. '나'의 아버지는 직업군인이었는데, 소심하고 겁이 많은 사람이었다("직업군인이라면 왠지 모르게 딱딱하고 권위적"일 것이라는 선입관을 갖게 되지만 아버지는 정반대 타입이었다). 월남전에 나가지 않기 위해 논 세 마지기를 뇌물로 바쳤던 아버지는 PX 관리관이라는 보직을 얻는다. 어머니의 말대로 그건 "점방 영감"과 다를 바가 없는 것이었다. 겁많은 아버지는 언제 일어날지 모를 전쟁에 대비해 장독대 밑에 가족용 피신 벙커를 파놓고, 휴일만 되면 '나'를 데리고 "일종의 대피훈련"을 하곤 했다. 1983년 2월은 피신용 벙커가 처음으로 그 쓸모를 인정받은 날이었다. 북한에서 소련제 전투기가 한 대 넘어 왔고 "TV와 라디오, 동사무소 확성기"가 일제히 "사이렌"을 불며 긴급상황을 알린다. 그러나 사건이 터졌을 때, 아버지와 어머니는 부부 동반 설악산 관광을 떠나 집에 없었다. "텅텅 빈 동네"에서 홀로 "낮고 불길하게 울려 퍼진 사이렌 소리"를 듣던 '나'는 아버지의 급한 전화를 받고 지하벙커로 내려간다. 이후로 아버지, 어머니를 다시 만나지 못한다. 관광버스가 전복되면서 거기에 타고 있던 부모님이 돌아가셨기 때문이다. 그러나 '나'는 부모님의 동반 부음 소식을 6개월 후에나 듣게 된다. 그때까지 아버지가 문을 열어주기를 기다리며 지하벙커에 숨어있던 것이다.

그러니까 6개월 동안 캄캄한 어둠에 갇혀 있으면서 흙을 먹게 되었다는 설명이다. 먹을 거라곤 건빵 한 박스뿐이었는데 그걸 먹어치우고 수돗물로 버티다가 너무 배가 고파 흙을 먹게 된 것이다. 처음 먹을 때는 곤혹스러웠지만 일주일 정도 먹다보니 위장과 원기도 회복되고, 무엇보다 흙의 "그 오묘하고 복잡다단한 맛을 알게 된 것"이다. '나'의 말에 의하면, 흙이란 게 "처음 몇 번 먹을 때가 힘들지 요령을 익히고 나면 그 다음부터는 아무렇지도 않"단다. 흙과 수돗물로만 연명하던 '나'는 벙커 안으로 찾아 들어온 한 마리 쥐 때문에 밖으로 나오게 된다. 6개월의 지하생활은 '나'를 완전히 변화시켰다.

'나'는 철저한 고아('나'에겐 친척도 없었다)가 되었고, 이제 밥 대신 흙을 먹는 사람이 되었다. 공부에 대한 필요를 느끼지 못했기 때문에 ('밥' 먹고 살기 위해 공부하고 돈을 버는 것인데, '흙'을 먹는 '나'는 학업을 계속할 이유가 없었다), 초등학교 6학년을 마지막으로 학업을 포기하고 자유로운 삶을 살아간다. 전국 여기저기로 "흙맛기행"이나 다니는 한없이 자유로운 삶을 산다.

'나'는 흙을 먹는다는 사실이 다른 사람들에게 이상하게 여겨질 것을 직감적으로 알았기 때문에, 이 사실을 비밀에 부친다. '명희'라는 아이를 만나기 전까지 말이다. 23살이 될 때, '나'는 새로운 집으로 이사를 가서 그 집에 세들어 살고 있는 '명희'를 만나게 되고 그 아이에게 '흙요리'를 만들어 먹이게 된다(흙을 너무 많이 파낸 결과 지반이 약해져 집이 무너질 위험에 처하는 바람에 이사를 가야했다). 11살인 '명희'는 태어날 때부터 앞을 보지 못했던 "선천성 시각 장애인"이었다. 부모도 없이 병든 외할머니와 살고 있었는데, 걸신들린 듯이 항상 먹을 것을 찾아 헤매는 아이였다. "명희의 보이지 않는 두 눈, 무언가를 미리 분간할 수 없는 명희의 두 눈"을 보고 '나'는 '명희'에게 흙을 먹여야겠다는 내밀한 충동을 느낀다. '나'는 '명희'한테서 "쌍둥이처럼 쏙 빼닮은 사람"에게 느끼는 진한 애정을 느끼는데, "한 치 앞도 보이지 않는 농밀한 어둠과 끝없는 굶주림"이란 체험을 공유하고 있기 때문일 것이다. '나'는 "계란 흙 프라이"를 시작으로 해서, "고령토 떡볶이" "황토 잡채" "부엽토 고기만두" "개흙 콩나물무침" 등의 요리를 '명희'에게 먹인다.

요리를 만들어주는 '나'와 음식을 먹는 '명희'는 어떤 정신적 교감을 나누며 행복해한다. 그러나 둘의 행복도 곧 깨어진다. '명희'의 외할머니가 흙을 집어먹는 손녀를 발견한다. '명희'와의 이별을 직감적으로 알아 챈 '나'는 '명희'를 엎고 도망을 간다. "이놈, 이천하의 개만도 못한 이노옴!"이란 욕설을 뒤로 한 채, '나'는 지하벙커로 숨어들게 되고 어둠에 유폐된다. 그러나 어둠 따위는 아무 문제도 되지 않는다. '명희'는 만족해하며 "아저씨, 우리 평생 여기에서 살면 안 돼요……"라고 말할 정도이다. 두 사람은 필요없는 옷도 다 벗어 버린 채 나란히 엎드려 흙을 먹는다. 포만감이 느껴지면 서로 팔베개를 해주고 잠을 잔다. 그러나 둘만의 행복한 세계는 그리 오래가지 못한다. "포클레인 삽날"이 흙지붕을 무너뜨리며 행복한 세계를 무너뜨린다. 비무장지대 근처에서 발견된 두 사람은 간첩으로 오인되어 경찰서, 국정원, 병원으로 옮겨지고 영영 이별을 하게 된다. '나'는 '명희'에게 "네가 사는 곳 바로 아래에, 초록색이 무한정 파묻혀 있다고 말해"주지 않은 것을 끝끝내 안타까워한다.

2. 현실과 망상의 거리

그러니까 「야채볶음흙」은 흙을 먹는 한 사내의 이야기이다. 흙을 먹는다는 이야기에 독자는 아연실색할 수밖에 없다. 처음에는 '흙요리'라는 게 어떤 비유일 거라고 생각하지만, 소설을 읽어내려 갈수록 그게 아니다. 정말 흙 먹는 이야기를 하고 있지 않은가. 서술자는 오히려 독자의 상상력을 나무라는 형국이다. "그 몇 번의 고비, 그것 때문에 여태껏 먹지 못하는 음식으로 오인되어 왔던 겁니다(세상 모든 음식의 시작이 다 그러했지요). 그 선입관만 깨지면 흙은 더 이상 흙이 아니라, 쌀로, 빵으로, 여러분의 주식으로 다가올 것입니다. 다른 음식은 쳐다보지도 않을 만큼 훌륭하고 향긋한 맛으로." 흙을 먹지 못할 것으로 간주하는 우리의 사고 자체가 선입관이라는 지적이다(하긴, 대부분의 사람은 흙을 먹어본 적도 없으며, 먹으려는 시도조차 해보지 않은 게 사실이긴 하다). '나'의 이런 식의 설명을 받아들이게 된다면, 「야채볶음흙」은 황당한 말도 안 되는 이야기에서 있을 법한 그럴듯한 이야기로 다가오게 된다. 즉 개연성이나 핍진성이 결핍된 서사라는 혐의에서 벗어나게 된다는 것이다.

하지만 '나'의 설명을 진실로 받아들여도 좋은 걸까. 혹시 '나'가 망상에 사로잡혀 있는 것은 아닐까. 이기호의 다른 소설 「햄릿 포에버」에서, 이미 우리는 환각 혹은 망상에 사로잡힌 인물을 만나본 적이 있다. 연극배우인 주인공은 본드로 인한 환각 상태에서 '햄릿'과 만나 대화를 나누고 연극적인 영감도 얻는다는 이야기이다. 그러나 주인공과 '햄릿'의 만남을 실제 사건으로 보기는 어렵다. 환각상태에서 빚어진 주인공의 망상일 것이므로. 하지만 「햄릿 포에버」와 달리, 우리는 「야채볶음흙」의 '나'의 말을 망상으로 간주해야 하는지 말아야 하는지 결정을 내리는 데 어려움을 느낀다. 왜냐하면 '나'가 망상이나 환각상태에 빠져있다는 결정적 증거를 찾기 어렵기 때문이다. 그러나 경찰서와 국정원으로 이송되었던 '나'가 '병원'으로 옮겨지는 장면에서(이 '병원'이란 '정신병원'일 것이 분명하므로), 또 명희를 만나게 해달라는 부탁에 호송관이 "전화기 대신 주사기를 건네주"었다는 언급을 통해, '나'가 정신분열의 상태에 있는 것이 아닌가 하는 추리를 하게 된다. 그러니까 '나'는 어린 나이에 부모를 동시에 여읜 충격, 6개월 동안이나 지하벙커에 갇혀 있던 고통으로 정신이 이상해진 사내일 거라는 추측을 하게 된다. 그렇다면 소설 전체를 정신병자의 중얼거림으로 보아야 하며, 흙을 먹는다는 이야기도 정신착란의 맥락에서 이해해야 할 것이다.[1]

그것도 아니라면, 흙을 먹는다는 말 자체를 비유적으로 해석해 볼 수도 있다. 다음과 같은 부분을 보자.

그런 건 모두 부차적인 문제일 뿐이니까요. 중요한 건 역시 여러분의 상상력입니다. 요리란 건 말이죠, 그게 일종의 상상력이거든요. 무엇과 무엇이 만나면 어떤 맛이 날까? 어느 정도 열에서 어떤 형태로 변할까, 어떤 맛을 낼까? 뭐, 그런 것들을 상상하고, 실현시키는 공간이지요. 단언컨대 상상력이 없는 사람들은 새로운 요리법을 발견할 수 없습니다. 자기의 입맛 또한 자기의 것이 아니죠. 그저 남들이 해놓은 상상을, 남들이 일방적으로 주입한 상상을, 멍청하게 받아먹을 뿐이죠. 자기의 입맛도 남들에게 맞추면서 말입니다. 그러니까 여러분의 집에 양상추가 없다

---

[1] 소설적 핍진성과 개연성의 결핍을 최근 소설의 중요한 경향으로 지적할 수 있다. 작가들은 재미있고 흥미진진한 이야기를 만드는 데 골몰한 때문인지, 현실적 인과율 따위는 가볍게 무시해 버린다. 김형중은 이러한 경향을 〈망상의 메커니즘〉이라 말하며, 그것의 사회적 연원을 찾아보고자 시도한 바 있다. 그는 망상을 "객관에 대한 주관의 승리"로 정의한 프로이트의 정신분석학을 받아들여, 망상 모티프의 유행이 90년대 이후 리비도 집중 대상을 찾지 못한 결과라고 설명한다. 즉 "망상은 무엇보다도 자아에게로 철회된 리비도가 외부 대상에 대한 집중없이, 스스로를 소모해내는 방식"인데, 그 방식은 "핍진성과 개연성의 구속을 벗어던진 이야기의 자가증식"으로 나타난다고 말한다. (김형중, 「소설의 제국주의, 혹은 '미친, 새로운' 소설들에 대한 사례 보고」, ≪문예중앙≫, 2005년 봄호)

고 너무 슬퍼하진 마세요. 이 요리법은 단지 제 상상일 뿐이니까요. 양상추가 없으면 집 밖으로 나가보세요. 여러분 입맛에 맞는 풀들이 이외로 지천에 널려 있을 겁니다. 여러분은 단지 오랫동안 그것들을 보지 못했던 것뿐입니다. 뭐, 관심이 없었으니까요. (위의 책, 208면)

위 인용부분은 작가의 소설 창작에 대한 입장으로도 읽힐 가능성이 있다. "요리"를 소설창작 혹은 문학행위의 비유로 읽는다면, 작가가 창작 행위에 있어서 '상상력'의 중요성을 토로하고 있는 것으로 볼 수 있다. 그리고 "새로운 요리법을 발견"하는 일에 관심이 없는 "남들이 일방적으로 주입한 상상을, 멍청하게 받아먹"는 한심한 소설가에 대한 비판으로 읽힌다(특히, 이기호가 소설 창작행위에 대한 예민한 자의식을 가진 작가라는 점을 고려한다면 이러한 해석은 더욱 설득력을 얻게 되는 것 같다). '흙'으로 만드는 "새로운 요리"를 소설의 새로운 창작방법에 대한 비유로 이해한다면, 결국 작가는 문학적 관습을 벗어나지 못하는 코드화된 글쓰기를 비판하고 있다고 볼 수 있다.

이기호는 「당신이 잠든 밤에」에서도 상상력의 부재를 비판한 적이 있다.

진만은 도로 저편을 바라보았다. 어둠은 구석에 웅크린 쥐처럼 적요했다. 기세 좋게 내리던 비는 차츰차츰 안개비로 변해갔다. 이제 곧 새벽이었다. 사람들은 간밤에 내린 비의 양에 대해 얼마나 알까? 촉촉이 내리는 안개비를 보며 뒤숭숭하던 간밤의 천둥소리를 단지 꿈으로만 치부해 버리지 않을까?

(이기호, 「당신이 잠든 밤에」, 『최순덕 성령충만기』, 문학과지성사, 2004, 91면)

실직한 청년 '시봉'과 '진만'은, 자해공갈로 돈을 뜯으려는 계획을 세우고 부자동네 입구에서 새벽이 밝아올 때까지 기회를 엿보고 있는 중이다. 그러나 어설픈 자해공갈단은 밤새도록 비만 실컷 맞았을 뿐, 치에 치이는 기회조차 얻지 못했다. 두 청년의 서글프고 초조한 마음과 상관없이, 활기찬 아침이 시작된다. 물에 빠진 새앙쥐 꼴이 된 두 청년과 부촌(富村)의 활기찬 아침을 대조하면서, 전지적인 서술자는 "사람들은 간밤에 내린 비의 양에 대해 얼마나 알까? 촉촉이 내리는 안개비를 보며 뒤숭숭하던 간밤의 천둥소리를 단지 꿈으로만 치부해 버리지 않을까?"라고 의문한다. 제목대로 "당신이 잠든 밤에" 일어났던 일에 대해 어떤 상상력도 펼치지 못하는, 아니 관심조차 보이지 않는 '당신'에 대한 힐난인 것이다.

그놈의 쪽파 때문에⋯⋯. 머릿속 가득 쪽파를 떠올리며 첫 번째 집 대문에 막 우유를 밀어 넣으려던 부인은, 별안간 몸을 돌려 뛰기 시작했다. 양손엔 첫 번째 집에 넣어야 할 1.5리터짜리 우유 두 개가 들려 있었다. 부인은 그제야 사라진 쪽파의 행방에 대해 알아낸 것이었다. 청년들은 멀거니 자신들을 향해 뛰어오는 우유 배달부를 바라보았다. 청년들은 당연, 그 이유를 알 수 없었다. 유통기한이 지난 우유를 바꾸러 가는 길인지, 배달해야 할 집을 빼먹고 지나쳤는지. 그들이 어찌 쪽파 빠진 계란찜에 대해 상상할 수 있었겠는가. 그러나, 어찌하랴. 그녀의 손에서 벗어난 1.5리터짜리 우유 팩은, 포물선을 그리며 청년들을 향해 힘차게, 힘차게, 날아갔으니.

(위의 책, 95면)

어찌보면 작가는 「당신이 잠든 밤에」라는 소설 한 편을 가지고, 독자들의 상상력 없음을 비판하며 상상하는 방법을 가르치고 있는지도 모른다. 소설 첫 장면에서 '시봉', '진만'과 '중년부인'(그녀는 마지막 장면의 '우유 배달부'와 동일인물이다), 세 사람이 건널목에서 스쳐지나가고, 마지막 장면에서 세 사람이 다시 만난다. 첫 장면에서 두 청년의 무단횡단에 놀란 중년부인은 도로 위에 "쪽파 한단"을 떨어뜨리고 집으로 돌아간다. 소설의 후반부의 정보에 의하면, '중년부인'은 쪽파를 잃어버린 결과로 "쪽파 빠진 계란찜"을 만들게 되고, 때문에 이 아침부터 "한숨을 길게 내쉬는 것이다(부인의 남편은 남달리 까탈스런 입맛을 소유하고 있기 때문에 쪽파 빠진 계란찜이 가정불화로까지 번지게 되는 것이다). 부자동네에 살고 있는, 밤새 단잠을 잤을 '당신'은 '시봉'과 '진만'이 밤 동안 무슨 일을 벌였는지 알지 못한다. 또한 '시봉'과 '진만' 역시 자신들의 무단횡단이 한 가정의 불화를 초래하게 되었다는 것을 눈치채지 못한다. '중년부인'이 1.5리터짜리 우유를 집어 던짐으로써, 또 어떤 사건이 벌어지게 될지 누가 알랴.

3. 사이렌의 호출

흙을 먹는 이야기를 현실로 보든 망상으로 이해하든 간에, 작가가 하필 '흙'이란 소재를 끌어들인 이유는 무엇일까. 흙이라는 발상은, 작가 특유의 장난스런 상상력에서 비롯된 듯싶다. 가령, "뭐 먹고 살래?"라는 질문에 "전 그냥 흙 파먹고 살래요"라고 당돌하게 대꾸하고 싶은 욕망, 또는 사람들에게 "걱정하지 마세요. 우리에겐 흙이 있잖아요. 용기를 잃지 마세요, 그걸 먹으면 돼요"라고 엉뚱한 소리를 하고 싶은 충동들. 이렇게 말하더라도 반드시 '흙'이 선택됐어야 한 이유가 말끔히 해명되지는 못한 듯하다. '흙'이 내포하는 바를 이해하기 위해서, 먼저 소설에서 뚜렷하게 드러나는 의미들의 대립 쌍에 유의해 보자. 땅위/땅 밑, 밝음/어두움, 눈뜸/눈멂의 대립이 그것이다.

우선 소설에는 땅위/땅 밑의 공간적 대립이 마련되어 있다. 인간에게는 땅위의 공간이 자연스럽다. 겁많은 아버지와 '나'만이 땅 밑의 지하벙커에서 평온함을 느낀다(나중에는 '명희'가 그렇고). 대피훈련을 하러 땅 밑으로 내려가자는 아버지의 제안에 어머니는 "할 일 없으면 동치미나 내려 놓아라"라고 답한다. 어머니의 시각에서 볼 때, 땅 밑으로 내려가는 일은 할 일 없는 짓에 불과한 것이다. 땅위/땅 밑의 속성은 밝음/어두움, 눈뜸/눈멂의 대립으로 이어진다. 땅 위의 공간은 태양이 빛을 발하는 밝은 공간이고, 때문에 지상의 세계에서는 시각적 인지를 가능케 하는 '눈'이 중요한 기관으로 기능하게 된다. 그러나 땅 아래는 칠흑같이 어두운 공간이며, 눈을 뜨나 감으나 관계없는 실명(失明)의 공간, 맹인(盲人)의 공간이다. 어둠 속에서는 '눈'이야말로 무용한 기관이지 않은가.

그런데 결국 밝음/어두움, 눈뜸/눈멂의 대립이란 문명/야만, 근대/전근대의 이분법으로 귀결되는 것 아닐까. 특히, 지하 벙커로 숨어든 '나'와 '명희'가 옷을 벗어 던지고 손으로 흙을 파먹으며 포만한 행복감을 느끼는 장면에 오면, '땅위'와 대립쌍을 이루고 있는 '땅아래'라는 것이 전근대적 유토피아와 상당히 가까운 위치에 있는 것임을 짐작하게 된다. '나'와 '명희'가 '고아'로 설정된 것도 이 때문이다. 반문명 상태로의 귀의란, 상징계로부터 떨어져 나가는 것, 즉 가족과 친족이라는 문명적 좌표 바깥에 자신을 위치시키는 것 아닌가. 그리고 문명세계에서 반문명(反文明) 혹은 비문명(非文明)의 세계로의 퇴행을 가능케 하는 것이 바로 '사이렌 소리'이다.

> 집에는 마침 봄방학을 맞은 저 혼자만이 남겨져 있었습니다. 동네 주민 대부분이 친목계원이어서 마치 동네 전체가 피난을 떠난 듯 고요하기만 했던 그날 그 아침, 오전 열시 오십분 무렵, 바로 그 문제의 사이렌이 울려 퍼진 것입니다. 텅텅 빈 동네에, 그래서 더 낮고 불길하게 울려 퍼진 사이렌 소리. 사이렌을 살아 있는 어떤 생명체로 비유할 수만 있다면, 마치 이 세상에 오직 저와 사이렌 단둘만이 남겨진 듯한, 단둘이 정면으로 얼굴을 마주 하고 앉아 있는 것만 같은 막막함과 두려움. 그런 감정이 저를 휘감았죠. 저는 한동안 그렇게 굳은 듯 집 안에 앉아 있기만 했습니다.
> (「야채볶음흙」, 211면)

자신을 보호해줄 부모도 없는 상황에서 엄청난 공포와 마주하게 된 '나'는 "마치 이 세상에 오직 저와 사이렌 단둘만이 남겨진 듯한, 단둘이 정면으로 얼굴을 마주 하고 앉아 있는 것만 같은 막막함과 두려움"을 느꼈다고 회상한다. 막막함과 두려움을 환기시키는 '사이렌 소리'를 들으며, '나'는 지하벙커로 내려갔고 이후로 '나'의 삶은 큰 변화를 겪게 된다. '사이렌 소리'가 '나'를 지상의 세계에서 지하의 세계로, 문명의 세계에서 야만의 세계로 데려간 것이라 해도 과언이 아니다.

그렇다면 이 '사이렌 소리'는, 일찍이 이타카의 영주 오딧세우스가 들었던 '사이렌의 노랫소리'와 같은 것이 아닐까. 오딧세우스는 '사이렌의 노랫소리'가 울려퍼지는 협곡을 살아서 통과한 첫 사람이다. 사이렌의 노랫소리를 들은 사람마다 노래에 매혹되어 물 속에 몸을 던졌기 때문에 협곡을 통과한 사람이 없었다. 오딧세우스는 사이렌의 위험을 미리 경고 받았기 때문에 철저한 준비를 한다. 노를 저으며 지나가야 하는 부하들의 귓구멍을 밀납으로 봉하고, 자기 자신은 귀를 열어놓은 대신 몸을 배의 마스트에 단단히 묶어둔다. 죽음으로부터의 안전장치를 하고 매혹적인 노래를 듣고자 한 것.

호르크하이머와 아도르노는 이 이야기에서, '계몽의 변증법'에 대한 함축성 있는 알레고리, "예술향유와 노동"의 작별을 읽어낸 바 있다. 즉, 부하들처럼 두 귀를 막은 채 노동에 몰두하거나, 오딧세우스처럼 마스트에 묶여 무력하게 음악을 듣는 수밖에 없다는 것. 사이렌의 유혹이 저항불가능한 힘임을 인정했기 때문에, 오딧세우스와 그 부하들은 아예 안듣거나 무력하게 듣는 방법 중 하나를 선택했었다. 거기에 비하면 「야채볶음흙」의 '나'는 무모하리만치 용감한 인물이다(자유로운 선택이나 준비의 과정없이 무방비 상태로 사이렌 소리를 듣게 되었으므로, 용감하다는 표현이 다소 부적절할 수도 있겠지만).

어쨌든 '사이렌 소리'를 들은 '나'는 문명과 절연된 땅 아래의 세계로 내려가게 된다. '사이렌의 노랫소리'에 매혹된 사람들이 죽음에 몸을 내던졌던 것처럼, 불길한 '사이렌 소리'는 '나'를 문명 부재의 지하세계로 인도한다. 땅 밑은 문명이 부재한 세계이며, 비문명의 상징인 '암흑'이 지배하는 세계이다. 나중에 반문명 세계의 동반자로 '명희'가 선택되는 것은 우연이 아니다. "선천적인 시각 장애인"인 '명희'는 '나'의 완벽한 동반자, 아니 '나'의 쌍둥이이기 때문이다. '명희'는 태어나면서부터 눈먼 세계, 땅 아래의 세계에 속한 사람이지 않은가. 지하세계로 내려가는 '나'의 선택이 어느 정도 자발적이라면, '명희'의 선택은 거의 필연적이라 할 수 있다.

이쯤에서 '흙'의 의미를 정리해 보자. 소설에서 '흙'은 반문명, 전근대적 세계를 상징한다. '흙'을 주식(主食)으로 삼는 세계에서는 노동이 더 이상 요구되지 않으며, 노동의 연장(延長)을 위해 필수적으로 요구되는 빛도, 노동의 효율을 향상시키기 위한 이성과 지성의 빛도 필요하지 않게 된다. 흙만 먹고 살 수 있는 세계에서는 상품교환이나 노동 생산성이 더 이상 문제 되지 않는다. 소설의 주인공 '나'가 무의식적이긴 하지만, 자신이 흙을 먹는다는 사실을 숨겼던 것도 '흙'에 내포된 이 전복적 성격을 어렴풋이 알았기 때문일 것이다.

'나'와 '명희'의 행복한 시대가 비극적으로 마감되는 이유는 무엇일까. 둘의 완벽한 세계는 '포클레인 삽'으로 상징되는 폭력적 문명의 힘에 의해 끝나 버린다. "어느 날인가, 흙 지붕이 심하게 흔들리는가 싶더니 갑자기 우리의 흙길 정중앙으로 날카로운 포클레인 삽날이 파고 내려왔습니다. 마치 하늘에서 두레박이 떨어진 듯 거대한 삽날이 우리의 주식을 함부로 퍼올린 것이죠. 한 삽, 한 삽, 포클레인 삽날은 점점 더 저와 명희 근처로 다가왔습니다. 불안하고 초조했지만 달리 손을 쓸 수가 없었습니다. 갑자기 밀려들어온 빛 때문에 현기증만, 현기증만 심하게 날 뿐이었죠." 소설의 결말은 문명의 힘을 피해 달아날 수는 있을지라도 문명으로부터 완전히 벗어나는 것은 불가능하다는 우울한 전망을 보여준다. 결국 폭압적이고 폭력적인 문명의 힘 앞에 벌거벗은 나약한 육체가 노출될 수밖에 없으며, 문명의 광휘(光輝) 아래서 "현기증"을 느낄 수밖에 없다는 것이다.

4. 이방인들: 흙 먹는 사람, 맹인, 간첩, 도시 부랑자

「당신이 잠든 밤에」 역시 비슷한 고민을 보여주는 소설이다. 24시간 편의점에서 새벽시간 아르바이트를 하던 '시봉'과 '진만'이 하루 아침에 직장을 잃는다. 새벽시간에 교대로 잠을 자다가 점장에게 걸린 것이다. 변변한 기술도 연고도 학력도 없는 이들이, 돈을 벌기 위해 궁리해낸 일이란 달려오는 자동차에 뛰어들어 상처를 입고 그것을 빌미로 돈을 뜯어내는 것, 이른바 자해공갈인 셈이다. 대형주택 십여 채가 모여있는 동네로 올라가는 길 중턱 정도에 자리를 잡고 자신을 치어줄 자동차를 기다린다. 하지만 맨 처음 그들 앞에 나타난 차는 보안회사의 순찰차이다. 의혹의 눈길을 보내는 보안회사 직원으로부터 "암튼, 여기 앉아 있으면 안 돼요"라는 경고를 듣는다. 얼마 후, 달려오는 차를 보고 도로로 뛰어들지만 보도블록에 걸리는 바람에, 불행하게도 차에 치이지 못하고 만다.

웃기는 일은 자해공갈단을 자처하는 '시봉'과 '진만'이 사기를 당한다는 것이다. 소녀의 연기에 깜빡 속아 불량소년들에게 끌려가 두들겨 맞고 전재산 4,300원을 빼앗기는 장면쯤에 이르면, 이들의 작전이 절대로 성공하지 못하리라는 확신을 갖게 된다. '시봉'은 망가진 몸을 아예 망가뜨리자며 벽돌로 자신의 발목을 내려치려 한다. 돈을 더많이 뜯어내려는 계산에서 나온 행동이지만, 다른 한편으로 보자면 한심한 자신에 대한 일종의 자학일 것이다. 벽돌로 내리치려는 '시봉'과, 말리는 '진만'이 실랑이하는 사이에 또 한대의 자동차가 지나가고…… "택시든 트럭이든 쓰레기차"에든 반드시 치이겠다고 큰소리치지만, 이제는 불편한 다리 때문에 차도에 뛰어드는 게 불가능하게 되고 만다. 이 소설은 마이너 인생의 쓰라린 실패담이다. 자해공갈로라도 생활고를 해결해 보려고 하는 청년들이, 그러나 너무도 미숙해서 끝끝내 차에 부딪혀 보지도 못한 두 청년들이 밤사이에 벌이는 웃기는 이야기.

그런데 제목 「당신이 잠든 후에」의 '당신'은 도대체 누구를 말하는 걸까. 새벽이 되도록 눈 한번 붙여보지 못했으므로, '시봉'과 '진만'은 '당신'에서 제외된다. '시봉'과 '진만'의 돈을 갈취하던 소녀와 그 일당 또한 사정은 마찬가지이다. '시봉'과 '진만'에게 경찰티를 내던 보안회사 직원이나 소설의 마지막 장면에서 '시봉'과 '진만'에게 우유를 집어던지는 우유 배달부 아주머니 역시 수면부족상태이므로 '당신'과는 거리가 멀다. '당신'은 소설의 문면에 등장하지 않는다. 아마도 대형주택에 사는 사람들, "유연하게 곡선도로를 주행하"여 도시로 나아가는 사람들이 밤 동안 숙면을 취했던 '당신'에 해당될 것이다. 그 '당신'은, '당신'이 잠든 후에 길 위에서 벌어졌던 공갈과 사기와 갈취를 전혀 알지 못할 것이다.

집을 가진 '당신'과 달리, '시봉'이나 '진만', 소녀에게는 집이 없다.

'시봉'이나 '진만'은 '고시원'을, 소녀와 그 일당은 '버려진 임시 주차장'을 용도변경해서 거기에 머물고 있긴 하지만, 엄밀히 말해서 그곳은 집이 아니다. 그런 점에서 '시봉'이나 '진만', 소녀는 '우리'라는 범주로 묶일 만하다. '당신'의 입장에서 보면, '우리'는 잉여물이고 이방인일 수밖에 없다. "대형주택 십여 채가 모여있는 동네"의 입구에서 서성이는 '시봉'이나 '진만', 소녀는 이질적인 존재로 도드라져 보인다(그래서 그들은 불심검문의 대상이 된다). 그들에게선 "어쩔 수 없는 가난의 냄새"가 진동하고 있으니 말이다.

고급주택가 아래에 위치한 '도시'에 살고 있는 이 사람들 역시 '당신'에 해당한다. 도시는 '당신'의 욕망과 소비를 위한 공간이고, 고급주택은 그들의 쉼을 위한 공간이며, 도시와 집을 연결해주는 곡선도로마저 그들의 것이다. 차도로 뛰어들려는 '시봉'의 시도가 끝내 실패하고 마는 것은 어쩌면 필연적이다. 왜냐하면 뛰어들어야 하는 '날렵한 곡선도로' 그 자체가 '시봉'이나 '진만'의 공간이 아니기 때문이다. "시봉과 진만의 눈 앞에 펼쳐진 날렵한 곡선도로는 오직 그 동네 사람들만을 위한, 그 동네 사람들의 도로"이지 않은가. 성공률을 높이기 위해서는 차라리 컴컴한 뒷골목쯤을 범행장소로 선택했어야 했다. 도시에서도 집에서도 소외된 '우리'는 길 위를 서성일 수밖에 없다. 도시공간의 잉여인 '우리'의 존재가 껄끄럽고 눈에 거슬리는 것은 사실이지만, 그렇다고 그것이 '당신'의 삶을 위협할 정도는 아니다.

도로를 향해 달려가던 '시봉'은 "빗물에 헐거워져 튀어나온 보도블록"에 걸려 큰 절하듯 엎어진다. 그래서 결국은 '당신'을 해롭게 하는

데 실패한다. 독자가 '시봉'의 좌절을 보면서 웃는 데 그치지 않고 페이소스를 느끼게 되는 것은, "차는 유연하게 곡선도로를 주행, 도심 쪽으로 빠져나갔다. 밖에서 무슨 일이 벌어졌는지, 누가 무엇을 하다가 넘어지고, 누가 자신을 바라보고 있었는지, 운전사는 아무것도 눈치 채지 못한 것 같다"라는 차후의 상황 때문이다. 필사적으로 뛰어들었던 '시봉'의 행동이 실패했을 뿐만 아니라, 도로나 도로 위를 주행하던 자동차에게 아무일도 생기지 않았기 때문이다. 아니, 자동차 운전자는 무슨일이 있었는지조차 모르기 때문이다.

　이기호는 '당신'보다 '시봉'의 무리에게 어떤 친밀감을 느끼고 있는 것 같다. 그렇다고 작가가 '당신'에 대한 비난을 노골적으로 드러내는 것은 아니다. 그리고 '시봉'과 '진만'이 도로에 뛰어들더라도 그것이 도로의 흐름을 정지시킬 수는 없다는 것을 알기 때문에, '시봉'의 무리에게 어떤 기대를 걸지 않는 듯하다. 매끈한 도로를 달리는 차들은 "인도 턱에 넘어져 있는 그들 곁에서 잠시 속도를 줄였다가 다시 제 속도를 내며 도심 쪽으로 미끄러져" 가리라는 사실, 그 냉혹한 진실을 알고 아는 것이다. 비천한 자들의 행렬이 거대한 흐름을 끊을 수 있었던 시대, '모세의 출애굽'의 기적이 가능했던 시대가 지나갔다는 진실을 알고 있다. 그래서 우리는 가볍고 유쾌하게 소설을 읽고 난 마지막에, 다시 씁쓸한 뒷맛을 느끼게 된다.

　두 청년이 무단횡단을 하든 말든 차들은 곧 다시 달려갈 것이다. 하지만 그들의 횡단은 잠시 잠깐이긴 하지만 "도로 위에 거센 파랑"을 일으키지 않는가. 도시의 거대한 흐름이 잠시라도 교란되지 않던가. 이기호는 현실의 위력을 부정하지 않지만 냉혹한 현실을 절대적

스타일의 새로움과 주제의 고루함

으로 지지하는 데도 반대한다. 「당신이 잠든 밤에」에서 '당신'의 무한질주를 잠시 방해하는 데서 만족하던 작가가 「야채볶음흙」에서는 좀 더 과격한 태도를 보인다. 생(生)의 유지를 위해 도로로 뛰어들기를 주저하던 '시봉', '진만'과 달리, '나'와 '명희'는 망설임없이 '땅밑' 세계로 뛰어들고 있으니 말이다. '나'와 '명희'는 죽음의 소리인 '사이렌 소리'에 몸을 맡기는 용감무쌍함을 보여준다. 물론 그 용기는 무모함에 가까운 것이리라. '나'와 '명희'는 '간첩'으로 오인되었다가 다시 '정신병자'로 취급된다. 내국인의 타자인 '간첩'이든, 정상인의 타자인 광인이든, 그들의 운명은 자명하다. '눈'(이성의 眼)을 상실한 맹목(盲目)의 존재는 힘을 잃은 주체, 아무것도 아닌 주체일 뿐이므로.

5. 불일치 : 방법의 새로움과 주제의 구태의연함

이기호는 『최순덕 성령충만기』(문학과지성사, 2004)를 통해 다양한 소설 창작 방법을 실험한 바 있다. 랩과 비트박스만으로 이루어진 「버니」, 성경의 문체와 형식을 그대로 빌어쓴 「최순덕 성령충만기」, 깡패의 자기 소개서 형식인 「옆에서 본 저 고백은」 등등. 소설이 잡종양식이란 점을 끊임없이 의식하는 이 작가는, 마치 소설이 얼마나 다종다양한 장르를 포섭할 수 있는지를 실험하는 듯하다. 「야채볶음흙」에서는 1)~89)까지 번호를 매겨 가면서 소설을 써가고 있다. 즉 요리책의 음식 만드는 순서를 그대로 차용해서 소설을 써

본 것이다. 그래서 마치 잡지의 요리코너를 읽고 있는 듯한 느낌이 든다. 이기호는 가장 2000년대적인 소설가 중 한 명이다. 재미있고 잘 읽히는 소설이라는 점에서 그러하고, 소설가라는 분명한 자의식을 갖고 소설을 창작한다는 점에서도 그러하다. 특히 그는 형식적인 실험에 상당한 공을 들이는 편인데, 그 점에서 평론가들로부터 상당한 인정을 받고 있는 형편이다.

그런데 형식의 새로움에 비한다면, 소설의 주제는 지극히 구태의연하고 고전적이다. 「야채볶음밥」이나 「당신이 잠든 밤에」의 분석에서 본 것처럼, 근대/전근대의 이분법적 대립을 근간으로 하여 소설을 만들어 간다. 땅위/땅아래, 밝음/어둠, 당신/우리, 집있음/집없음의 대립쌍들은 결국 근대/전근대 혹은 문명/야만의 이분법을 의미하고 있다. 때문에 이기호의 소설은 일종의 알레고리라고 말할 수 있다. 처음 소설을 읽어나갈 때면 굉장히 새롭고 재미있는 것 같지만, 소설을 다 읽고 나면 작가가 설정해 놓은 이분법적 구도가 눈에 들어오게 된다. 그래서 재미있고 새로운 소재들이 숨은 주제를 드러내기 위한 보조장치에 불과하다는 느낌을 받기조차 한다.

다시 말하건대, 이기호 소설의 방법적 새로움을 인정한다. 옷에 비유컨대 이옷 저옷, 이 조각 저 조각을 짜깁기한 스타일의 새로움은 확실히 혁신적이다. 그러나 스타일에 비해서 의식은 여전히 구태의연하고, 그래서 이기호의 소설을 정말 새롭다고 말해야 할지 의심스럽게 되고 만다. 내용과 형식의 불일치를 극복하는 것, 이것이 작가가 해결할 과제 아닐까.

바깥을 향한 불가능한 욕망

김윤영론

1

　김윤영의 「그린 핑거」는 다음과 같은 문장으로 시작된다. "우리집 정원에는 뭔가가 부족해 보였다." 그리고 소설 말미에서 서술자는 '그 부족했던 것'이 무엇인지를 알겠노라고 말한다. "이 정원에 부족한 게 뭔지 이제는 알 것 같다. 그건 바로 사람이다. 남편과 나의 아이들, 희주처럼 마음껏 뛰어놀 어린아이들, 피가 돌고 맥박이 뛰고 나의 자궁에서 싹이 터 자라난 나의 아이들. 필요한 것은 꽃도 나무도 연못도 아니었다"라고 고백하며, '나'는 "그(남편)가 빨리 돌아왔으면 좋겠다. 아니, 그는 곧 돌아올 것이다."라며 말을 마친다. 그렇다면 이 소설을 '나'의 자기 반성문으로 읽어도 좋은 것일까. 선천적 기형으로 일그러진 얼굴 때문에 어려서부터 따돌림을 당해야 했던, 어린시절부터 외모 콤플렉스에 시달렸던, 사람과의 관계에 서툴러 정원 가꾸기에만 몰두하던 한 예민한 여자가, 정작 중요한 것이 사람

사이의 정(情)이었음을 깨닫게 되는 그런 교훈적인 이야기 말이다. 결론부터 말하면, 이 고백은 거짓이다.

왜 거짓 자기고백을 하게 되었는지를 이해하기 위해 먼저 '나'가 어떤 인물인지 알아보자. '나'는 가난한 살림을 남편도 없는 홀몸으로 책임져야 했던 억척스런 어머니 밑에서 사랑과 보살핌을 받지 못하며 불우한 유년을 보내야 했었다. 게다가 선천적 기형(언청이)으로 태어난 '나'에게는 어울려줄 친구도 없었기 때문에, 방안에서 종이 인형을 오리며 혼자 노는 것을 당연하게 여기며 자라야 했다. 때문에 '나'는 "인생에서 친구란 단어는 이미 빛이 바랜 지 오래였다."고 담담하게 말한다. 합죽이나 주걱턱 같은 하관, 펑퍼짐하게 내려앉은 콧날, 크기가 다른 두 개의 콧구멍, 삐뚜룸한 윗입술의 얼굴은 '나'로 하여금 사람들 앞에 나서는 것을 꺼리게 한다. 항상 '병신' '째보'라는 손가락질을 받아왔기에 '나'는 대입시험에 합격하고도 입학을 쉽게 포기해버린다. "내가 지원한 신촌의 그 대학에 다니는 여대생들은 너무 화려해서 딴세상 사람 같았"기 때문이며, 그들과 어울리는 일이 얼마나 호된 대가를 요구할지 짐작할 수 있었기 때문이다.

엄마가 순댓국을 팔아 벌어들인 돈으로 몇 번의 성형수술을 하지만, 조금씩 정상을 찾는 얼굴과 달리 '나'의 자존심과 다친 마음은 쉽게 치유되지 않는다. 몰라보게 예뻐졌다는 감자탕집 손님들의 반응에도 시큰둥해하며, "조금 예뻐진 언청이, 그게 나라는 걸 알고 있었다"라고 말한다. 하지만 캐나다로 이민간 삼촌을 만나러 가서 '브라이언 박'을 알게 된 후 '나'는 난생 처음 다른 삶을 꿈꾸게 된다.

생전 처음 입어본 최신유행의 대담한 원피스에 새 구두, 공들인 화장 탓이겠거니 생각하면서도 기분은 나쁘지 않았다. 삼촌은 이왕 온 김에 푹 쉬고 가라며 우릴 계속 붙잡았고, 그러다보니 엄마와 난 한 달이나 거기에 머물렀다. 나는 마치 열두 시면 마법이 풀리는 신데렐라가 된 기분이었다. 전의 내 모습은 아무도 알지 못하는 사람들 속에서 나는 본래부터 활발하고 인기있는 처녀인 듯이 거만하게 활보했다. 브라이언이 틈만 나면 나를 만나러 와주었기에 나는 더 그 마법에서 벗어나기 싫었다. 곧 감자탕집 딸로 돌아가야 하는 재투성이 아가씨, 그게 바로 나였으니까. (김윤영, 「그린 핑거」, 《창작과비평》, 2006 여름, 60면)

영등포 시장 감자탕집 딸 '순희'와 캐나다에서의 '써니'(순희의 캐나다식 이름)는 재투성이 아가씨와 신데렐라만큼이나 천양지차인 것이다. 항상 주눅들어 있던 '나'는 자신을 아름다운 여성으로 대접해주는 '브라이언' 덕분에 자존감을 회복하고 다르게 살려는 결심을 한다. '브라이언' 덕분에 자기 자신을 발견한 셈이지만, "그와 상관없이 나는 변하고 싶었다."고 말한다. "금단의 열매"를 맛본 '나'는 서울에 돌아오자마자 "벌어진 양 콧구멍의 크기를 똑같이 맞추면서 오므려주고 휘어진 콧대를 바로 세우는 것, 거기에다 인중과 윗입술을 더 뚜렷이 만드는 수술"을 한다. 수술은 성공적이었고 '브라이언'과의 결혼도 신속하게 이루어져 부부는 캐나다 토론토에 정착하게 된다.

남편은 자기 일에 만족해하고 나도 한가롭게 홈스테이를 하며 사는 이 생활에 만족한다. 우린 둘다 건강하고 우리 부부에겐 정말 아무 문제도 없다. 심지어 삼십 평생 불만이었던 내 얼굴에조차 요새는 별 불만을 못 느끼며 살고 있다.

(위의 책, 52~53면)

감자탕집 언청이 딸에서 중산층 부인으로의 '나'의 변신은 대단히 성공적으로 보인다. 그렇지만 소설 결말 이르면 '나'의 변신은 실패였으며, "우린 둘다 건강하고 우리 부부에겐 정말 아무 문제가 없다"는 말은 거짓이었음이 밝혀진다. 즉 둘은 정신적으로 건강하지 못한 상태였으며 '나'의 외모 콤플렉스는 전혀 치유되지 않았었던 것이다. 표면적인 이유는 '나'의 불임에 있었다. 결혼 4년이 되도록 아이가 생기지 않자 '나'는 점점 예민해지고 그럴수록 남편과의 오해와 갈등은 심각해진다. 남편과의 오해가 커질수록 '나'는 정원 가꾸는 일에 집착하게 된다. 때문에 중산층 부인의 여가 생활처럼 보이는 정원 가꾸기는 남편과의 갈등을 잊기 위해 '나'가 마련한 대안이었던 것이다.

소설 후반부로 가며 밝혀지는 것처럼, 서술자인 '나'의 말은 거짓말인 경우가 대부분이다. '나'는 이른바 '믿을 수 없는 서술자'인 것이다. '믿을 수 없는 서술자'의 진술 앞에서 독자는 자연스레 탐정의 역할을 맡아 진술의 진실 여부를 판정해 나가게 된다. '나'가 '믿을 수 없는 서술자'임을 짐작하게 하는 두 개의 사건이 있다. 하나는 어릴 적 동네에서 일어난 세탁소 방화 사건이고, 또 하나는 '희주 엄마'의 스카프가 버려진 사건이다. '나'는 자신을 '병신'이라고 놀려대던 세탁소집 딸에 대한 이야기를 담담한 어조로 회상한다.

그중엔 나만 보면 입술을 까뒤집으며 내 흉내를 내고 놀리던 세탁소집 딸이 있었다. 아이들 뒤에서 팔짱을 끼고 지켜보던 그 아이가 꽃천사 루루를 집어들더니 목을 톡 분질러버렸다. "미안해서 어떡하냐? 누구처럼 병신이 돼버렸네." 바닥에 루루의 머리와 몸뚱이가 따로따로 흩어졌다. 내가 제일 좋아하던 루루가. 엄마와 내가 그 동네를 떠나 서울로 이사 갈 때쯤 그 세탁소엔 불이 났다. 세탁소집 딸은 다리에 큰 화상을 입었다고 들었는데 나는 조금도 안됐다는 생각이 들지 않았다. (위의 책, 53면)

세탁소집 딸의 행동과 그 집에 불이 났다는 정황만 제시될 뿐 사건에 대한 '나'의 감정은 드러나지 않기 때문에, 처음에 독자는 '나'가 방화와 관련이 있을 것이라고 생각하지 않는다. 다만 세탁소집 딸이 다리에 큰 화상을 입었다는 소식을 접하고 "나는 조금도 안됐다는 생각이 들지 않았다"는 문장에서 그녀에 대한 '나'의 감정이 좋지 않다는 것만 짐작할 따름이다. 그러나 소설 후반부에 가면 세탁소에 불을 지른 장본인이 '나'였음이 암시된다.

문득 성남의 단칸방 집을 떠나기 전날, 세탁소에 불이 난 기억이 떠올랐다. 멀거니 불구경을 하고 있는 나 자신도 어슴푸레 생각난다. 불이 옮겨붙는 과정은 정말 신비롭고 황홀했다. 그런 멋있는 광경은 처음 보는 것 같았다. 그런데 갑자기 엄마가 내 머리채를 끌고 들어와 종아리를 걷으라고 했다. 나는 아무 짓도 안했다고 했지만 엄마는 내 말을 믿어주지 않았다.

"누가 봤으면 어떡하려고…… 그러다 누구 죽기라도 하면 어떡하려고!"
난 너무 억울하고 엄마가 미웠지만 다음날이면 그 거지 같은 동네를 떠날 수 있어서 참기로 했다. 그 계집애네 집에 불을 내버리는 꿈은 몇 번 꾼 적이 있었지만 실제로 그랬을 리가 없다. 다른 사람을 해치다니…… 상상만 해도 무섭다.

(위의 책, 71면)

자신의 짓이 아니라는 '나'의 강변에 독자는 두 가지 가설을 세우게 된다. '나'의 말이 거짓이라는 것과, '나'가 기억상실증이나 정신분열을 앓고 있다는 추측. '믿을 수 없는 서술자'나 기억상실이나 정신분열을 앓고 있는 인물들의 출현, 사건의 반전은 김윤영 소설에서 자주 만나게 되는 소설적 트릭이다. 자신의 추함과 대조되는 '희주 엄마'의 아름다움을 시기해서 그녀의 스카프를 가위질하여 정원에 묻어놓고도 '나'는 "여보, 난 정말 몰라", "도대체 왜 내가 그런 짓을 했겠어? 당신은 날 그렇게 몰라? 남편이라는 사람이……"라고 시치미를 떼는 장면에서는 두 가설 중 어느 것이 진실인지 혼란스럽지만, "그건 당신이 몰라서 그래. 그 여자가 먼저 나한테 언청이가 어쩌고 하면서 날 깔봤다구."라는 진술에 오면 '나'의 행동이 고의에서 비롯된 것임을 눈치채게 된다.

이 소설은 '나'가 자신을 떠나려는 남편을 살해하고 정원에 매장했음을 암시하며 끝난다. 때문에 독자는 소설 마지막의 "그가 빨리 돌아왔으면 좋겠다. 아니, 그는 곧 돌아올 것이다"라는 문장을 액면 그대로 수용할 수 없다. 탐정으로 초대된 독자의 역할은 여기 즈음에서 마감되고, 퍼즐처럼 조각난 사건의 개요가 간추려지면서 정원 살해 사건이라는 그로테스크한 조각 그림이 눈앞에 펼쳐진다. 연못을 만들려고 파놓은 구덩이에 남편은 묻혔고 그 위에 심겨진 체리토마토 묘목에는 사과만한 토마토가 주렁주렁 열리는 그로테스크한 장면으로 소설은 끝난다.

2

　김윤영의 소설은 독자에게 퍼즐 조각을 맞추는 즐거움, 그리고 그림의 진실에 육박해 가는 긴장을 제공한다. 소설을 읽는 독자는 서술자의 진술에 반신반의하며, 서술자가 제공하는 이야기에 따라 사건의 진실을 재구성해 나가고, 서술자가 흘리는 몇 개의 단서를 추적하며 퍼즐을 완성해간다. 「루이뷔똥」은 세미와 판수, 영변댁 세 명에 의해 각 장이 서술된다. 세 명의 서술자가 자신의 입장에서 이야기를 서술함으로써, 세미가 루이뷔똥 수집상으로 나서게 된 이유, 판수가 프랑스 시민권을 획득하고 세미와 만나고 헤어진 정황, 영변댁이 순진한 세미를 상대로 사기를 친 까닭이 밝혀진다. 여기서도 미스테리한 사건이 발생하는데 루이뷔똥 가방을 모아둔 창고에 불이 난 것이다. 탐정의 역할을 하는 독자만이 이 불이 판수가 버린 담뱃불에서 시작된 것임을 안다. 세미, 판수, 영변댁은 다르게 살고자 하는 강한 욕망을 가졌다는 점에서 성격적 유사성을 갖는다. 자신의 욕망을 충족시켜줄 장소로 이국땅을 선택하고 그곳에서 정착을 시도한다는 것도 공통적이다.

　그런데 완성된 퍼즐을 통해 제시되는 그림은 무엇인가. 즉 작가가 고의적으로 흐트러뜨린 퍼즐 조각을 맞추며 독자가 직면하는 '진실'이란 무엇인가. 독자가 맞춘 퍼즐 위에는 자본주의 사회의 약육강식의 시스템과 루이뷔똥 가방이 드러난다. 한때 한국 사회에서 보람 있는 삶을 소망했던 젊은이들은, 사회의 시스템에 편입되면서 이러한 소망이 실현될 수 없는 것임을 깨닫게 된다. '무한경쟁'의 사회에서 초식동물처럼 유순하고 성실한 '정부장'은 실직의 현실을 맞게 되고(「얼굴 없는 사나이」), 가족에게 실직 사실을 알리지 못한 가장은 자신을 스스로 채용하며 자기를 위무하며(「산책하는 남자」), 대학시절 특출한 이론가로 명성을 떨치던 사내는 사회 부적응자로 전락하고(「그가 사랑한 나이아가라」), 고래를 키울 거라던 환경운동가는 수임료가 낮다는 이유로 인권단체의 의뢰를 거절하게 된다(「집 없는 고양이는 어디로 갔을까」). 소설에 자주 등장하는 말처럼 한국사회는 '약육강식'의 전쟁터, '정글의 법칙'에 의해 움직이는 시장, '무한경쟁'의 장이 되었고, 이 완고한 자본주의에서 무지갯빛 꿈을 꾸던 젊은이들은 변해버리거나 고사 직전의 위기에 처하게 된다.

특히, 피라미드 조직의 맨 하부에 위치한 판수나 영변댁은 극빈층의 삶을 살아갈 수밖에 없다. 현실에서 탈주하고자 하는 이들의 욕망은 세미, 판수, 영변댁으로 하여금 프랑스행 비행기에 몸을 맡기게 한다. 그러나 먼 이국땅에서 다른 삶을 살고자 했던 이들의 소망은 실현되는가. 판수는 5년 동안 프랑스 외인부대에 근무한 대가로 프랑스 시민권을 따내지만 여전히 이방인일 뿐이다. 세미는 권위 있는 요리학교인 '꼬르동 블뢰'에 입학하여 제빵사가 되려했지만, 입학금을 마련하기 위해 루이뷔통 가방을 수집하는 아르바이를 해야 하고, 그나마 영변댁에게 사기를 당해 길거리에 나앉는 신세가 된다. 영변댁의 처지 역시 다르지 않다. 가난에서 벗어나기 위해 여권을 위조해 프랑스에 입국해서 루이뷔통 가방을 사 모으는 일로 돈을 벌지만, 창고에 불이 나는 바람에 그녀는 순식간에 망한다. 이렇게 다른 삶을 추구하던 세 사람의 욕망은 불길 속으로 사라지고 만다.

> 그러고 보니 그 동안 참 많이도 돌아다녀봤구나, 그런 감회가 새삼 들었다. 뉴욕, 런던, 로마, 쮜리히, 프랑크푸르트, 뮌헨, 파리 그리고 서울. 그 대도시들의 인상은 거의 비슷했다. 차선이 바뀌고 택시 모양이 바뀌고 경찰 복장이 바뀌고 브렉퍼스트의 메뉴가 조금씩 바뀔 뿐, 구하고자 하는 건 어디서든 다 구할 수 있었다. 돈만 있으면 말이다.
> (김윤영, 「루이뷔똥」, 『루이뷔똥』, 창작과비평사, 2002, 13면)

왜냐하면 서울이 아닌 다른 세계의 도시들 역시 자본주의 시스템에 의해 작동되기 때문이다. 이국의 도시는 서울과 달라 보이고 거기에서 다른 삶이 가능할 것처럼 보이지만, 그곳 또한 '정글의 법칙'이 작동하는 동일한 사회이다. 루이뷔똥 가방이 불길에 휩싸여 사라진 것과 동시에 이들의 희망도 사라지고 만다. 하지만 자본의 상징인 루이뷔똥 가방이 전소한 것은 아니다. 7~8백 달러를 호가하는 루이뷔똥 가방은 여전히 백화점에 전시되며, 돈뭉치를 내밀기만 하면 언제든 손에 넣을 수 있다. 먹이 피라미드의 맨 하부에 위치한 이들이 길거리로 내몰리든 말든.

'돈이면 그만'인 이 사회에서는 배우자나 아이마저 교환가능한 상품이 된다. 비싼 돈을 치르고 배우자를 찾고 있는 국제결혼 희망자들의 눈은 더 좋은 상품을 고르기 위해 번득이고(「타잔」), 입양 과정을 알아보는 양부의 질문은 집에서 키울 고양이를 고를 때 하는 질문과 크게 다르지 않다(「집 없는 고양이는 어디로 갔을까」). 때문에 구매 목록 리스트에 올라 있다는 점에서 배우자나 아이, 루이뷔똥 가방은 모두 상품일 뿐이다. 다른 삶을 꿈꾸는 이들은 자발적이든 비자발적이든, 적극적이든 소극적이든 자본주의 시스템에 저항하는 인물들이었다. '실업자' '여행자' 혹은 '백수'로 불리는 이들은 시스템의 바깥을 어슬렁거리며 시스템을 교란하는 존재라는 점에서 완고한 현실에 '틈'을 만들고 있기 때문이다. 「얼굴 없는 사나이」에서 여성에 대한 묘사는 시스템의 교란자, 훼방꾼에 대한 묘사와 정확히 들어맞는다.

> 여자들이란, 인간세상의 질서를 교란시키는 존재들 같다. 넌 맹수, 난 잡식성, 넌 초식동물, 자 내가 여기 오줌 갈겨놨으니 여긴 내 영역……. 말은 안 해도 이런 식으로 인간세상의 질서가 있고 거기에 맞게 굴러간다면, 여자들은 그 결계를 멋대로 뚫고 들어와 훼방을 놓는 존재들인 셈이다. (김윤영, 「얼굴 없는 사나이」, 『타잔』, 실천문학, 2006, 61면)

자본주의 시스템의 잉여에 해당하는 실업자와 여행자, 백수들은 고의건 아니건 자본주의를 교란하는 역할을 담당하게 된다. 그런데 이들의 교란작전은 성공적이지 않은 듯하다. 왜냐하면 이들은 교란작전을 수행하는 와중에 어떤 식으로든 국가와 시스템에 포섭됨으로써 결국 시스템을 강화하는 역할을 하기 때문이다. 즉 자발적인 용병이 되고 뤼이뷔똥 수집상이 됨으로써 국가와 자본주의 체제에 다시금 포획되고 만다. 그러므로 김윤영 소설의 완성된 퍼즐은 이 교란자, 훼방꾼의 실패한 모습 뒤에 완고히 버티고 서있는 현실을 묘사하고 있다고 해야 하겠다. 이들은 다른 세계에 대한 환상을 버리지 못하고 속고 있는 인물이거나, 혹은 자신이 속았다는 사실을 이제 막 깨달은 사람들이다.

김윤영의 소설에서 다단계 판매가 소설적 소재로 자주 등장하는 이유가 여기에 있다. 다단계 판매의 피라미드 조직은 자본주의 시스템의 지형도와 흡사한 모습을 보인다. 상부로 갈수록 좁아지는 피라미드처럼 먹이 피라미드는 가파른 삼각형의 형상을 하고 있으며, 그곳에서는 보이지 않는 정글의 법칙이 법이자 윤리로 통한다. 또한 피라미드의 구조는 개인에게 '누구에게도 피해를 주지 않고 오히려 이득이 되는 공급이론'(「거머리」)이라는 윤리적 환상을 허락하는 동시에 일확천금의 천박한 욕망을 실현할 수 있다는 환상을 준다. 먹이 피라미드 바깥에 존재하는 인물들은 죽임을 당하거나 사라지거나 걸인 취급을 당한다. 즉 자신의 주체를 포기할 때에만 피라미드의 바깥에 위치하는 일이 가능해진다. 피라미드 외부에 위치하는 것은 불가능하며 자신이 소유한 자본에 따라 인물들은 피라미드 어디 즈음에 자리잡는다. 젊은 시절의 이상이나 희망을 아직 버리지 못한 인물(「거머리」의 신자)이나 타인에 대한 배려나 동정, 연민을 버리지 못한 인물(「루이뷔똥」)의 세미, 「얼굴 없는 사나이」의 '정부장')일수록 피라미드 구조에서 도태될 위기에 처한다. 왜냐하면 한 조각의 희망이나 연민어린 눈물은 한 푼의 동전과도 교환되지 않기에. 피라미드 구조에서 살아남기 위해서는 악착같이 매달려야 하지만 그것이 자기기만임을 고려한다면, 도태된 자이건 살아남은 자이건 불행하기는 마찬가지이다.

3

다시 「그린 핑거」로 돌아와서, 작가는 이 소설을 통해 무엇을 보여 주고 있는 것인가. 선천적 기형과 어린시절의 상처가 한 인간의 영혼을 얼마나 망가뜨려 놓았는지에 작가의 관심이 있는 건 아닐 것이다. 이 소설을 이해하기 위해서 「그가 사랑한 나이아가라」는 좋은 참조점을 제공한다. 「그가 사랑한 나이아가라」는 일종의 후일담 소설로 읽힐 수 있다. '나'의 남편은 학부 시절부터 특출한 이론가로 명성이 높았던 인물이다. 또한 1997년 대선을 앞두고 여당 선거운동본부에 영입된 학과 교수와 멱살잡이를 하면서 대학원 박사과정을 때려치우고, 운동권의 현실적 변신에 대해 시니컬한 반응을 할 정도로 '정치적 결벽증'을 보이는 인물이다. '나'는 자신이 아는 사람 중에서 남편이 '가장 공정하고 정의로운 사람'임을 인정하며, 그렇기 때문에 "존경할 만한 남자와 결혼하겠다"는 자신의 꿈은 이루어진 셈이라고 말한다.

동시에 남편은 시대조류에 민감한 촉수를 세우고 있는 현실주의자로서의 면모를 갖추고 있기도 하다. 대학원을 중퇴하자 한때 붐이었던 인터넷 회사에 취직을 하고, 회사 주식을 사두었다가 주가가 폭등하자 10배 이상의 이익을 남기고 재빨리 팔아버리는 기민함을 보인다. 그리고 그는 사회복지가 잘 되어 있는 캐나다로 이민을 계획한다. 지긋지긋한 서울의 저 반대편에 있는 캐나다 토론토에서 그는 어떤 '무지개'를 보았던 것이다. 그가 나이아가라 폭포에서 보았던 무지개는 무엇일까. 그에게 캐나다 땅은 '돈돈' 거리며 살지 않아도

되는 이상향이었으며, 한국과는 시스템이 질적으로 달라 '필요에 의한 분배'가 가능한 사회였다. 하지만 이민 생활은 남편에게 한국과 캐나다가 전혀 다르지 않은 곳임을 일깨워준다.

"있잖아……. 가만 생각해 보니 우리 여기서 가진 게 너무 많은 것 같아. 전보다 더 돈돈거리고 살고……. 가진 게 없어야 사람은 떳떳하게 살 수 있는 법인데. 안 그래? 그렇지?"
살림이 늘긴 늘었다. 내 수입이 그의 연봉을 넘어설 무렵부터 그는 낚시를 시작하고 골프채를 바꾸고 대형 TV를 들여놨다. 그가 직장을 때려치운 것은 우연이 아니었다.
"생각해 봤는데……, 나 요새 고민 많았던 거 알지? 우리, 다시 서울로 돌아가는 게 어떨까? 난 아무래도 여기가 안 맞는 것 같아. 여기 자본주의도 결국은 뭐 다를 게 없잖아. 비싼 수업료 치르고 안 거지……. 당신도 장모님이랑 처형들이랑 보고 싶어했잖아? 그리고 거기 가서도 차 팔 수 있다고. 당신 능력 있잖아?" (김윤영, 「그가 사랑한 나이아가라」, 위의 책, 36면)

남편은 "복지제도가 잘 되어 있는 캐나다의 사회제도, 그것에서 비롯된 신뢰" 때문에 캐나다로 이민을 왔지만, 결국 "여기 자본주의도 결국은 뭐 다를 게 없다"는 사실을 알게 된다. 때문에 캐나다 땅과 한국 땅이 결코 다르지 않음을 확인하는 남편은 역이민을 준비하지만 아내인 '나'의 사정은 다르다. 별다른 꿈없이 존경하는 남편을 따라 이민길에 나선 '나'는 캐나다에서 "왠지 새로운 세계가 열린 듯한" 기분을 맛보았다. 능력 있고 총기 넘치던 남편이 식탐과 불평을 일삼는 부적응자로 전락한 것과 대조적으로, '나'는 자동차 세일즈에 탁월한 감각을 보이는 커리어우먼으로 능력을 인정받는다. 「그가 사랑한 나이아가라」의 '나' 역시 '믿을 수 없는 서술자'이며, 서술자의 언술에는 속임수가 포함되어 있다. "탄산수 10온스에 그레이프프루트 몇 쪽, 종합비타민과 항우울제, 진정제가 골고루 섞인 칵테일"로 아침식사를 대신하는 '나'는 약물중독자이며, 소설 말미에서 드러나는 것처럼 비듬약을 먹여 남편을 죽인 살인자이다. '나'가 남편을 죽인 이유는 이제 새로이 열린 세계를 포기할 수 없기 때문이다. 남편의 죽음을 접하고 '나'가 취한 행동은 다음과 같다.

그렇게 실컷 울고 나니 머리가 약간 띵했고 배도 고팠다. 냉장고로 가 문을 여는데 햄 한 덩어리가 눈에 들어왔다. 왠지 그게 맛있을 것 같아 칼로 베어 한입 물었다. 찝찔한 맛에 땡겨 몇조각을 더 베어 후딱 먹어치웠다. 나는 냉장고 구석에 있는 버터소스통을 꺼내 잠깐 살피다가 통째 쓰레기통에 집어넣었다. 아예 그 쓰레기봉지를 단단히 묶어서 내놓았다. 곧 쓰레기차가 치우러 올 것이다.
그리고 욕실로 가 약장 문을 열어보았다. 약병을 꺼내 안을 보니 약은 거의 남아 있지 않았다. 톡 쏘는 맵싸한 냄새, 마늘 같은 그 향이 나는 처음부터 싫었었다. 남은 약은 변기통 속에 다 털어놓고 역시 약병은 쓰레기통에 버렸다.
약 없이도 내 증상은 많이 사라질 것이다.
더 이상 내게 약은 필요없다. (위의 책, 41~42면)

결말의 충격적인 반전은, '나'가 비듬약이 섞인 버터소스를 먹여 남편을 죽음에 이르게 했음을 암시해준다. 남편이 이민생활을 통해 캐나다의 자본주의가 한국의 자본주의만큼이나 희망적이지 않다는 사실을 배웠다면, 반면에 '나'는 자본주의적 욕망을 실현할 장으로서

캐나다가 한국보다 낫다는 점을 깨달았던 것이다. '나'가 원하는 "이 새로운 세계"는 남편의 죽음이라는 대가를 지불하고 열리는 세계이기에 '나'는 남편을 죽인다. "나는 한국으로 돌아가기 싫은 게 아니라 갈 수가 없었다. 그건 지금 내 삶의 끈을 다 놔버리는 것과 같았다. 몇 개월 뒤 나는 시민권 시험을 볼 예정이었고, 더 좋은 조건으로 다른 딜러십으로 옮겨갈 수도 있었다. 무엇보다도 나는 지금 여기서의 내 인생이 무척 맘에 들었다."고 고백한다.

그렇다면 남편은 거울 속에 비친 '나'의 자화상이라고 해석할 수 있다. '나'가 상품시장의 논리를 알아가고 그 논리 속에서 능력을 인정받게 될수록 '나'의 거울 안의 모습인 남편은 부정되고 제거될 위기에 처한다. 다르게 사는 것이 불가능한 이상, 걸인이 되거나 미치광이가 되지 않으려면 이 시스템에 적응하여 살아가야 하기 때문이다. 아니, 자본의 논리는 맹독보다 강하고 마약보다 중독성이 강하다고 해야 하지 않을까. 「그가 사랑한 나이아가라」의 퍼즐 위에는 시스템 바깥을 지향했다가 좌절하고 마는 영혼의 황폐한 모습이 새겨져 있다.

「그가 사랑한 나이아가라」의 '나'가 자동차 세일즈에 몰두해 있다면, 「그린 핑거」의 '나'는 정원 가꾸기에 전념한다. 자동차 세일즈나 정원 가꾸기는 다단계 판매와 다른 일이 아니다. 자신의 신분과 지위를 이용해 다이아몬드 단계를 꿈꾸듯, 이들은 자신의 능력과 약점까지 이용해서 자동차 판매에 주력하고, 또 백인 중산층 사회로의 편입을 시도한다. 그 과정에서 이들은 자기 정체성 혹은 자신의 고유한 어떤 부분을 상실하게 된다. 가끔 김윤영 소설의 주인공들의 행동이 기억상실증 환자의 그것처럼 보이는 이유는 이 때문일 것이다. 그들은 영혼을 담보로 먹이 피라미드의 한 부분을 차지하고자 한다.

「그린 핑거」의 '나'의 모습은 어떠한가. '나'는 불을 지르거나 스카프를 찢어버림으로써, 자신에게 상처를 낸 타인을 응징한다. 그리고 사랑하는 남편의 가출을 막고 그의 변심을 처벌하기 위해, 남편을 죽여 정원에 묻어버린다. 그렇다면 '이 새로운 세상'을 살기 위해 그들이 저지른 행동은 정당화될 수 있을까. 소설은 정당성을 차치해 두고 다른 삶을 좇다가 욕망의 '개미지옥'에 빠져 버린 영혼들의 모습에 주목한다. 그리고 한 영혼이 이렇게 망가지도록 이끌어온 사회의 문제를 응시하는 듯하다.

"오히려 조금은 솎아내야 할 형편"인 꽃이 "너무 잘 피어난 빈 땅이 안 보일 정도"인 '나'의 정원은 결핍의 정원인 동시에 과잉의 정원이다. 잘 차려진 풍성한 식탁처럼 꽃과 나무와 화초가 넘쳐 나지만 실상 그것은 과잉된 욕망을 보여줄 뿐이다. 아무리 마셔도 기갈만 불러일으키는 바닷물처럼, 아무리 많이 벌어들이고 소비하더라도 자본의 바닷물은 갈증을 해소시켜주지 못한다. 그 개미지옥에서 부부관계는 파탄의 위기에 처한다.

「그린 핑거」는 장애인을 소재로 삼았다는 점에서 김윤영의 이전 소설과 다른 듯하지만, 사회적 약자를 전면에 내세워 이야기를 진행시킨다는 점에서 이전 소설과의 공통분모를 찾을 수 있다. 가난한 사람이나 실직자, 장애인은 사회 내부에서 '이방인'으로 취급되곤 한다. 그래서 다른 곳, 다른 삶을 희망하는 그들의 욕망은 더욱 간절하다. 하지만 친절하고 교양있는 백인 양부모를 만나 백인 남성과 결혼하더라도, 한국 땅을 떠나 복지국가에 정착하더라도, 이들에게 각인된 '이방인'의 표지는 사라지지 않는다. 혹은 자발적인 이방인으로 살아가고자 할지라도, 오히려 잘 갖춰진 복지제도는 그들을 '걸인'이나 '정신병자', '실직자'로 호명하며 이들을 관리하고 치유하며 보살핀다. 그러므로 이 지긋지긋한 사회 바깥으로 나가는 것은 결국 불가능하지 않을까. 탐정의 눈으로 흩어졌던 퍼즐 조각을 맞추던 독자는, 다 맞추어진 퍼즐 위에서 이 지긋지긋한 풍경을 확인한다.

기억의 배면을 응시하는 시선

양유정론

1

신인작가의 소설을 대할 때 품게 마련인 몇 가지 편견이 있다. 자극적이고 엽기적인 소재가 등장하거나, 전통적 기법에서 일탈한 새로운 서사문법이 시도되거나, 솔직하고 발랄한 화자를 만나거나, 황당하지만 웃기는 이야기가 나올 것이라는 편견 말이다. 하지만 『마녀가 된 엘레나』에 실린 8편의 소설은 신예작가의 소설에 대한 편견이 말 그대로 편견에 불과함을 입증한다. 양유정은 낯설고 새로운 소설을 써야한다는 강박증을 보이지 않는다.

그럼에도 소설이 낯설게 느껴지는 것은 다양한 시공간이 활용되기 때문이다. 소설을 읽다보면 한국전쟁의 격전지에서(「지평리」, 「지평리 가는 길」, 「팔미도 등대」), 아프리카의 지부티와 시에라리온으로(「9월, 시에라리온」, 「Djibouti」), 프랑스와 필리핀 제도의 섬, 칠레로(「희생양」), 숨가쁘게 이동하는 자신을 발견하게 된다. 그러나 낯선 시공간은 낯설게 하기를 염두에 둔 설정이 아니라, '지금-여기'의 문제를 전략적으로 탐색하기 위한 장치에 가깝다. 특히, 작가는 개인과 전체의 갈등이란 주제를 탐색하기 위해 전쟁공간을 전략적으로 활용한다. 개인과 전체의 첨예한 대립을 보여주기에 전쟁의 한복판보다 더 적합한 공간이 없기 때문이다.

2

「지평리」와 「지평리 가는 길」은 한국전쟁의 지평리 전투를 중심 모티프로 차용하고 있다. 한국의 중심부라는 지정학적 요인 때문에, 전쟁 당시 지평리에서는 중국군과 미군 사이에 격렬한 전투가 치러졌었다. 「지평리」는 중국군 '첸'의 눈으로, 「지평리 가는 길」은 미군 '베렛'의 시각으로 전쟁 상황을 기술하고 있다는 점이 흥미롭다. 전쟁 당사자가 아닌 이방인의 시각으로 한국전쟁을 서술하게 함으로써, 다각적으로 한국전쟁에 접근할 가능성을 얻게 된 것이다. 그러나 소설은 한국전쟁에 대한 객관적 조망이 가능하리라는 독자의 기대를 배반한다.

'첸'과 '베렛'은 서로에게 총부리를 겨눈 적군임에도 불구하고 전쟁을 대하는 두 사람의 태도는 크게 다르지 않다. '첸'은 자신의 의지와 무관하게 끌려나와 "남의 땅에서 첨 보는 인종과 싸우는 이 전쟁"에서 어떤 의미도 찾아내지 못한다. 그런데 "단뚱(丹東)의 어느 군사학교에서 단 6일간 전차방어훈련을 받은 적"이 있다는 이유로 '첸'에게 "절체절명의 위기 속에서 죽음의 기로"에 선 중국군을 구해내는 막중한 임무가 맡겨진다. 막중한 임무란 전군이 안전하게 후퇴할 시간을 확보하기 위해 '첸'을 포함한 4명의 사병이 미군의 전차부대의 방패막이가 되라는 명령에 불과하다. '첸'은 전체를 위한 개인의 희생을 정당화하는 상부의 명령이나, "큰 것을 위해 자기 자신을 무조건 희생하려"는 동료들의 광기에 동의하지 못한다. 동료들이 죽음의 길을 선택한 순간, "자신의 생명이 원치 않는 것에 이용될 수 없다"고 생각하며 탈영한다.

「지평리 가는 길」의 '베렛' 대위 역시 전쟁과 조직에 대해 회의적이기는 마찬가지이다. 160명의 L중대원은 자신들이 "무엇을 위해 탱크 위에 있는 것인지 도무지 알고 있지를 못했다." 중국군을 돌파하기 위해 기갑부대의 신속한 전진이 필요했는데, 탱크의 피해를 최소화하기 위한 특수부대로 L중대가 차출된 것이다. 전체의 안위를 위해 L중대를 희생시키는 미군이나, 미군의 포위망에서 벗어날 시간을 벌기 위해 4명의 병사를 희생시키는 중국군이나, "소수를 희생시켜 전군(全軍)을 보호하겠다"는 전략을 구사하고 있는 셈이다. 160명의 중대원의 목숨을 보호해야 할 중대장이라는 책임감 때문에 '베렛'의 고민과 회의는 한층 심각할 수밖에 없다. '베렛'은 "켄터키 훈련장에서의 고된 훈련을 떠올렸고, 병사가 그처럼 훈련을 열심히 하는 이유는 전투의 목표를 이루기 위해 반드시 있어야 하는 희생양을 키워내기 위함이 아닐까라는 생각까지 하게 되었다." '베렛'은 작전의 불합리함에도 불구하고 전진하라는 명령 앞에 속수무책일 수밖에 없고, 전후에 비인간적인 작전의 전말을 증언하리라 결심하지만 탱크 위에서 전사하고 만다.

  전쟁이란 특수 상황에서는 개인의 존엄성이 무시되고 수평적인 의사소통이 불가능해진다. 인격이 아닌 군번으로 존재할 뿐인 군인에게는 명령에 복종할 의무만이 주어진다. "SCR-300" 무전기는 소통의 장치가 아니라 상부의 명령을 하달하는 장비에 불과하다. 또한 대(大)를 위한 소(小)의 희생이라는 전체주의적 논리가 판을 치고, 전체를 위한 개인의 희생이 미화되기 쉽다. 두 편의 소설은 개인의 자유를 억압하는 전체의 논리에 의문을 제기한다.

3

  세 개의 에피소드로 이루어진 「희생양」은 전체가 개인에게 가하는 폭력의 기원을 폭로하고 있다. 〈라카엘라와 네그로스의 축제〉는 문명에 노출되지 않은 원시부족의 축제에 대한 이야기이다. 스페인의 탐험가 '라카엘라'는 필리핀 제도의 네그로스 섬을 탐험하다가 원시 상태를 그대로 유지하고 있는 한 부족을 만나게 된다. 형벌제도가 없음에도 완벽한 평화를 이루고 사는 이 섬이 '라카엘라'에게는 "이상향"으로 비춰진다. 그러나 "그로테스크한 축제"를 목도하자 아름답던 이상향은 끔찍한 미개종족으로 전락한다. 야만적인 풍습은 일년에 세 차례 열리는 마을 축제와 관련이 있었다. 축제일이 되면 주인공인 소녀가 뽑히는데, 추장과 소녀는 마을 사람들이 지켜보는 가운데 성행위를 한다. 소녀와 추장 사이에서 태어난 아이는 마을에서 떨어진 움막으로 보내지고 언어를 배우지 못한 상태에서 동물처럼 사육된다. 일정한 나이가 되면 아이는 "축제의 희생물"로 사용된다. 추장은 자신의 아들인 제물의 사지와 성기, 머리를 자르고, 마을사람들은 토막난 시체를 불에 태우며 제사를 지낸다.

'네그로스의 축제'는 부족의 평화를 기원하는 일종의 희생제의이다. 르네 지라르(René Girard)는 사법제도를 갖추지 못한 고대사회의 경우, 폭력이 발생하면 폭력이 전체로 퍼져 나가게 되어 집단이 존폐의 위기에 처하게 된다고 설명한다. 그래서 폭력모방을 예방하기 위해 인류가 고안한 문화적 장치가 '희생제의(rite sacrificiel)'이다. 네그로스의 축제는 공동체에 발생할 수 있는 폭력을 미연에 방지하고, 부족의 신념과 일체성을 강화하기 위해 고대사회에 존재했던 희생제의의 원형적 모습을 보여준다.

그런데 비인간적이고 폭력적이라는 네그로스 축제에 대한 문명인의 비판은 온당한 것일까. 나머지 두 개의 에피소드는 희생제의와 폭력의 메커니즘이 변이된 형태로 중세를 관통해 현대에도 엄존하고 있음을 증명한다. 17세기 칠레를 배경으로 하는 〈마녀가 된 엘레나〉는 한 평범한 여성이 마녀로 몰려 희생되는 과정을 보여준다. '엘레나'는 돌무덤에서 떨어지는 사고를 당한 후, 외모가 기형적으로 변하기 시작하여 외톨이가 되어 집안에만 처박혀 있게 된다. 부모님도 돌아가시자 농장일을 하며 지내는데 수천 명의 인명을 앗아간 대지진이 발생하자 그녀는 마녀로 지목되어 화형을 당한다.

'엘레나'는 왜 마녀로 지목되었을까. 주교는 대지진을 하늘의 심판으로 해석하고 죄의 근원이란 명목으로 범법자와 창녀들을 잡아들이라고 명령한다. 대지진으로 인해 내부의 폭력과 무질서가 심각해지자 죄를 전가할 희생양이 필요했던 것이다. 강간범, 창녀, 마녀는 재앙이 덮쳤을 때 모든 죄를 뒤집어 쓰고 희생의 제물이 되었던 고대의 '파르마코스(pharmakos)'와 다르지 않다. 독신여성, 추악한 얼굴, 기형적인 신체라는 '엘레나'의 특징은 그녀를 마녀로 결정짓는 훌륭한 표지가 되어 준다. '엘레나'의 집을 덮친 수색대가 제일 먼저 한 일은 그녀의 혀를 뽑아버린 것이다. 네그로스의 부족이 희생물에게 언어를 가르치지 않았던 이유, 수색대가 먼저 '엘레나'의 혀를 제거했던 까닭은 무엇일까. 희생양에게 어떤 죄도 없다는 사실을 은폐하고, 희생제의의 밑바닥에 도사리고 있는 폭력을 숨기기 위해서이다. 희생물에게 폭력을 가하는 박해자들은 먼저 그들의 언어를 빼앗음으로써, 희생양이 거대한 폭력에 항변할 기회를 원천적으로 봉쇄한다. 항변의 가능성을 제거했기 때문에, 희생제의나 마녀사냥은 희생의 메커니즘을 성공적으로 은폐하게 된다.

〈존의 희망과 절망〉의 '존'은 위대한 작가를 꿈꾸던 평범한 청년인데 대규모 전쟁이 발발하자 징집 명령을 받고 전방에 배치된다. 독일 군대에 대패하여 후퇴하던 깜깜한 밤, '존'의 운명을 바꾸어 놓는 결정적인 전투가 벌어진다. 후퇴하던 중대를 독일군으로 오인한 기관총 중대의 집중사격을 시작으로 아군 간의 치열한 전투가 벌어져 130명의 영국군이 사망한 것이다. 아군 간에 빚어진 참사는 폭력의 기원과 그 모방성에 대한 비유라고 볼 수 있다. 기관총 중대의 집중사격이라는 폭력이 발생하자, 걷잡을 수 없는 모방폭력이 생겨났고 이로써 영국군 전체가 존폐 위기에 처했다고 해석할 수 있기 때문이다(전쟁에서 아군과 적군을 혼동하는 것만큼 총체적인 위기도 없을 것이다). 그러므로 5명의 사병을 공개처형하기로 결정한 연대 지휘부는, 위기의 책임을 희생양에게 집중시켜 폭력을 잠재우려는 희생양 메커니즘의 수순을 밟은 셈이다. "연대의 사기를 진작시킬 수 있는 계기"를 마련해줄 희생자는 제비뽑기로 선택되있는데, '존'이 희생자로 "결정된다"(라틴어로 '결정하다(decidere)'라는 말은 '희생물의 목을 자르다'라는 뜻이기도 하다).

희생양 메커니즘의 목표는 위협받던 질서를 재건하고 일체감을 고취하여 공동체의 결속을 강화하는 데에 있다. 네그로스의 축제를 통해 부족의 신념이 강화되고, 마녀사냥 이후 산티아고가 안정을 되찾으며, 5명의 사병이 총살된 후 영국군이 큰 승리를 거두었던 것도 이 때문이다. 그러므로 지평리 전투에서 희생된 '첸'과 '베렛' 역시 현대판 희생양이라 할 수 있다. 왜냐하면 무고한 병사의 목숨과 교환된 것이 바로 전체의 안위였기 때문이다. "나는 희생이 되기 위해 이 세상에 태어났는가"라는 '존'의 절규는 '엘레나', '첸', '베렛'에게도 동일하게 적용될 수 있다. 희생양이 된 이들은 나름대로 집단에 저항하지만, 존의 항거만이 성공적이었다고 말할 수 있다. 왜냐하면 군법을 어긴 '첸'은 공식적 저항이 불가능한 형편이며, 크롬베즈를 고소하려던 '베렛'의 결심은 그의 전사로 실현되지 못했기 때문이다.

'존'은 사형 집행을 앞두고 한달 동안 수감되어 있으면서 책 한권 분량의 일기를 쓰는데, 후에 「전쟁의 피해자들」이란 제목으로 출간되어 베스트셀러가 된다. 위대한 작가가 되고자 한 '존'의 꿈은 사후에 역설적으로 이루어졌다. 뿐만 아니라 '존'의 저서는 희생양 메카

니즘이 은폐했던 사실을 효과적으로 드러낸다. 네그로스 축제나 엘레나의 이야기가 드러내지 못한 진실, 즉 희생양은 무고한 희생자이며 거대한 폭력에 봉헌된 제물임을 폭로한다. "내가 죽음으로써 우리 부대가 더 강해질 수 있다 하여도 내게 돌아오는 것은 결국 무엇인가? 아무것도 없다. 나는 저주받았을 뿐이다. 세상에서 가장 중요한 것은 인간으로서의 나 자신뿐이다"라는 1인칭의 진술은 이 책이 희생자의 입장에서 씌어진 텍스트였기 때문에 가능할 수 있었다. 그렇다면 '라카엘라'가 제기했던 다음과 같은 의문은 이 시대에도 여전히 유효한 것이 아닐까.

> 유럽인들은 하늘에 제사지내지도 않고, 인간을 제물로 사용하지도 않는다. 원을 만들고 횃불을 들고서 소름끼치는 주문을 외우지도 않는다. 제물을 토막 내어 죽여서 불사르는 일도 없다. 차이가 있다면 그것뿐이다. 네그로스 섬의 원주민들은 1년에 단 한 명의 희생양을 필요로 하지만, 유럽은 그 수를 헤아릴 수 없을 만큼의 희생양을 요구한다. 유럽의 군주는 평화를 위해서 전쟁에 참여하라고 한다. 이처럼 비인간적인 말이 또 어디 있겠는가? 그 비인간성으로 인해 유럽에선 1년 동안에 수 만, 수십만의 희생물들이 죽임을 요구당하고 있다.
>
> (양유정, 「희생양」, 『마녀가 된 엘레나』, 현대문학, 2005)

전체의 평화를 내세워 폭력을 정당화하는 아이러니를 어떻게 설명해야 할까. 자국의 승리를 위해 무고한 병사의 생명을 희생시키는 현대의 문명을, 잔인하고 비인간적인 축제를 벌이던 원시사회보다 도덕적이고 인간적이라 말할 수 있을까. "단 한 사람이 가지고 있는 악을 제거함으로써 부족을 구성하는 모든 이들이 구원받을 수 있다"는 원시부족의 믿음과, 희생자의 피가 국가의 정체성을 강화한다는 현대문명의 신념은 매한가지인 셈이다. 「희생양」은 오히려 현대문명은 제도적 법률의 힘을 빌어 희생양의 메커니즘을 더욱 정당화시키지 않았느냐고 반문한다.

4

양유정은 「지평리」, 「지평리 가는 길」, 「희생양」에서 전체의 논리가 갖는 허구성과 맹점을 예리하게 포착해낸다. 그런데 여기에서 작가는 '불온한 사회'와 '희생당한 개인'이라는 이항대립적 인식이 내포한 위험성을 간과한 것은 아닐까. 왜냐하면 이러한 인식은 개인을 피해자(혹은 선)로, 사회를 박해자(혹은 악)로 치환하는 오류를 범하기 쉽기 때문이다. 그렇지만 정치적, 역사적 현실을 초월하여 존재한다는 것은, 언어로 만들어진 텍스트 안에서나 가능한 일이며, 이러한 탐색은 공소한 유희로 그칠 공산이 크다. 하지만 양유정은 「발굴」과 「팔미도 등대」에서 환멸과 혐오로 귀결되지 않는 사회역사적 균형감각을 보여준다.

「발굴」의 김차장은 자신의 집과 외동딸이 세상의 전부라고 생각하는 사람이다. 그는 사회보다는 개인에 무게 중심을 두고 있는 '집' 중심의 인간이라고 할 수 있다. 그런 점에서 택지개발공사 차장이라는 그의 직업은 상당히 상징적이다. 그런데 공사 도중 군인의 유골이 발견되면서, 집밖의 일에 무관하고자 하는 김차장의 삶이 꼬이기 시작한다. "왜 하필 나란 말인가"라고 항변하지만 차장이라는 직책 때문에, 그는 유골 발굴과 관련된 보고서 작성을 떠맡게 된다. 발굴된 세 개의 해골과 녹슨 세 자루의 권총을 해명하기 위해 각계의 전문가 11명과 신문기자가 몰려오지만 유골의 주인이 누구인지, 왜 대구 땅에 묻혀 있는 것인지 알 도리가 없다. 유품에서 발견된 수첩과 가족사진 한 장이 유일한 단서이다. 수첩에는 마치 암호와 같은 문자와 숫자가, 그것도 몇 개는 지워진 채 적혀있다. "民, 解, 第二十七, 八一, …四一, 六, 一二, 三" 전문가의 의견과 역사 서적을 참조한 결과, 이것이 "인민해방군 제27군단 81사단 241연대 6대대 12중대, 3소대"라는 수첩주인의 소속부대를 가리키고 있음을 알게 된다. 하지만 병사의 소속부대와 관련한 지식은, 그가 왜 여기에 죽어 묻히게 되었는지를 설명해주지 못하기 때문에 무력한 지식에 불과하다.

그는 "가장 핵심이 될 수도 있는 중요한" 부분인 "마지막 추론"을 완성하기 위해 자료를 찾으러 도서관에 간다. 38,000건에 달하던 자료는 세 권의 역사서와 한 권의 소설로 압축된다. 중국 장성 출신의 홍쉐즈가 쓴 「항미원조전쟁회억」, 미군 마틴 러스의 「브레이크아웃」, 중국 참전군인 쑨오우지에의 「압록강고소니」와 소설가 박완서의 「목마른 계절」이 그것. 일종의 전쟁 회고록인 세 권의 역사서는 한국전쟁을 각각의 입장에서 서술하고 있었다. 그렇지만 핵심적 사건을 중심으로 한국전쟁을 기술한 책이든, 전쟁터의 참상을 사실적으로 묘사한 책이든, 27군단 소속의 병사가 대구 땅에 묻히게 된 경위를 밝히는 데는 도움이 되지 않는다. 마지막으로 그는 "전쟁을 통해 우여곡절을 겪는 가족의 이야기"인 박완서의 「목마른 계절」을 찾아본다. 소설에서도 별다른 도움을 받지 못한 김차장은 "애초부터 소설은 참고할 가치가 없"었다고 말한다. 하지만 정말로 "소설은 참고할 가치가 없"었던 것일까.

소설책을 본 직후, 진열대 밑에서 누군가 떨어트리고 간 연두색 형광펜을 우연히 발견한다는 사실에 주목할 필요가 있다. 형광펜을 주워 사진 하단에 긋자 "上海", "魯迅公園"이란 지워졌던 글자가 나타난다. 한 장의 가족사진과 사진에 적힌 글자를 토대로 그는 이런 사실을 추론해 낸다.

> 사진은 분명 상하이의 노신공원 근처 어느 사진관에서 찍혔을 것이다. 그가 상하이에서 살았다는 것은 불분명하다. 중국의 27군단을 직접 방문하여 과거의 병적부를 뒤져보지 않는 이상은 알아낼 수 없을 것이다. 더 추리를 하자면 그는 화창한 날을 골라 누이로 보이는 사람들과 노신공원에 나들이를 갔을 것이다. 그리고 공원을 둘러 본 뒤 우연히 사진관을 발견하고는 누군가의 제의에 따라 기념사진을 찍었을 것이다. 그 당시로는 교통편이 수월치 않았을 것이니 먼 곳에서 공원을 보기 위해 오지는 않았을 것이다. 추론일 수밖에 없지만 그는 상하이 사람이거나 상하이에서 아주 가까운 조그만 시골동네에 살았을 것이다.　　(「발굴」, 위의 책)

그렇다면 "애초부터 소설은 참고할 가치가 없다"는 김차장의 발언과는 정반대로, 문학이야말로 공식적 역사에 진입하지 못한 역사적 진실을 담아내고 있는 것이 아닌가. 소설 「목마른 계절」과 낡은 가족사진은 동일한 진실을 말해주고 있다. 왜냐하면 「목마른 계절」이

전쟁으로 인한 가족의 비극을 보여주는 것처럼, 한 장의 가족사진 역시 이국 땅에서 일어난 전쟁에서 동생을 잃어야 했던 한 가족의 비극을 웅변하고 있기 때문이다. 문학은 무미건조한 객관적 진실의 뒷면, 공식적 기억의 배면에 감추어진 진실의 세목을 드러내주는 형광펜과 같은 것이 아닐까. 「발굴」은 정치적, 사회적 현실에서 자유롭고자 하는 개인의 소망과 무관하게, 개인은 무의식의 심층에 자리한 역사라는 "유골"과 조우할 수밖에 없는 '사회적 동물', '역사적 동물'임을 말해준다. 또한 공식적 기억이 배제하고 망각한 역사적 진실이 문학에 의해 "발굴"될 수 있음을 보여준다.

「팔미도 등대」의 '나'는 "등대설치 100주년 기념" 우표를 구입한다. 한국 최초로 세워진 팔미도 등대와 관련된 역사적 사실은 다음과 같다. 등대가 일본의 계획과 기술에 의해 만들어졌다는 것, 일본으로 물자를 실어나르던 일제의 배를 비추어 주는 역할을 했다는 것, 그리고 인천상륙작전에 결정적인 기여를 했다는 사실. 이러한 사실은 도서관에 비치된 자료에서 확인할 수 있는 공식적인 기억들이다. 공식적 기억이 망각한, 혹은 공식적 기억에 의해 주변화된 사실이 있지 않을까라는 의문에서 소설은 시작한다.

등대지기 '백도수'의 이야기가 그러한 경우이다. '백도수'는 팔미도 등대지기라는 아버지의 직업에 자부심을 갖고 성장하였으며 아버지의 뒤를 이어 등대지기가 되었다. 그런데 해방이 되자 "조선의 쌀과 광물들을 실은 일본배가 인천항에서 무사히 일본으로 갈 수 있도록 길을 비추어 주었다"는 이유로 부자는 일제의 앞잡이라는 지탄을 받는다. 등대지기의 직업에 충실했을 뿐인 부자에게, 마을 사람들의 비난은 당혹스러울 수밖에 없었다. 한국전쟁이 한창이던 어느 날 백씨에게 미군 소속 정보장교가 찾아온다. 그는 백씨에게 "민족을 위하여" 등대의 불을 밝히고 성조기를 걸어줄 것을 부탁한다. 백씨는 자신이 민족의 해방에 기여할 수 있다는 사실에 고무되어 조수 '종민'에게 동참할 것을 권한다. 하지만 '종민'은 "난 형님 아버지처럼 일본 배를 비추지도 않을 거고, 형님처럼 미국배를 비추지도 않"겠다고 말한다.

'첸', '베렛'과 달리, '종민'과 '백도수'는 개인의 자유를 절대화할 수 없는 형편이다. 남북으로 갈라져 싸우고 있는 한국 땅에서 아무데도 속하지 않겠다는 논리는 더 큰 불이익을 초래하기 때문이다. 물론 백씨에 비하여 '종민'의 태도가 미온적인 것이 사실이지만, 마지막에서 보듯 그 역시 "대부도의 인민군 중대에 이 사실을 알려야 한다"고 생각하는 중이다. 그런데 흥미로운 것은 백씨와 관련된 이야기가 기념우표를 보다 잠든 '나'의 꿈이라는 점이다. '꿈은 소망의 충족이다'라는 프로이트의 명제를 수용한다면, '나'의 꿈은 어떤 소망을 충족시키고 있는 것일까. '나'의 꿈은, 공식적 기억에 억압되어 무의식의 지층으로 밀려난 것들을 복원하려는 욕망을 보여주는 것이 아닐까. 때문에 '나'의 백일몽은 공식적 기억에 대한 도전이며, 망각의 늪에서 역사적 진실을 건져내고자 하는 욕망의 표현이라고 볼 수 있다.

5

　양유정은 역사나 기록과 같은 공식적인 기억을 신뢰하지 않는다. 오히려 공식적인 기억이 억압하고 있는 것, 공식적 기억에 의해 망각된 것에 관심을 갖는다. 희생제의나 전쟁의 희생자로 하여금 말하게 하는 것도 배면의 진실을 찾아내기 위함이다. 그러나 공식적 기억에 대한 불신이 탈역사, 탈정치의 행로로 이어지지는 않는다. 사회역사적 현실을 초월해 존재한다는 것이 불가능함을 알기 때문이다. 은폐된 기억에 대한 집요한 관심은 문학에 대한 긍정으로 귀결된다. 왜냐하면 문학행위는 전체의 야만성을 폭로하는 작업이고, 탈각된 문자를 복원하는 수고이며, 망각의 늪에 빠진 기억을 건져 올리는 과정과 유사하기 때문이다.
　『마녀가 된 엘레나』에 실린 소설들은 양유정이 유행과 시류에 휩쓸리지 않는 작가임을 확인하게 해준다. 개인과 전체라는 해묵은 주제에 천착할 수 있는 저력도, 문학의 가능성을 타진해 볼 수 있었던 힘도, 시류에 편승하지 않겠다는 작가의 용기에서 비롯된 것이 아닐까. 문학과 삶에 대한 작가의 진중함이 어떤 새로운 지평을 열어갈지 기대해본다.

불가능을 실연하는 유령작가의 글쓰기
김연수론

1. 추억의 중심에 있는 뉴욕제과점 불빛

　김연수는 1970년 경북 김천에서 2남 1녀의 막내로 태어났다. 일본에서 태어나 해방이 지나 한국에 돌아온 김연수의 부모님은 김천역 앞에 '뉴욕제과점'을 열며 생활의 터전을 마련하였고, 덕분에 뉴욕제과점이 없어진 이후에도 김연수는 '역전 뉴욕제과점 막내아들'로 불린다. "김천 출생의 김연수군(24세)이 시와 소설로 각각 등단한 것이 뒤늦게 밝혀졌다"며 작가의 자랑스런 등단 소식을 알리고 있는 1994년 5월 26일자 ≪새김천신문≫은, 작가와 관련하여 "역전파출소 옆 뉴욕제과점이 집이기도 한 작가 김연수군"이란 친절한 설명을 덧붙이고 있다. 상호명과 상점의 위치만으로 한 개인을 설명하는 방식이 통할 만큼 김천이 작은 도시임을 입증하는 대목이다. 하지만 뉴욕제과점이 있는 거리에서 태어나 그곳에서 유년기와 중고등학교 시절을 보낸 작가에게 김천은 결코 조그마한 도시가 아니다. 김연수는, 자신의 존재란 "그 거리(뉴욕제과점이 있던 김천 거리-인용자)에서 배운 것들과 그 거리 밖에서 배운 것들로 이뤄진 어떤 것이다. 물론 그 거리에서 배운 것이 압도적으로 많다"[1]고 고백한다.

즉 김연수는 인생에서 알아야 할 거의 대부분을 뉴욕제과점이 있던 거리에서 이미 배웠다고 할 수 있다. 가령, 이런 식이다. 매일 먹어도 질리지 않는 빵은 생과자나 롤케이크처럼 비싼 빵이 아니라 단팥빵, 크림빵, 우유식빵과 같은 기본적인 빵이라는 사실을 통해 '기본'의 중요성을 알게 되고, 자꾸만 먹으면 결국 '기레빠시'는 질리게 마련인지라 개마저도 거들떠 보지 않게 되던 경험을 통해 '과하면 질리게 된다'는 인생의 순리를 배우게 된다. 특히, 한가운데가 텅 비어 있는 '도넛'에 자신의 존재를 빗대는 상상력은, 어려서부터 각종 빵을 보며 자란 빵집 아들이 아니었다면 불가능한 기발한 비유가 아닐까. 뉴욕제과점은 삼남매가 아이에서 어른으로 자라는 동안 필요한 돈과, 어머니의 수술비와 병원비와 약값만을 제공한 것이 아니다. 뉴욕제과점의 따뜻한 시선 아래에서 그는 "어린아이였다가 초등학생이었다가 걱정에 잠긴 고등학생이었다가 자신만만한 신출내기 작가였다가 빙수 판매 신기록을 세운 대학생"[2]으로 자라났던 셈이다.

---

1) 장편소설 『꾿빠이, 이상』이 출간된 이후 『문학동네』(2002 봄)가 김연수의 〈젊은 작가 특집〉을 마련했는데, 이때 〈자전소설〉이란 표제 아래 실린 작품이 「뉴욕제과점」이다. 기억이나 회상을 기본적으로 불신하는 작가의 태도를 고려할 때, "나는 이 소설만은 연필로 쓰기로 결심했다"라는 문장으로 시작하는 「뉴욕제과점」은 유일한 '회상에 의한 소설' 혹은 '작가의 원체험'이 고스란히 실려 있는 소설이라고 할 수 있다. 김연수, 「뉴욕제과점」, 『내가 아직 아이였을 때』, 문학동네, 2002, 72면.
2) 김연수, 「뉴욕제과점」, 92면.

중고등학교 동창인 시인 문태준이 "도대체 너는 어느 세월에서 희망을 얻느냐"라고 묻자 김연수는 다음과 같이 대답했다고 한다.

> 현재는 그림자와 같은 시절이야. 내 몸을 지나쳐온 흐린 그림자와 같은 시절. 과거는 오히려 완벽했지. 나는 우리가 살았던 김천 소도시의 풍경이 요즘은 자주 생각이 나는데, 그때가 완벽했던 것 같아. 장개석의 사진과 대만의 풍광을 담은 달력이 있던 남경반점 생각나지? 지금도 우리는 그때를 다 기억해낼 수 있어. 당시 김천 거리에 있던 가게의 내력을 우리는 손바닥처럼 알고 있어. 물론 폭력과 욕지거리와 생존에 대한 발버둥이야 왜 없었겠어? 그렇지만 그 사람들은 적어도 다른 사람에게 빚지지 않겠다는 생각을 가졌던 사람들이야. 요즘처럼 남이 망해야 내가 그걸 딛고 일어선다는 그런 생각은 하지 않았잖아. 그때의 사람들이 오히려 나는 살아 있는 생물처럼 느껴져. 시간은 끊임없이 돌아가는 자전거 페달 같아서 이젠 그 기억들조차도 곤충의 껍질처럼 나에게 낯설어지지만 그때만이 나에게 가장 완벽했던 시간이었던 것 같단 말이지.
> (문태준, 「여여(如如)하고 참으로 진솔한 사람, 김연수」, 『문학동네』, 2002 봄, 313면)

위의 고백이 시내 어디를 가더라도 택시기본요금을 넘지 않는, 너무도 한가로워 '내륙의 섬' 같던 김천에서의 과거가 완벽했다는 것을 뜻하지는 않을 것이다. 김천에서의 추억의 시간이, 누군가는 죽고 알던 거리는 바뀌게 마련이며 소중하게 여겼던 것은 떠나버릴 것이라는 막막한 두려움을 견디게 해주는 불빛으로 작용한다는 정도를 의미할 터이다. 그러기에 유일한 회상 소설인 「뉴욕제과점」은 아름답고 따뜻한 불빛으로 가득 채워져 있다. 역전 근처 평화시장에 붐비던 노점상의 카바이드 등빛과 상점마다 걸려있는 60촉 백열등의 오렌지 불빛들, 역전에 모여든 빈 택시들의 차폭등과 브레이크등 불빛과 운전 기사들이 피우던 담배 불빛들처럼.

> 서른이 넘어가면 누구나 그때까지도 자기 안에 남은 불빛이란 도대체 어떤 것인지 들여다보게 마련이고 어디서 그런 불빛이 자기 안으로 들어오게 됐는지 궁금해질 수밖에 없다. 자신이 어떤 사람인지 알고 싶다면 한때나마 자신을 밝혀줬던 그 불빛이 과연 무엇으로 이루어졌는지 알아야만 한다. 한때나마. 한때 반짝였다가 기레빠시마냥 누구도 거들떠보지 않게 된 불빛이나마. 이제는 이 세상 어디에서도 찾을 수 없는 불빛이나마.
> (김연수,「뉴욕제과점」, 79~80면)

그러니까 김연수의 추억을 밝히는 불빛들의 중심에는 늘 뉴욕제과점이 자리하고 있는 셈이며, 덕분에 "내가 태어나서 자라고 어른이 되는 동안, 뉴욕제과점이 있었다는 사실이 내게는 얼마나 큰 도움이 됐는지 모른다. 그리고 이제는 뉴욕제과점이 내게 만들어준 추억으로 나는 살아가는 셈이다. 이 세상에 존재하지 않는 뭔가가 나를 살아가게 한다니 놀라운 일이었다"[3]라는 작가의 아름다운 고백이 가능해진다. 하지만 2003년 '동인문학상' 수상작인『내가 아직 아이였을 때』, 특히「뉴욕제과점」이 이전의 김연수 소설들과 상당한 거리를 둔 작품이라는 점을 기억해둘 필요가 있겠다. 즉, "문화적 댄디즘과 인문학적 상상력을 파격적인 형식과 문체로 표현해 독자들의 '지적 허영'을 만족시켜주었던 이전의 작품들과는 확연히 구별"[4]되

---

3) 김연수,「뉴욕제과점」, 91면.
4) 정선태,「빵집 불빛에 기대 연필로 그린 기억의 풍경화」,『내가 아직 아이였을 때』,

고 있으며, 그래서 작가는 두 번째 소설집의 차별성을 '유턴'에 비유하고 있다.

> 이 책에 실린 소설은 연작이다. 첫 소설집을 펴내기 전부터 시작한 연작이다. 처음 이 작품을 쓰기 시작할 때만 해도 한참 달려간 도로를 유턴하는 느낌이었다. 내 본질에 다시 한번 다가서기 위해서, 라고 말한다면 우아하겠지만 그건 아니고 내가 잘못된 길을 간다는 사실을 깨달았기 때문이었다. 내게는 처음부터 다시 출발해야만 할 필연적인 이유가 있었다. (김연수, 「작가의 말」, 『내가 아직 아이였을 때』, 287면)

'유턴'이란 비유가 적당하다 싶을 만큼, 이전에 발표된 『가면을 가리키며 걷기』 『7번국도』 『스물 살』과 『내가 아직 아이였을 때』 사이에는 커다란 차이가 있어 보인다. 등단작인 『가면을 가리키며 걷기』나 『7번국도』 『스물 살』이 '신세대 문학의 기수'라는 수사에 걸맞는 파격적인 실험성을 특징으로 하는 반면, 『내가 아직 아이였을 때』는 아무래도 전통적인 소설 기법에 충실한 편이기 때문이다. 그러므로 이렇게 말할 수 있겠다. 분명 추억의 중심에는 뉴욕제과점의 불빛이 가득하며, 김연수는 사탕을 넣어둔 유리항아리 뚜껑을 자꾸만 열어대는 아이처럼 그 불빛을 그리워하긴 하지만, 그 불빛의 개화가 김연수 소설의 본령은 아니라고. 등단 초기부터 자신의 '세대의식'이나 '소설가로서의 자의식'에 민감했던 작가였기에, 김연수는 부득이 추억의 불빛을 등진 채 자기 문학의 출발점을 모색했다고

282~283면.

할 수 있다. 그렇다면 등단 10년 만에 추억의 불빛을 향하여 유턴을 감행한 이유는 무엇이겠는가. 아마도 작가의 정체성 찾기의 일환일 것이다. 왜냐하면 "자신이 어떤 사람인지 알고 싶다면 한때나마 자신을 밝혀줬던 그 불빛이 과연 무엇으로 이루어졌는지 알아야만" 하기 때문이다. 작가의 문학적 행보를 추적하기 위해, 이제 ≪작가세계≫로 등단하던 1994년 즈음으로 돌아가 보자.

2. 소설가가 되다: '우연' 혹은 '운명'

김연수 식으로 말하면, 그가 소설가가 된 것은 '우연'이자 '운명'이다. 고등학교 시절 김연수는 되고 싶은 게 정말 많았다고 한다. 숫자나 음표가 최고의 언어라고 믿었으므로 '천문학자'나 '기타리스트'가 되고 싶었고, 길을 파악하고 지도를 읽는 천부적인 재능이 있었으므로 한때 '택시운전사'를 소망하기도 했지만, 구질구질한 서사는 딱 질색이었던 터라 소설가가 되리라고는 상상도 해보지 않았다고 한다. 성균관대 영문학과에 입학한 것도 본인의 의도와는 무관한 일이었다. 전기 시험에 천문학과를 지원했지만 떨어지는 바람에, 시인이 될 생각으로 국문학과에 가고자 한다. 그런데 지원서를 파는 서점에 작가가 존경하던 시인이 다녔던 학교의 원서가 없었고, 성균관대학교 원서가 눈에 띄었기에 영문학과에 지원했는데 합격했다는 것이다. 자신의 소망이나 선택, 의지와는 무관하게 영문학과에 입학하고 또 어찌하다가 글쟁이가 되었으니, "소설가가 된 일은 우연에 가까운 일 같다"5)고 말할 만도 하다. 하지만 영문학과 선택이라는 우연적 사건이 전업 작가라는 결과로 이어진 전체의 도정을 보건대, 어쩐지 '운명'의 냄새가 짙게 느껴지지 않는가. 김연수의 말대로, "일주일이면 거의 50매에 가까운 글을 쓰는 생활이 1995년부터 이어졌으니 숙명이 아닐 수 없다."6) 물론 이러한 '숙명'이 아주 우연한 사건에서 시작하여 그토록 간단한 과정을 통해 결정된다는 것을 이해하기 어렵긴 하지만 말이다.

이렇듯 결과론에 입각한 운명론을 체념처럼 수용하고 있는 작가이기에 천부적인 재능 운운하는 칭찬에 난색을 표하곤 한다. 즉 '당신은 어떻게 해서 그렇게 글을 잘 쓰느냐'는 질문이나 '당신에게는 글쓰는 재능이 있다'라는 칭찬을 듣게 되면 그때마다 놀라곤 한다는 것이다. 천부적인 재능이 있어서 소설가가 된 것이 아니라, 너무나 많아 남아 돌던 시간 덕택에 소설가가 되었다고, 김연수는 말한다. 즉, 상대적으로 짧은 군복무를 마치고 복학하니 어울릴 만한 친구는 물론 해야할 일도 마땅치 않았으므로, 하루종일 AFKN FM을 틀어놓고 낡은 286컴퓨터 자판을 두들기다 보니 소설을 쓰게 되었다는 설명이다. 하지만 김연수의 폭넓은 인문학적 소양이나 소설 창작에 있어서의 성실함, 치밀함을 생각해 보건대, 시간이 많아 소설가가 되었다는 식의 설명은 어쩐지 핵심을 피한 답변처럼 느껴진다.

김연수는 1993년 「강화에 대하여」 외 4편의 시로 ≪작가세계≫ 신인상을 수상하며 '시인'이 되었고, 이듬해인 1994년 『가면을 가리

---

5) 김연수, 『청춘의 문장들』, 마음산책, 2004, 63면.
6) 김연수, 『청춘의 문장들』, 108면.

키며 걷기』로 작가세계문학상을 수상하면서 '소설가'란 이름을 새로이 얻게 되었다. 문학판이 '신세대 논쟁'으로 뜨거웠던 시기에 "이 소설을 나와 함께 뉴 트롤즈의 아다지오를 들으며 87년 대선을 투표권이 없는 눈으로 지켜보았고, 「영웅본색」「개 같은 내인생」「천국보다 낯설은」의 순으로 영화를 보았던 나의 세대에게 바친다"[7]라는 자극적인 '당선자의 말'을 남긴 탓인지 '세대론'은 김연수를 이해하기 위한 중요 키워드로 작용해왔다. 하지만 김연수는 '세대론'에서 시작한 접근 방법이 자신의 문학에 대하여 아무런 말도 하지 못한다고 강변한다.[8] '문학의 죽음'이 선고되던 1990년대 초반 문학판에 출사표를 던지며 등장한 새로운 작가들이, 이전 시대까지를 풍미하던 리얼리즘 소설이 더 이상 불가능하리라는 예감을 공유하며 새로운 글쓰기를 감행한 것은 사실이지만, 각 작가마다 편차가 크기 때문에 이것을 '세대론'으로 일반화하기는 어렵다는 주장이다. 전통적인 서사 문법으로부터의 일탈을 시도하고 대중문화 장르를 적극적으로 차용한다는 점에서 김연수 문학은 동시대 신세대 작가들과 표면적인 유사성을 띠지만, 근본적으로 1980년대를 지향('지향'이란 단어가 부담스럽다면 '기억' 정도로 해두자)하고 있다는 점에서 뚜렷한 차별성을 보인다. 이 시기의 불안을 형상화한 소설집 『스무 살』의 〈작가 후기〉에서 김연수는 이렇게 말한다. "내게는 현실로서 1980년대가 있었고 그림자로서 1990년대가 있었던 셈이다."[9] 그렇다면 이 시기

---

7) 김연수, 「당선자의 말」, 『작가세계』, 2004 봄, 500면.
8) 〈좌담〉 김연수·심진경·류보선, 「작가-되기, 혹은 사라진 매개자 찾기」, 『문학동네』, 94~95 참조.

작가를 사로잡던 '가볍고 투명하기만 한' '치명적인 불안'의 정체는 무엇인가.

> (방위 복역을 마치고-인용자) 남들보다 1년 일찍 복학했기 때문에, 한편으로는 누구도 사랑하지 않았기 때문에 나의 대학 3학년 시절은 대단히 고요했다. 같은 과 여자친구들은 이미 졸업했으며 남자친구들은 아직 군대에서 돌아오지 않았거나 2학년이었기 때문이었다. 그 시절, 나는 도서관에서 1930년대 잡지 영인본만 들여다보고 있었다. 〈일일(一日)대경성(大京城)유람기〉나 〈서울에서 쓰리 맞지 않는 법〉 따위의 기사들. 검은색 표지의 영인본을 잔뜩 쌓아놓고 검은색 밤이 찾아올 때까지 손가락으로 한 줄 한 줄 짚어가면서 읽어내렸다. 1930년대에도 나와 비슷한 인간들이 살고 있었다는 게 너무나 놀라웠다. 1930년대에도 나와 비슷한 고민을 했던 젊은이들이 있었다는 게.
> (김연수, 『청춘의 문장들』, 138~139면)

어울릴 만한 친구가 없어서 도서관에 갔다는 말에는 쉽게 납득이 가지만, 1930년대 영인본을 손가락으로 짚어가며 읽고 있는 영문학도의 모습에는 어딘가 요령부득한 구석이 있다. 김연수는 마치, 1930년대에도 자신과 비슷한 젊은이들이 살고 있었다는 놀라움 때문에 영인본 잡지에 끌렸다는 듯 이야기한다. 하지만 무의식적 끌림의 근본적인 이유는, 이념의 열풍이 썰물처럼 빠져나간 '환멸의 시대'라는 1930년대와 1990년대의 정치사회적 상동성에 있었던 것 아닐까. 즉 바로 전 시대와 정반대로 변해버린 정치사회적인 풍토에

---

9) 김연수, 「작가 후기」, 『스무 살』, 문학동네, 2000, 292면.

당황스러워하는 1930년대 젊은이들의 고민에서 김연수는 자신의 초상을 발견했던 것은 아닐까. 김연수가 문과대 지하 과사무실에 놓인 전기기타 앰프를 보고 시대가 바뀌었음을 불현듯 깨달았을 때가 1994년이고, 이때 이미 김연수는 시인이자 소설가로 불리고 있었다.[10] 김연수는 너무나도 달라져버린 시대에 대한 뚜렷한 작가적 자의식을 가지고 창작에 임할 수밖에 없었고, 때문에 전통 서사의 파괴와 실험적 기법의 수용이라는 방법론적 전략을 취할 수밖에 없었을 듯하다. 작가는 이 시기의 현란하고 급격한 변화를 '롤러코스터 타기'에 비유한 바 있다.

> 여기 실린 소설을 쓰던 1994년부터 1997년까지 나는 마치 롤러코스터를 타고 질주하는 듯한 느낌으로 살았다. 전혀 다른, 새로운, 멋진 신세계가 펼쳐지고 있었던 것이다. 그로부터 불과 몇 년 전까지만 해도 마르크스의 책을 읽던 눈으로 24시간 뮤직비디오가 흘러나오는 스타TV를 밤새워 봤고 대학노트에 고민을 빽빽하게 적어가던 손으로 컴퓨터 오락에 탐닉했다. 어떤 콤플렉스도, 죄책감도, 심지어 성찰도 없었다. 그렇지만 실물감이 없다는, 가장 치명적인 불안은 남았다. 도무지 가볍고 투명하기만 한 것들뿐이었다. (김연수, 「작가후기」, 『스무 살』, 292면)

컴퓨터 게임과 뮤직비디오가 '마르크스의 책'을 대체하는 '새로운, 멋진 신세계'가 도래한 까닭은 무엇인가. 혁명과 열정의 시대가 막을 내림에 따라, '객관적인 세계' 자체가 의심과 회의의 대상이 되었기 때문이다. 김연수는 1991년 겨울의 한 경험을 이야기하며, 거기에

---

10) 김연수, 「몇 가지 사소한 의심의 연대기」, 『작가세계』, 2004 가을, 302면.

자신의 '문학의 기원'이 있다고 말한다. 1991년 겨울, 고립된 지역에서 야외훈련을 받던 중 두 개의 소식을 연달아 듣게 된다. 첫 번째는 소련 공산당의 쿠데타가 실패했다는 소식이었고, 두 번째는 소련 공산당이 쿠데타를 일으켰다는 소식이었다고 한다. 두 개의 소식을 차례로 들으면서, 김연수는 "현실은 존재하는 동시에 존재하지 않"는다는, 즉 "객관적 현실은 어디에도 존재하지 않는다"[11]는 깨달음을 얻게 되었다고 말한다. 이러한 "세계는 없다. 세계는 없는 것이다"[12]는 인식을 소설화한 작품이 『가면을 가리키며 걷기』라고 할 수 있다.

3. '아령칙하다'와 '뿌넝쉬'의 세계

1994년 『가면을 가리키며 걷기』로 작가세계문학상을 수상하며 등단한 이래, 김연수는 지금까지 다섯 편의 장편소설과 세 권의 소설집을 발표하였다.

장편소설 『7번국도』(문학동네, 1997)
소설집 『스무 살』(문학동네, 2000)
장편소설 『꾿빠이, 이상』(문학동네, 2001)
소설집 『내가 아직 아이였을 때』(문학동네, 2002)
경장편소설 『사랑이라니, 선영아』(문학정신, 2003)

---

11) 김연수, 「소수의 문학성이지 감각이 아니다」, 『작가세계』, 1999 봄, 302면.
12) 김연수, 「작가의 말」, 『가면을 가리키며 걷기』, 세계사, 1994, 354면.

소설집 『나는 유령작가입니다』(창비, 2005)
장편연재 『밤은 노래한다』(『파라Para21』 2004 봄~겨울)
장편연재 『모두인 동시에 하나인』(『문학동네』 2005 겨울~2007 봄)

그는 『꾿빠이, 이상』으로 '동서문학상'을, 『내가 아직 아이였을 때』로 '동인문학상'을, 『나는 유령작가입니다』로 '대산문학상'을 받기도 했다. 대학교 4학년 재학 중이던 1994년 25세의 이른 나이에 등단했지만, 문단의 주목을 받기 시작한 것은 『꾿빠이, 이상』 이후였으니 작가는 문단의 반응과 상관없이 꾸준하고 성실하게 창작 작업을 계속해 온 셈이다. 작가의 성실성은 세 권의 소설집을 묶는 태도에서도 확인된다. 첫 소설집 『스물 살』은 1994년 등단 후부터 1997년 IMF체제가 시작되기 직전까지 발표한 소설들을 모은 것이고, 두 번째 소설집 『내가 아직 아이였을 때』는 첫 소설집을 펴내기 전부터 쓰기 시작한 소설들을 2002년에 묶은 것이다. 즉 작가는 창작 및 발표 시기에 따라 소설집을 출간한 것이 아니라, 같은 주제로 묶일 수 있는 소설들을 모아 한 권의 소설집으로 내놓은 셈이다. 따라서 각각의 소설집은 일관된 주제에 의해 기획·조직되어 있다고 말할 수 있다. 평론가 심진경의 지적처럼, 『내가 아직 아이였을 때』가 『꾿빠이, 이상』을 배반하는 것 같고 『나는 유령작가입니다』가 『내가 아직 아이였을 때』를 배반하는 것 같은 인상을 받게 되는 이유가 여기에 있다.[13] 선행 작품을 배반하는 작가의 행보는, 새로운 작품집의 출간이 단순한 작품 축적의 결과물이 아님을 증명해준다고 하

---

13) 〈좌담〉「작가-되기, 혹은 사라진 매개자 찾기」, 78면.

겠다.

다양하고 폭넓은 사료와 소재들 때문에 김연수의 소설이 다채로워 보이지만, 주제적 측면에서 보자면 작가는 단 몇 가지 문제를 집중적으로 반복하여 탐구하고 있다고 볼 수 있다. 즉 진본/위본, 진짜/가짜, 진실/거짓, 현실/허구에 대한 진지한 성찰을 통해 '진실(현실/진심)이 말해질 수 있는가'를 탐문하는 셈이다. 가령, 『꾿빠이, 이상』은 이상의 '데스마스크'와 「오감도 시 제16호 실화」가 진짜인가 거짓인가라는 질문에서 출발하여, 이상(혹은 김해경, 서혁수, 피터주)의 삶이 진짜인가 가짜인가라는 문제로 확장되는 양상을 보인다. 소설의 중반부로 가면 진실/거짓의 경계가 모호해지고, 진짜인지 가짜인지가 중요한 것이 아니라 결국 '믿음'이 중요하다는 결론에 이르면 혼란은 더욱 가중되는 듯하다. 사기꾼 '서씨'의 입을 빌어 작가는 이렇게 말한다.

> "기사를 쓰고 말고는 김연 기자가 결정할 문제지만, 스스로에게 질문을 잘 던져야 할 겁니다. 진짜냐, 아니냐 이건 간단한 문제예요. 그건 김연 기자 자신이 더 잘 알지 않습니까? 진위를 구별하는 것은 결국 논리나 열정이 아닙니까? 하지만 영원한 사랑이나 위대한 문학을 구분하는 것은 무엇입니까? 그건 논리나 열정의 문제를 떠나 있는 게 아닙니까? 어떻습니까?"
> (김연수, 『꾿빠이, 이상』, 문학동네, 2001, 86면)

이쯤에 오면 작가에게 회의주의자, 불가지론자란 혐의를 두지 않을 수 없다. 하지만 결론부터 말하면, 김연수는 불가지론자나 회의론자라기보다 불가능을 전제하고 불가능을 실연(實演)하는 시지푸스에 가깝다. 가령, 「그건 새였을까, 네즈미」의 '세영'은 언니의 동거남인 '네즈미'에게 이런 비난을 퍼붓는다. "당신들은 서로 이해하는 척하지만, 서로 아는 것이라고는 하나도 없어. 서로를 속이느라 삶을 허비하고 있어"14)라고. 하지만 '세영'의 날카로운 비난에 대해 '네즈미'는 다음과 같이 생각한다. "물론 그럴지도 모른다. 하지만 그렇다면 다른 사람을 완전히 이해하는 사람이 과연 있을까? 아니, 인간이라는 게 과연 이해받을 수 있는 존재일까?"15)라고. 어찌 사람뿐이겠는가. 과거도 기억도 그렇지 않을까. 그렇다면 다음과 같은 결론이 자연스럽다. "과거란 자신에게 유리한 몇 개의 증거만 현장에 남겨두고 도주한 범인과 비슷하다. 지난 일들을 이해해보겠다는 마음으로 기억들을 샅샅이 살펴본다고 하더라도 우리가 알아낼 수 있는 진실은 거의 없다."16) 과거도 타인도 주체의 이해 능력 바깥에 존재하고 있으므로, 주체가 타인을 만날 수 있는 유일한 길은 타인이 남긴 흔적, 즉 타인의 부재라는 현실을 통해서만 가능하다. 하지만 그 흔적들을 자세히 들여다보고 곰곰이 생각한다 한들, 과연 우리는 타인의 진실에 가닿을 수 있겠는가 말이다.

김연수의 문학 세계는 '아령칙하다'와 '뿌녕쉼'라는 두 단어로 설명될 수 있지 않을까. 기억이나 형상 따위가 긴가민가하여 뚜렷하지 않다는 뜻의 '아령칙하다'의 반대말로 '명명백백하다' 정도를 들 수 있다. 김연수에게 있어서 '명명백백한' 것이야말로 거짓이며 그것은

---

14) 김연수, 「그건 새였을까, 네즈미」, 『나는 유령작가입니다』, 창비, 2005, 42면.
15) 김연수, 「그건 새였을까, 네즈미」, 42면.
16) 김연수, 「그건 새였을까, 네즈미」, 46면.

결코 우리를 '구원'으로 인도하지 못한다. 그러니 세계는 진짜/가짜, 진실/거짓, 현실/허구의 경계가 흐릿한 '아령칙한' 모습으로만 존재하는데, '아령칙한' 세계에서 우리가 할 수 있는 일이라고는 그저 '짐작'해 보는 일뿐이다. 하지만 대개 삶이란 짐작과는 다르기 십상이므로 '아무것도 말할 수 없다', 즉 '뿌넝쉬(不能說)'라는 결론에 이르게 된다. 그러나 '뿌넝쉬'란 고통스런 부르짖음은 이미 하나의 짐작, 해석 아니겠는가. 하여, '아령칙하다'와 '뿌넝쉬' 사이의 순환은 멈추지 않는다. 지평리 전투에 참전했던 점쟁이 노인은 '뿌넝쉬'임에도 말하고 써야 하는 운명을 이렇게 들려준다.

> 몸소 역사를 겪어온 사람들은 한결같이 뿌넝쉬라고 말해도, 역사를 만드는 자들은 거기에다가 논리를 적용해 앞뒤를 대충 짜맞추고는 한 편의 그럴듯한 이야기를 만들지. (중략) 책에 쓰여진 얘기가 아니라 두 눈으로 보이는 것에 대해 얘기하게나. 두 눈으로 보이는 그 광경이 무엇을 뜻하는지 온몸으로 말해보게나. 뿌넝쉬. 뿌넝쉬. 그런 말이 터져나올 때까지 들려주게나. 도저히 말로 설명할 수 없는 이야기, 자네가 아는 한 세상에서 가장 믿기 어려운 얘기들을 내게 말해보게나. 그럼 자네가 어떤 사람인지, 어떤 운명을 타고 났는지 내가 말해줄 테니까. 책에 씌어진 얘기말고. 자네가 몸으로 겪은 얘기. 뿌넝쉬. 뿌넝쉬. 그 말이 먼저 나올 수밖에 없는 얘기. 말해보게나. 어서. 어서.
> (김연수, 「뿌넝쉬(不能說)」, 『나는 유령작가입니다』, 77면)

그러니 '뿌넝쉬'란 '말할 수 없다'에서 끝나는 진술이 아니라, 몸의 언어가 터져나오기 직전의 유도 감탄사와 같은 것이 아닐까. 물론, '뿌넝쉬'와 함께 쏟아진 이 언어가 진실이라는 증거는 어디에도 없다. 마치,「뿌녕쉬」의 점쟁이 화자의 진술이 모두 거짓일 가능성이 열려 있듯이. 불가능성을 실연하는 김연수의 글쓰기가 '역사적 사료'나 '연애서사'를 소설에 끌어들이는 이유가 여기에서 설명될 수 있을 듯하다. 『꾿빠이, 이상』은 이상에 대한 2차 자료와 1930년대 풍속 자료가 없었다면 불가능한 소설이었고, 『나는 유령작가입니다』에 실린 여러 단편들이나 『밤은 노래한다』 역시 역사적 사료에 기초한 소설이다. 또한 『7번국도』 『사랑이라니, 선영아』 『모두인 동시에 하나인』에서 '연애'는 서사의 주요한 뼈대로 기능하고 있다. 먼저 김연수가 '역사'에 매력을 느끼는 이유를 생각해 보자.「그건 새였을까, 네즈미」의 '네즈미'가 역사학도라는 사실을 염두에 두고 그가 역사학을 선택한 이유부터 들어보자.

    '요기'의 그 어두운 구멍까지 이해하겠다는 건 결코 인간으로서는 이룰 수 없는 소망이다. 우리는 그저 짐작할 뿐이다. 무역회사에 다니던 내가 갑자기 역사학을 공부할 마음으로 영국행 JAL기 탑승권을 예매한 가장 큰 동기는 쓰기야마 토시란 광고영화 제작자 때문이었다. 그 사람은 이런 면지를 남기고 자살했다. '부자도 아닌데 부자의 세계를 어찌 안담. 행복하지 않은데 행복한 세상을 어떻게 그린담. 가진 꿈이 없는데 꿈을 어떻게 안담...... 거짓말은, 들통나게 마련인데.' 나는 진실을 알고 싶었다. 역사학이란 내게 진실에 다가가는 도구였다. 하지만 역사를 공부하면 할수록 나는 거짓말이 들통나는 게 아니라 들통난 것들이 거짓말이 된다는 사실을 알게 됐다.[17]

---

17) 김연수,「그건 새였을까, 네즈미」,『나는 유령작가입니다』, 43면.

요컨대, 역사를 통해 '진실'에 도달할 수 있다는 설명이다. 하지만 역사학이 알려주는 '진실'은, 이제까지의 유일무이한 '진리'와는 근본적으로 성격이 다르다. 이 '진실'은 이제까지 알고 있던 모든 것이 '거짓'에 불과함을 까발릴 수 있는, 그래서 세상에 '진실'이 없다는 '사실'에 이르게 하는 섬뜩한 '진실'이기 때문이다. 한편, 〈좌담〉에서 소설가 김연수는 사료(史料)를 끌어들여 역사를 다루는 목적이 '인간을 새로 발견'하는 데 있다고 말한다. 즉 방점은 철저히 '인간'에 찍힌다는 설명이다.

> 임진왜란을 배경으로 쓴다고 하더라도 저는 역사 자체에는 아무런 관심도 없어요. 다만 그 시대를 사는 인간에 대해서만 관심이 있어요. 그 인물은 저를 닮은, 현대적인 인물일 거예요. 역사물이라고 하지만 현대적인 인간의 문제예요. 「이등박문을, 쏘지 못하다」는 단순하게 대비가 된 측면이 있긴 하지만, 결국에 말더듬이 동생이 결혼을 하지 못하게 되는 상황이 우연히 결정된다는 것을 보여주기 위해서 우덕순이라는 사람을 끌어들인 거예요. 지금까지의 방식으로는 그가 총을 쏘지 못한 이유는 따져볼 필요가 없지만, 현대인의 정체성과 관련하여 시사하는 바가 많거든요.   〈좌담〉「작가-되기, 혹은 사라진 매개자 찾기」, 102면)

임진왜란이라는 구체적, 사실적 역사를 다루더라도 역사 자체에는 아무런 관심이 없다고 말하는 작가에게 역사관 운운하는 것은 무의미할 것이다. 어떤 시대, 어느 인물을 가져오더라도 '지금-여기'의 인간을 다루기 위한 전략과 장치일 뿐이라는 것이다. 그런데 이런 식의 사고는 전혀 다른 두 가지(혹은 그 이상) 판본의 등장을 초래하는 원인으로 작용한다. 즉 「이등박문을, 쏘지 못하다」는 '우덕순'이 아니라 '안중근'이 '이또오'를 저격한 일이 단순한 우연이라고 말한다. "하얼삔에서는 안중근이, 하얼삔 남면에 있는 채가구에서는 우덕순이 브라우닝을 들고 이또오가 도착하기만을 기다리고 있었다. 둘의 권총에는 탄두에 열십자가 그어진 덤덤탄이 장전돼 있었다. 마침내 안중근이 이또오를 저격하기 전까지 두 사람의 조건은 동일했다. 어느 면이든 상관이 없었겠지만, 그 시기와 장소를 결정하는 것은 바로 역사 그 자신이다. 안중근이란 편의상 붙인 이름일 뿐이다."18) 그런데 문제적인 것은, 김연수가 2004년 10월 『국민일보』에 연재한 「안중근의 위대한 여정」에서는 정반대의 주장이 개진된다는 점이다. 즉 「안중근의 위대한 여정」은 '안중근'이 이또오를 저격한 것이 '필연'이라며 "역사에는 우연이 없다. 오직 필연일 뿐이다. 그래서 영웅의 길에 우연은 없다"고 말하는데, 이는 「이등박문을, 쏘지 못하다」의 주장과 정확히 배리된다. 양립불가능한 모순이 아니냐는 질문에 대하여, 김연수는 이렇게 말한다.

역사를 서술하는 방식에 있어서 저는 안중근을 중심에 놓고 이런 이야기를 만들 수도 있고, 그 다음에 「이등박문을, 쏘지 못하다」에 나오는 것처럼 그런 식으로 재구성을 할 수도 있거든요. 안중근도 우연이 일곱 번인가 겹쳐요. 우연은 말하기 나름이라는 생각을 해요. 일곱 번이나 겹쳤으니까 필연이 되는 것이고, 일곱 번이나 겹쳤다는 것은 정말 운이 좋았다고 말할 수 있는 것이고 말하기 나름의 문제인데, 신문에 실린

---

18) 김연수, 「이등박문을, 쏘지 못하다」, 『나는 유령작가입니다』, 196면.

글은 신문의 방식으로 말을 하는 것이요. '그럼 너의 역사관은 무엇이냐?' 이런 날카로운 질문을 던지시면, 그렇게 다 재구성이 된다, 라고 말씀을 드리고 싶어요.　　(《좌담》「작가-되기, 혹은 사라진 매개자 찾기」, 103면)

「이등박문을, 쏘지 못하다」에서는 "더이상 세상의 일들을 짐작하지 않게 되면서부터 인생이란 그저 사소한 우연의 연속처럼 보였다"[19]고 말하는 '성재'의 입장에서 역사가 짐작되는 것이기에 '채가구'의 '우덕순'이 아니라 '하얼삔'의 '안중근'이 이또오를 저격한 일이 우연적 사건으로 인식되지만, 「안중근의 위대한 여정」은 '안중근'을 중심에 놓고 서술되고 있기 때문에 모든 일이 '필연'으로 귀결된다는 설명이다. 간단히 말하면, 하나의 완결된 내러티브를 형성하고 있기만 하다면, 어떤 입장에서 보느냐에 따라 하나의 사건은 '우연'으로, 혹은 '필연'으로 간주될 수 있다는 것이다. 그리하여 "이 세계는 상상하는 대로 구성된다"[20]라는 역사관에 도달하게 되는 것이다.

4. 나는 '도넛'으로 태어났다: 김연수(글쓰기)의 존재론

'아령칙하다'와 '뿌녕쉬'의 연쇄 및 순환을 '연애'의 방식으로 설명해 보자. 운명인지 우연인지, 이타심 때문인지 질투심 때문인지, 하여간 우리는 누군가와 열정적 사랑에 빠지곤 한다. 김연수에 의하면,

---

19) 김연수, 「이등박문을, 쏘지 못하다」, 『나는 유령작가입니다』, 199면.
20) 김연수, 「거짓된 마음의 역사」, 『나는 유령작가입니다』, 103면.

우리는 '사랑해'라고 말하면서 비로소 자신이 누구인지 알게 된다. 즉 "'사랑해'라고 말한다는 건 자신이 누구인지 알아냈다는 뜻이다. 사랑의 대상보다 자신을 먼저 사랑하기 시작했다는 뜻이다."21) 하지만 두 연인이 서로를 향해 자신의 존재를 활짝 열어젖혔다고 믿고 있는 그 순간에도, 그건 '깊은 사랑'이 아니라 '깊은 착각'이다. 그러니까 "우리는 서로에게 영원한 타인"22)이며, '네즈미'의 입을 빌자면 "다른 사람의 모든 것을 이해하려 든다는 것은 무모한 열정"에 불과할 뿐이다. 그러므로 연인을 이해하고자 하는 우리의 노력은 반드시 예정된 실패의 행로를 밟아간다. 온 몸과 마음을 다 바쳐도 이해는, 그저 오해나 착각에 가까운 '짐작'으로 끝난다는 사실만큼 쓸쓸하고 착잡한 일이 있을까. 그러니, "사랑 따위는 하지 않고 살면 얼마나 좋을까?"23)라는 〈작가의 말〉에 전적으로 동감할 수밖에. 그러나, 사랑 따위는 하지 않고 살았으면 좋겠지만, 우리는 도저히 '서로 사랑하라'는 무시무시한 계명을 피할 도리가 없으니, 다시 한번 또 쓸쓸해진다.

「다시 한달을 가서 설산을 넘으면」을 예로 들어보자. 소설은 여자친구의 불가해한 죽음에서 시작한다. '그'가 납득할 수 없는 점은, 왜 여자친구가 투신자살했는가, 왜 유서에 자신에 대한 언급을 남기지 않았는가라는 것이다. 여자친구의 행위를 납득하기 위해서, '그'는 자신과 여자친구가 등장하는 소설을 써보기도 하고, 여자친구가

---

21) 김연수, 『사랑이라니, 선영아』, 작가정신, 2003, 79면.
22) 김연수, 『사랑이라니, 선영아』, 106면.
23) 김연수, 「작가의 말」, 『사랑이라니, 선영아』, 7면.

『왕오천축국전』에 남긴 흔적들을 추적해 보기도 한다. 하지만 여자친구의 불가해한 죽음은 이해불가능의 영역에 여전히 남을 뿐이다. "결국 그는 인정할 수밖에 없었다. 여자친구는 죽는 순간까지도 그를 생각했거나, 혹은 죽는 순간에도 그를 생각하지 않았다. 확실한 것은 없었다."[24] 이 소설이 인상적인 이유 중 하나는, 연인을 이해하려는 헛된 수고를 사라진 원문을 상상하며 주석을 다는 작업에 비유하는 상상력에 있다. 부재하는 원문을 추적하는 주석자의 작업은 '절망과의 대면'으로 끝날 수밖에 없다. 왜냐하면 그의 작업이 원문이 사라졌다는 엄연한 사실에서 출발하기 때문이다. 그러니 원문에 도달하려는 주석자의 노력이 항상 실패이듯, 연인의 진심에 가닿으려는 우리의 노력 또한 항상 실패 아니겠는가.

  김연수의 소설에서 여성은 '세계의 불가해성' 그 자체에 대한 표상이기 때문에, '진실이란 말해질 수 있는가'라는 작가의 테마는 '연애서사'의 외피를 입고 자연스럽게 형상화되는 양상을 보인다.[25] 연애의 문법에 기대어 말할 때, '나는 회의주의자가 아니다'라는 김연수의 주장은 강한 설득력을 얻게 된다. 왜냐하면 '진실을 알 수 없다'는 절망적 발언은, 사랑하는 사람을 전적으로 이해하고자 노력할 때마다 우리가 직면하는 '절망'과 비슷하기 때문이다. 진실에 가닿고자

---

24) 김연수, 「다시 한달을 가서 설산을 넘으면」, 『나는 유령작가입니다』, 143면.
25) 대개의 남성 작가들에게 여성이 상투적인 이미지로 표상되는 것과 대조적으로, 김연수에게 여성은 세계의 불가해성 그 자체를 의미한다고 지적한 심진경의 평은 타당하다. 그리고 불가해한 표상으로서의 여성은 타자에 대한 작가의 윤리성 및 그 한계를 설명해 준다. 즉, 세계의 불가해성으로 표상되기에 여성(타자)이 동일자의 폭력에 의해 희생될 위험은 제거되지만, 질문을 초래한 여성이 사라지면서 질문은 주체에게 되돌려지는 한계를 노출한다. 〈좌담〉「작가-되기, 혹은 사라진 매개자 찾기」, 106면.

하는 사람의 노력은, 지도제작자의 그것처럼 항상 실패로 귀결될 수밖에 없다. 이것이야말로 〈진실이 말해질 수 있는가〉 〈타인의 진심을 알 수 있는가〉 〈완벽한 지도를 만들 수 있는가〉라고 질문하는 자들이 처한 '곤경'일 것이다.

> 제 소설의 주인공들은 그렇게 스스로 노력해서 절망에 이르기 때문에 매력적이라고 생각해요. 사실 제가 매혹되는 존재들도 그런 사람들이구요. 저는 지도 보는 걸 좋아해요. 지도제작자들은 땅을 그대로 흉내내 지도를 만들지만 지도를 완성하는 순간 길이 새로 생기거나 강줄기가 바뀔테니 그 지도는 완벽하지 않게 되죠. 지도를 그리기 전까지는 완벽했는데, 완성하는 순간 거짓이 되는 게 바로 지도제작자의 비애에요. 그 비애에 아주 깊이 공감합니다. (웃음) 완성하는 순간, 실제의 지형과는 달라지므로 지도제작자는 다시 지도를 만들어야만 하는 운명이죠. 그게 작가의 운명과 꽤 닮아 있습니다. 이런 사실을 두고 허무주의라고 할 수는 없죠. 허무주의에 빠진 주인공들이 기를 쓰고 노력해 절망과 대면할 리는 없으니까요.   (《좌담》「작가-되기, 혹은 사라진 매개자 찾기」, 87면)

완벽한 지도를 그리고자 하는 지도제작자의 이상(理想)은 절대로 실현될 수 없다. 왜냐하면 지도가 완성되는 순간 길이나 강줄기의 모양이 변하기 때문이다. 즉 텍스트가 실패의 원인을 포함하고 있으므로, 이 작업은 보나마나 실패인 셈이다. 지도제작자는, 사라진 원문에 가닿을 수 없는 주석자나 연인의 마음을 절대로 이해할 수 없는 주체와 유사한 난경에 처하게 된다. 작가는 지도제작자나 주석자의 운명을 허무주의로 해석하는 것은 오해라고 말한다. 그러니, 〈진실이 없다〉 〈말할 수 없다〉고 말하며 불가능성에 도전하는 김연수에게 회의자의자, 불가지론자라는 누명을 씌우는 것 역시 오해가 아닐까. 여기까지 말하고 나니, 산문집 『청춘의 문장들』의 〈책 머리에〉의 일부분이 불현듯 떠오른다.

> 내 마음 한가운데는 텅 비어 있었다. 지금까지는 나는 그 텅 빈 부분을 채우기 위해 살아왔다. 사랑할 만한 것이라면 무엇에든 빠져들었고 아파야만 한다면 기꺼이 아파했으며 이 생에서 다 배우지 못하면 다음 생에서 배우겠다고 결심했다. 하지만 아무리 해도 그 텅 빈 부분은 채워지지 않았다. 아무리 해도. 그건 슬픈 말이다. 그리고 서른 살이 되면서 나는 내가 도넛과 같은 존재라는 걸 깨닫게 되었다. 빵집 아들로서 얻을 수 있는 최대한의 깨달음이었다. 나는 도넛으로 태어났다. 그 가운데가 채워지면 나는 내가 아닌 다른 사람이 되는 것이다.
> (김연수, 〈책머리에〉「한 편의 시와 몇 줄의 문장으로 쓴 서문」, 『청춘의 문장들』, 7면)

김연수는 고백한다. "나는 도넛으로 태어났다"고. 그 텅 빈 한가운데는 과연 채워질 수 있을 것인가. 김연수는 자신의 존재를 몇 글자가 누락된 채 존재하는 원문에 비유하고 있는 듯하다. 아니, 오히려 자신의 글쓰기에 대하여 말하고 있는 것이 아닐까. 한 가운데가 텅 비어 있기 때문에, 빈자리를 이런저런 이야기들로 채워보지만 결국 "아무리 해도 그 텅 빈 부분은 채워지지 않았다"는 깨달음에 이르게 되는 자신의 글쓰기 작업 말이다. 그러니, 김연수는 '쁘넝쉬'라고 부르짖으면서도 공란과 여백을 글자로 채우며 짐작하는 작업을 계속할 수밖에 없지 않을까. 아니, 김연수뿐이겠는가. 모든 존재가 '도넛'과 같은 것 아닐까. "인간에게는 모두 그런 어두운 구멍이 있는 법이다. 그 어두운 구멍은 이해의 문제가 아니다. 그냥 구멍인 것이다"[26]

의 그 '구멍'이, 모든 존재의 한 가운데 뚫려 있으니 말이다. 어느 〈산문〉에서 김연수는 '당신은 언제 눈물을 흘리는가'라고 질문한 적이 있다.

> 당신은 언제 눈물을 흘리는가? 적어도 나는 짐작과는 다른 일들을 겪을 때 눈물을 흘린다. 대체적으로 삶이란 짐작과는 다르다. 그 순간부터 나는 삶을 추측하는 일을 그만뒀다. 삶이란 절대로 추측할 수 없다. 그건 그냥 일어나는 것이다. 소설은 그 일어난 일들의 의미를 따져보는 일이다. 짐작과 달랐던 일들의 의미를 나와 당신이 함께 납득해 가는 과정이다. 삶의 어느 순간에, 당신이나 내게 진심으로 눈물을 흘리게 만들었던, 혹은 진심으로 기뻐하게 만들었던 그 일들이, 결코 무의미하지 않다는 걸 당신과 내게 납득시키는 일이다. 당신이나 나나 이제 다른 존재가 돼 살아가겠지만, 그 일들이 사라지지는 않는다. (중략) 내가 소설을 쓰면서 짐작과는 다른 일들, 납득하기 어려운 일들에 관심을 두는 이유는 그 때문이다. 명명백백한 일들은 결코 우리를 구원하지 못한다. 상궤에서 벗어난 일들을 바로 볼 때, 우리는 구원을 받을 수 있다. (김연수, 〈2003 동인문학상 수상 소감〉「소설을 쓸 때 나는 가장 사람에 가깝다」,『조선일보』, 2003. 11. 11)

김연수는 짐작과는 다른 일들을 겪을 때 눈물을 흘린다고 말하며, 자신의 소설쓰기란 짐작과는 다른 일들을 납득해 가는 과정에 다름 아니라고 덧붙인다. 이해불가능한 '어두운 구멍' 앞에서 눈물 흘리는, '어두운 구멍'의 불가해함을 납득하려는 무위의 노력을 멈추지 않는 김연수의 소설쓰기는 쓸쓸하도록 아름답다. 예정된 실패를 밟아가는 수밖에 없는 불가능의 글쓰기에 도전하면서도 김연수는 행복

---

26) 김연수,「그건 새였을까, 네즈미」,『나는 유령작가입니다』, 42면.

하다고 말한다. 연인에 대한 이해가 오해에 불과함을 뻔히 알면서도 너무나 행복하여 연애를 그만둘 수 없는 사람처럼, 너무나 행복하므로 문학을 한다고 말한다. 문학 안에서 모든 걸 다 해볼 수 있다고 믿으며 문학에 구원이 있다고 믿는 '문학근본주의자'인 김연수는, "내가 누구인지 증명해주는 일, 나를 행복하게 만드는 일, 견디면서 동시에 누릴 수 있는 일, 그런 일을 하고 싶"[27]어서 문학을 한다고 말한다. 그가 꿈에 보았다는 '완전한 책'을 쓰기 전까지 그의 소설쓰기는 멈추지 않을 터이므로, 그의 불가능의 소설쓰기가 계속되리라 믿어도 좋을 듯하다.

---

27) 김연수, 『청춘의 문장들』, 67면.

사랑의 해독(解讀/解毒)
이혜경론

> 이 사랑은 바닷물로도 끌 수 없고 굽이치는 물살도 쓸어갈 수 없는 것. 있는 재산 다 준다고 사랑을 바치리오? 그러다간 웃음만 사고 말겠지.
> （「아가」 8장 7절）

1

동서고금을 막론하고 인간 보편과 예술, 문화의 주된 관심사에서 벗어나지 않았던 분야를 꼽아 보라면, 그 중의 상위 항목에는 늘상 '사랑'이란 키워드가 놓여 있지 않을까. 에로스적 사랑이든 아가페적 사랑이든, 혹은 죽음을 불사한 열정적 사랑이든 차가운 겨울 밤을 녹여주는 식어가는 재와 같은 사랑이든. 사랑은 천의 얼굴을 가지고 한 인간에게 기습해와서 어찌할 바 모를 황홀함을 안겨주는가 하면, 사랑의 흔적은 화인처럼 남아서 한 평생 긴 그림자를 드리우기도 한다. 그리하여, 한번 사랑의 광풍을 경험하고 나면 우리는 부쩍 성장해 있는 낯선 자신의 모습을 발견하곤 한다. 그리고 상처가 남긴 끔찍함은 우리로 하여금 아무에게도 곁을 주지 않겠다고 맹세를 하게 하지만, 어느덧 우리는 새로운 대상에 매료되어 있는 어리석은 자신을 만나게 된다. 그러니, 사랑이야말로 인간 성숙의 교육과정이며 교육방법 중 하나가 아니겠는가. 어떤 누구는 사랑의 상처를 핥으며 노회해 가기도 하며, 어떤 누구는 상처를 응시하며 타인의 고통을 이해하는 웅숭깊은 시선을 얻기도 한다.

우리나라 가곡 '동심초(同心草)'의 원시인 설도(薛濤)의 「춘망사(春望詞)」는 사랑하는 임과 맺어지는 못하는 안타까움을 애절하게 표현하고 있다. 시를 인용하면 다음과 같다.

風花日將老	꽃잎은 하염없이 바람에 지고
佳期猶	만날 날은 아득 다 기약도 없네
不結同心人	무어라 맘과 맘을 맺지 못하고
空結同心草	한갓 헛되이 풀잎만 맺으려는고

때는 바야흐로 꽃잎이 하염없이 바람에 지고 있는 봄날이다. 시의 화자는 자신의 사랑에 대한 정표로 풀을 뜯어 동심결을 맺고 있는 듯하다. 하지만 봄날이 다 져 가건만 재회의 기약도 없으니 "한갓 헛되이 풀잎만" 맺어 무엇하겠느냐는 쓸쓸한 자책이 뒤따른다. 나와 임은 맺어지지 못하니(不結同心人), 나의 손 안에 있는 동심초는 한갓 헛되이 맺어져 있는 것 아니겠는가(空結同心草). 인생의 '봄'을 원망(願望)하건만 봄은 오지 않고 있으니 시를 읽은 뒷맛이 헛헛하고 스산하다.

2

　이혜경의 소설「한갓되이 풀잎만」의 주인공 '김기혜' 역시「춘망사」의 화자 마냥 "한갓 헛되이 풀잎만" 맺고 있는 사람이다. 기혜는 태어날 때부터 천덕꾸러기 취급을 받았다. 그녀의 아버지는 둘째가 딸이라는 사실에 실망하여 새로 태어난 아이를 사흘이 지나도록 들여다보지 않았고, 아이의 얼굴을 보고는 "아프리카 원주민 조각 같더라니까, 이마가 얼굴의 절반인 게. 그 훤한 이마 갖고 남자로 태어났으면 얼마나 좋았을까"라며 혀를 찼다. 그녀의 유소년기에도 불운은 계속된다. 어머니는 그녀가 중학교 때 집을 나가 돌아오지 않았고, 알코올 중독자인 아버지는 술병을 끼고 죽었다. 교내 매점에서 아르바이트를 하며 고등학교를 마친 그녀가 선택할 수 있는 직업은 고졸 경리 사원 정도가 고작이었다.
　팍팍하고 가파르기만 그녀의 인생에 한줄기 빛이 비쳤는데, 그 서광의 주인공은 그녀가 경리로 일하는 학원에 새로 부임한 강사 M이라는 인물이었다. M의 세심한 배려와 친절함에 그녀는 인생 최대의 행복을 맛보게 된다. 그녀의 아버지와 반대로, 그는 그녀의 이마가 옛날 여배우의 귀족적인 느낌을 주는 이마와 닮았다며 고평(高評)을 아끼지 않았고, 아침을 거르고 출근한 날 아침 "거울에도 비치지 않는 그녀의 허기를 M은 알아" 보고 도넛을 건네기도 했다. 물론 처음부터 기혜가 M에게 마음의 문을 열었던 것은 아니다. 오히려 그녀는 M의 호의와 친절을 경계하였었다. 왜냐하면 "교내 매점의 일을 거들며 고등학교를 마치고 직장 생활을 하는 동안 터득한 지혜가, 고졸 경리 사원인 그녀로서는 넘보기 어려운 상대인 M의 자장에서 벗어나라고 일러 주었"기 때문이다. 기혜는 부모조차 없는 고졸 경리인 자신과, M이 도저히 어울리는 상대라고 생각하지 않았기 때문이다.

> 내게 너무 그렇게 잘하지 마요. 다른 사람에겐 그렇게 해도 되지만, 나한텐 그러지 마요. 지나가던 누구라도 눈길이 마주치면, 꼬리를 흔들며 따라가려 드는 유기견 같은 자신을 그녀는 알고 있었다.
> (이혜경, 「한갓되이 풀잎만」, 《세계의 문학》, 2006 가을. 654~655면)

기혜는 자신을 버림받고 길거리를 헤매는, 그래서 아무에게나 꼬리를 흔들며 따라가는 '유기견(遺棄犬)'에 빗댄다. 이혜경은 사랑을 받아본 적이 없는 상처투성이인 인물들을 소설의 인물로 등장시키곤 하는데, 「한갓되이 풀잎만」의 주인공 기혜 역시 그러한 인물이다. 사랑을 받아본 적이 없는 인물들은 그 결여감 때문에 사랑에 목말라하고, 동시에 체험해 보지 않았기 때문에 타인의 사랑에 본능적인 거부감이나 두려움을 드러내곤 한다. 가령, 기혜의 심리는 이혜경의 다른 소설인 「그림자」의 아토피 증상에 시달리는 여자의 그것과 유사하다.

> 여자는 막 버려진, 자기가 버려졌다는 걸 아직 받아들이지 못한 강아지 같다. 혼자 있는 걸 못 견뎌서, 그게 누구든 자기에게 손만 내밀면 핥는 강아지. 이런 여자는 상처받기 십상이다. 사람들은 낯선 강아지의 귀여움에 잠깐 홀린 것뿐이다. 데리고 가서 털을 씻기고 밥을 챙겨 먹이

고 퐁을 치울 사람은 흔치 않다. 지나치던 사람에게 귀염받는 것도 털빛이 살아 있을 때까지만이다. 거리의 먼지로 털빛이 꼬질꼬질해지고 눈빛마저 허기진 앙칼짐을 띨 때면 돌팔매질까지도 감수해야 할 것이다.

(이혜경, 「그림자」, 『틈새』, 창비, 2006, 32~33면)

그렇다면 기혜에 대한 M의 호의는 버려진 강아지에 대한 동정이나 신기함 이상의 의미를 띨 수 없다. 그러기에 기혜의 비극은 M의 호의를 진심으로 받아들이게 된 그때, M의 친절이 "다정함에 주린 나머지 팽팽해진 그녀의 마음에 스며들어 누글누글하게 해 놓았"던 그때부터 이미 예정된 것이라고 말해야 할 것이다. 그럼에도 불구하고 기혜의 눈은 이미 맹목의 상태로 변해 있었기 때문에, M이 말한 영화의 비디오 테이프와 CD를 사모으고 자신이 저축해 둔 돈이 둘의 살림을 위한 밑거름이 될 거라는 행복한 상상을 한다. 하지만 예정된 수순에 따라 기혜에 대한 M의 호의와 관심은 시들해져 갔고, 결과는 다소 가혹한 편이었다. 학원의 안 부장은 M과의 사랑에 들떠 있던 기혜에게 M이 학원의 실질적 경영을 맡고 있는 박 이사의 조카딸과 곧 약혼한다는 소식을 넌지시 전해준다.

"미스 김이 M 선생에게 자꾸 전화하고 문자 남긴다는 소문, 나도 들었네. M 선생이 여자라면 누구나 탐낼 만한 사람이라는 거, 나도 이해 못 하는 건 아니야. 하지만 같은 직장에서, 그것도 조건도 다르고 곧 약혼할 사람한테 그러는 거, 그래 봤자 미스 김한테 안 좋다고. 미스 김, 부모님도 안 계시다며? 미스 김이 내 딸 같아서 하는 말이야. 학원가가 얼마나 좁은지 나보다 미스 김이 더 잘 알 거 아냐?"라는 안 부장의 모멸적 언사는 기혜에게 상처를 남기기에 충분한 것이었다. 더구나 기혜의 외로운 처지가 안 돼 보여서 친절하게 대한 것뿐이라는 M의 변명은, 그녀로 하여금 마음의 문을 닫게 하는 결정적인 계기가 되었다.

결국 기혜의 사랑은, M이 추천해준 영화의 내용대로 "피난 열차 안에서 만나 스치듯 그러나 화인 같은 사랑"이었던 셈이다. 짝사랑으로 인해 또다른 상처를 입은 기혜는 과연 어떠한 삶을 살게 되는가. 한참 동안 사랑의 후유증에서 벗어나지 못하던 그녀는, 겨우내 말라 죽어 있던 것처럼 보이던 나무에서 새순이 돋던 봄날, 비디오 테이프와 CD, M과 찍은 스티커 사진 등을 버리고, 속기 학원에 등록한다. 그리고 1년만에 1급 속기사 자격증을 따고 의뢰인이 부탁한 자료를 녹취하는 직업을 갖게 된다. 왜 하필 기혜는 녹취사라는 직업을 선택한 것일까.

그녀는 녹취, 녹음을 해독하는 작업을 통해서, 인간 관계가 배신과 사기, 속임수로 미만해 있다는 진실을 알게 된다. 그녀는 "배신과 사기, 음모와 속임수로 채워진 사람들의 목소리를 들어가며 녹음을 풀"며, "약속은 어긋나고 믿음은 배신당하는 게 오히려 정상인 듯 여겨지기도 했다. 깨끗하게 정비된 도시의 맨홀로 들어가 하수구를 헤매는 것 같았다"고 말한다. 그러니, 이 해독(decoding) 작업은 비정한 성인의 세계에 입문한 기혜에게 가장 적당한 일거리 아닐까. 또한 그녀는 해독 작업을 통해 자신의 순진했던 지난 시절이 얼마나 어리석었는가를 알았을 것이며, 이제는 이 거짓의 세계에 순수를 들이대지 않겠노라는 다짐을 하게 되었을 것이다. 사랑의 파탄 이후 기혜가 배운 것은, 타인과의 관계에 있어서 거리두기가 필요하다는 사실이었다.

3

타인과의 거리두기를 유지하는 태도는 같은 사무실을 쓰는 박과의 관계에서 입증된다. 그녀는 2년 째 박과 같은 사무실을 쓰고 있지만, "공무원이었다는 박이 무슨 이유로 철 밥통을 차고 나와 세 평짜리 행정사 사무실을 차렸는지 그녀가 묻지 않듯, 박도 그녀의 신상에 대해 묻지 않는다. 적당히 무심한 박은, 사무실을 같이 쓰는 동료로는 썩 괜찮은 편"이라고 말한다. 거리두기는 타인의 자유를 보장하고 동시에 자신의 권리를 침해받지 않기 위한 세련한 '쿨함'이긴 하지만, 이 거리두기의 근원에는 타인으로부터 상처받을 것을 두려워하는 마음이 도사리고 있다고 해야 할 것이다(상처에 대한 두려움 때문에 자기 주위에 뾰족한 울타리를 치고 타인과 거리를 유지하는 인물 유형은 이혜경 소설에 자주 등장하는 편이다).

기혜의 거리두기는 최근 소설에 자주 등장하는 인물들의 '쿨'함과 닮아있긴 하지만 기혜와 그들 사이에는 어떤 차별성이 존재한다. 후자를 지적이고 세련된 쿨함이라고 한다면, 기혜의 쿨함은 일종의 자기 방어기제에 해당하기 때문이다. 그렇기 때문에 그녀는 더 이상 상처를 받지 않기 위해서 울타리를 치며 타인을 가까스로 밀어낼 뿐이며, 타인에게 받은 상처가 치유되었다고 말할 수도 없을 것이다. 그렇다면 상처는 어떻게 치유될 수 있는 것인가. 작가는 타인과의 관계맺음, 용서와 망각을 통해 치유가 가능하다고 말하는 듯하다. 물론 같은 관계맺기일지라도 상처 이전과 이후의 그것이 동일하다고 말할 수는 없을 것이다.

기혜는 도청된 테이프의 해독을 자신에게 맡겼던 고객을 만나게 된다. 의뢰인인 S는 아내가 집으로 끌어들인 외간 남자와 통간하는 내용을 담은 테이프를 그녀에게 맡긴다. 테이프에는 아내의 교성과 뻔뻔스런 말들, 거짓말이 가득차 있었다. S가 간통한 아내의 도청 기록을 받아들고 성급하게 일어나는 것을 보면서 기혜는 그를 이해할 수 있다고 말한다. 왜냐하면 그녀와 S는 몇 가지의 공통점을 공유하고 있었기 때문이다. S가 "프린트로 뽑은 녹취록이나 그걸 담은 CD야 없앨 수 있겠지만, 자기가 날마다 잠들던 침대에서 아내가 다른 남자의 몸에 깔린 채 내지르던 교성을 지우기는 어려"운 것처럼, 그녀 역시 M과 관련한 사진과 비디오 테이프, CD는 버렸지만 그녀의 가슴에 남은 화인은 제거하지 못했기 때문이다.

상처받은 사람끼리의 연대감 때문에, 그녀는 녹취록에서 S에게 상처가 될 만한 결정적인 말을 '말없음표'로 대신한다. 왜냐하면 "그 인간은 토끼야, 토끼. 토끼도 그보단 오래할 거야"라는 말은 S에게 지울 수 없는 상처로 남을 것이라고 생각되었기 때문이다. 마치 "그냥 외로운 처지인 그녀가 안돼 보여서 친절하게 대한 것뿐"이라는 M의 변명이 그녀에게 지울 수 없는 화인(火印)으로 남아 있듯이. '말없음표'는 S가 기혜에게 다가올 수 있게 하는 '표지'가 된 셈이며, 둘의 관계는 고통의 연대에서 출발했다고 말할 수 있을 것이다. 물론 이들이 모종의 연대감을 공유함에도 불구하고, 둘은 여전히 '섬'처럼 떠돌고 있다고 해야 할 것이다. 이런 점에서 소설의 마지막 장면은 시사적이다.

> S는 그 특유의 자세로 잠들어 있다. 키 재는 기구에 올라선 아이처럼 목에서 척추를 거쳐 무릎까지 쭉 편 자세. 가슴과 배의 중간 쯤에서 양팔을 모으고 있다. 물 위에 뜬 배, 그 배 안에 든 시신을 연상하게 하는 자세다. 이승의 강변에서 띄우는 배를 타고 흐르고 흘러 레테 강을 건너, 마침내 명부에 다다를 때까지 꿈쩍도 안 할 것 같다.
>
> (「한갓되이 풀잎만」, 665면)

기혜는 S의 잠든 모습이, 마치 레테의 강을 건너는 배 안의 든 시신과 닮아 있다고 말한다. 잠을 자는 행위는 S에게 레테의 강을 건너는 것, 즉 망각으로 가는 과정인 셈이다. 타인을 용서하는 것, 자기 안의 상처를 치유하는 것은, 불태우고 내다버리는 행위를 통해서 이루어지는 것이 아니라, 오히려 망각을 통해 획득된다. 왜냐하면 내면에 남아있는 화인은 비가시적인 것이기에 눈에 보이는 물건을 버리는 행위를 통해 제거되지 않기 때문이다. 물론 작가가 타인과의 관계를 통해 근원적 상처가 치료된다는 낙관적인 전망을 섣불리 제시하는 것은 아니다.

S는 지금 어디쯤 떠가고 있는 걸까. S에게는 잠에 빠져 들기 전에 우웅 소리를 내는 버릇이 있다. 그녀에게는 그게 망각의 강을 건너기 위한 뱃고동 소리로 들린다. 짧고 깊은 잠에서 깨어나면, S는 늦은 밤길을 달려 텅 빈 그의 집으로 돌아갈 것이다. 멀쩡한 얼굴로 지내다가도, 이따금 설악산이나 남해 금산이라고 허물어진 목소리로 전화하는 S. 퇴근하

자마자, 다음 날 출근 시간에 대려면 밤새 달려와야 할 길을 달려가는 S의 마음을 그녀는 알지 못한다. 이따금 그녀가 네이버 검색 창에 M의 이름을 쳐 보는 것을 S가 알지 못하듯. (위의 책, 666면)

꿈 속에서 망각의 강 레테를 건넜다고 화인으로 남은 기억들이 사라지는 것은 아니다. 그러기에 S는 돌아올 줄 알면서도 아내와의 추억이 깃들어 있을 설악산이나 남해 금산으로 달려가는 것 아니겠는가. 마치, 기혜가 이따금 인터넷으로 M의 이름을 검색해 보는 것처럼. 인생은 망각과 기억을 날줄과 씨줄로 하여 직조된 것이므로, 완전한 기억도 완벽한 망각도 가능하지 않다. 어느 정도는 잊으며, 어느 부분은 결코 잊지 못하며, 안타까워하고 괴로워하며 자신의 삶을 지탱해가는 수밖에. 이렇게 서로의 기억(망각)을 소유한 타자이기에, 기혜와 S는 "저마다 혼자 건너야 할 강이 있다"는 사실은 인정하며 유대감을 유지해 가는 것이다. 타자를 자신과 동일화하려는 의지를 포기했다는 점에서, 이들은 성숙 혹은 체념을 배운 주체라고 할 수 있을 것이다. 그것이 체념이든 성숙이든, 이들은 낭만적 사랑의 허위를 명백히 알고 있는 어른임에는 틀림이 없을 듯하다. 그런 점에서 소설의 마지막 단락은, 특별히 의미심장하게 다가온다.

그녀는 S의 곁으로 다가가 그의 오른팔을 가슴에서 내려 침대 위에 펼쳐 놓았다. S의 팔이 다시 원 위치로 돌아가려고 한다. 그녀는 아예 S의 팔을 베고 눕는다. 그가 잠결에도 몸을 뒤쳐 그녀 쪽으로 조금 돌아눕는다. 가슴에 얹혔던 나머지 팔이 그녀 쪽으로 떨어져 내린다. 어디선가 물 흐르는 소리가 들린다. 문득 등이 시려 온다. 등줄기로 찬물이 흐르는 듯하다. 아니, 흐르는 물줄기 위에 누워 망각의 강으로 떠가는 듯하다. 그녀는 잠든 S의 가슴에 얼굴을 묻는다. 프린트를 뽑고 CD에 저장하고 나면, CD굽기를 성공적으로 마친 컴퓨터 프로그램은 물었다. 이제 무엇을 하시겠습니까? 무엇이든 할 수 있다는 듯이 묻지만 선택의 여지는 없다. 작업 내용을 저장하거나 저장하지 않거나. 그때, 그녀에게 선택의 여지가 그리 많지 않았다. 사랑하거나 사랑하지 않거나. (위의 책, 667면)

S 옆에 누운 기혜는 어딘선가 물 흐르는 소리를 들으며, 문득 등이 시려오는 촉감을 느낀다. S를 둘러싸고 있는 망각의 강물이 기혜에게 흘러 내려와 그녀의 상처를 씻어준다는 의미이기도 하며, 둘 사이에는 물이 흐르고 있어 두 사람이 '섬'처럼 존재한다는 뜻이기도 하다. 작가는 사랑의 이 쓸쓸함과 어쩔 수 없음에 대하여 이렇게 말한다. CD굽기를 마친 프로그램이 작업 내용의 저장 여부를 묻듯이, 우리의 사랑에 있어서도 많은 경우의 수가 허용된 듯이 보이지만 사실 "사랑하거나 사랑하지 않거나"의 양자택일뿐이라고. 하여, 우리는 사랑의 기회 앞에 "사랑하거나 사랑하지 않거나" 할 뿐이다. 만약 사랑했다면 CD에 저장하듯 괴로움이든 즐거움이든 저장되고 기록될 것이며, 그것은 어떤 필요에 따라 해독(解毒/解讀)되기도 하고 쓰레기통으로 버려지기도 할 것이다. 그러나 삭제하더라도 물질성 바깥의 기억은 삭제되지 않고 복병처럼 불쑥 나타나 우리를 괴롭힐 것이며, 레테의 강물에 씻겨 잊혀지기도 할 것이다. 그리하여 우리는 기억과 망각의 축조물인 인생을, 그러니까 섬으로 떠돌 수밖에 없는 인간의 존재론을 받아들이는 것 아닐까.

4

「한갓되이 풀잎만」의 기혜가 어느 정도 자기 치유와 망각의 길을 모색하고 있다면, 「그림자」에 등장하는 인물들은 아직 상처에서 벗어나지 못하고 있다. 「그림자」의 '나'는 환자와 의사를 연결해 주는 사람이다. '나'가 실제적으로 만나는(만났던) 사람은 죽은 수영과 직장 동료인 '김진숙'이 고작이며, 나머지 사람과는 전화 통화를 통해서만 만남을 가질 뿐이다. 동남아 공장의 기숙사 사감으로 가 있으며 아토피 증상을 호소하는 '이난주', 스위스에서 만난 한국 여자를 따라 한국으로 왔다가 실연을 당한 캐나다인 '대니얼', 군복무 대신 열대의 오지에서 농작물 재배방법을 가르치는 남자 등이 '나'에게 전화를 걸어오는데, 이들은 실질적 증상을 가진 환자가 아니라 마음의 병을 가진 환자라고 할 수 있다. 터무니 없는 하소연을 늘어놓는 환자들을 잘 참아내는 '나'는, 그러나 자신에게 호의를 베푸는 직장 동료 김진숙에게는 언제나 거리를 유지한다. 자신의 반경으로 들어오려는 타자를 발견할 때마다, '나'는 '아일랜드'를 떠올린다.

> 상기하자. 아일랜드. 나는 재빨리 아일랜드를 떠올린다. 다수인 신교도가 정치권력은 물론 경제권까지 장악하는 바람에 차별을 당해온 북아일랜드 사람들. 그들은 다른 사람의 고향이나 출신학교, 심지어 좋아하는 빛깔 같은 것도 묻지 않는다. 그저 하루에 열두 번 이상, 날씨만을 화제로 삼는다. 김진숙이 정색하고 나를 부르면 나는 아일랜드인이 된다.
> (이혜경, 「그림자」, 『틈새』, 위의 책, 35면)

오랫동안 차별을 받아온 아일랜드인들이 타인에게 무관심으로 일관하듯, '나'는 타인과 거리두기를 유지하여 그가 자신의 울타리 안으로 들어오지 못하게 한다. 그러므로 '나'의 거리두기는 상처받지 않기 위한 방편이라고 할 수 있다. 물론 "우리에게는 얼마든지 너그럽지만 그 테두리를 넘어선 대상에겐 언제든 날카로운 송곳니를 드러내고 살점이 떨어질 때까지 물어뜯을 수 있는 충직함. 직장 동료이긴 하되 '우리'이고 싶지는 않은 내 욕심에서 나는 냄새가 김진숙에게는 영 낯선 모양이다"라는 '나'의 진술을 볼 때, '나'의 태도에서 어느 정도의 진정성을 엿볼 수 있는 것이 사실이다. 즉 '우리'라는 이름으로 폭력적인 힘들이 자행되곤 하기 때문에, '나'는 '우리' 바깥에 머물기를 원하는 것이다.

하지만 '나'가 타인의 삶에 간섭하지 않고, 타인을 자신의 사생활 안으로 끌어들이지 않도록 결심한 결정적 이유가, 친구인 수영의 죽음이라는 점을 상기해 볼 필요가 있다. 수영은 초등학교 친구인데, '나'는 수영을 스물아홉 살이 되어서 다시 만나게 된다. 그때 수영은 술에 취해 자주 집에 찾아오는 옛 애인 때문에 곤욕을 치르고 있었다. '나'는 자의반 타의반 해결사가 되어 남자를 쫓아 내주기도 했고, 수영에게 외국으로 갈 기회를 만들어 주며 결별을 종용하기도 했다. 하지만 결론은 수영의 동반자살이었다. 아마도 '나'의 무의식의 지층에는 수영의 죽음에서 비롯된 죄의식이 자리잡고 있는 듯하다. 즉 '나'는 예기치 않던 수영의 죽음을 통해, 타인의 삶에 간섭하는 일이 부당하다는 사실을 똑똑히 배운 듯하다. 그래서 '나'는 자신의 사생활을 공개하지도 않고, 타인이 자신의 테두리 안으로 들어오는 것도 거부하며 살아간다. 그래서 타인의 개입을 강요하는 상황에 처하게 되면, '나'의 내부에서는 "철도 건널목의 경고음이 울렸다. 일단정지. 끼어들지 말 것"이라는 외침을 듣게 된다.

　단호한 삶의 태도를 취하고 있는 '나'의 테두리의 경계에 서있는 사람이 '대니얼'이다. 대니얼은 밤에 전화를 해서 자신을 떠난 연인 '수영'('나'의 친구와 동명이인이다)에 대한 넋두리를 늘어놓곤 한다. '나'의 표현에 의하면, 그는 "옛 기억에 들려서 떠"도는 사람이다. 그는 수영이 그리울 때마다, 그녀와 한국에 와서 처음 여행했던 경주로 가서 그때의 호텔에 묵으며, 그때의 식당에서 같은 메뉴로 밥을 먹고 돌아오곤 한다. 대니얼의 하소연을 듣는 '나'는 카운슬러 이상의 역할을 원하지는 않는다. 그가 짐짓 응석을 부릴 때면, '나'의 내부에서는 경고음이 들려오고 "금 넘어오지 마, 대니얼. 이건 규칙 위반이야"라고 중얼거리게 된다. 대니얼은 '나'에게 주말에 함께 경주에 여행을 가자는 제안을 한다.

　　엘로우카드를 찾아 흔들려던 내 마음이 주춤한다. 곧 떠난다고? 물론 나도 대니얼이 어떻게 생겼는지 궁금했다. 내가 알고 있는 것은 대니얼이 뚱뚱하다는 것뿐이다. 대니얼의 눈빛이 갈색인지 회색인지 아니면 파란색인지, 웃을 때면 잔주름이 눈가에서 자글거리는지 아닌지 모른다. 길에서 우연히 부딪친다 해도 서로 무심히 스치고 말 것이다. 대니얼은 이번에도 수영의 자취를 고스란히 밟고 다닐까. 궁금증이 떠오르는 순간, 난데없이 머리밑이 가려워진다. 생각할 것도 없이 손을 올려 벅벅 긁는다. 낯선 방문객을 맞이한 의심 많은 아이가 방구석에서 맹렬히 머리를 긁듯.

(위의 책, 57~58면)

'경고음'을 울리며 '엘로우카드'를 내밀려던 '나'가 주춤하는 이유는, 대니얼이 떠날 사람이라는 사실 때문이다. 떠나간 '수영'을 잊지 못하고 추억의 장소를 찾는 대니얼이나, 죽은 '수영'에 대한 죄의식 때문에 타인과의 관계맺음을 거부하는 '나'나, "낯선 방문객을 맞이한 의심 많은 아이"이긴 마찬가지이다. 또한 아토피 증상의 시달리는 여자, 개를 잃고 전화를 걸어온 남자 또한 '나'의 분신들이다. 그래서 두려움과 의심에 휩싸여 있는 '나'가 그들을 네트워크하는 역할을 할 수 있었던 것 아닐까. 왜냐하면 이들은 정상성과 표준으로 표상되는 '우리' 바깥에 위치한 사람들이므로.

　이렇게 본다면, 「한갓되이 풀잎만」의 주인공이 「그림자」의 주인공보다는 성숙한 인물이라고 판단해도 될 듯하다. 「그림자」의 인물들이 아직 주체성을 획득하지 못한 채 그저 흐린 '그림자'로 존재한다면, 「한갓되이 풀잎만」의 기혜는 고통의 골짜기를 지나 어느 정도 주체적 자아를 얻었다고 할 수 있기 때문이다. 이처럼 「한갓되이 풀잎만」은 사랑의 허위성과 가능성을 보여줄 뿐만 아니라, 어떻게 상처의 고통에서 벗어나 망각으로 나아갈 수 있는지를 모색한 소설이라고 할 수 있다.

3부

삶과 죽음의 변증법
— 김훈 「언니의 폐경」

안전한 독서, 위험한 독서
— 김경욱 「위험한 독서」

의심하라 : 세상에 속지 않는 법
— 은희경 「의심을 찬양함」

'열정의 윤리'와 '결혼의 윤리' 사이에서
— 정미경 「시그널레드」

소통의 갈망 혹은 절망
— 신경숙 「숨어있는 눈」

삶과 죽음의 변증법

김훈 「언니의 폐경」

1. 〈化粧〉과 〈火葬〉

「언니의 폐경」은 중년 여성의 입을 빌려, 폐경기(혹은 폐경기를 눈앞에 둔) 여성의 내면을 섬세하게 그려 보인다. 여성에게 폐경은 하나의 사건일 것이다. 폐경을 경계로 임신과 출산이란 여성 고유의 역할을 상실하게 되며, 여성으로서의 몸이 닫히게 된다. 그러나 섹슈얼리티의 문제를 빼버리고 나면, 폐경이란 일종의 노화현상이라고 할 수 있을 것이다. 그런 점에서, 「언니의 폐경」과 「화장」은 좋은 대조를 보여준다. 두 소설의 인물들은 여러 면에서 공통점을 보인다. 「언니의 폐경」의 '나'와 '언니', 「화장」의 '나'는 배우자의 죽음, 상실이라는 충격적 경험을 공유하고 있으며, 50대 중반인 이들은 자신의 몸에서 발생하는 현격한 노화현상을 경험하며 고통스러움과 당혹스러움을 표현한다. 시기적으로 먼저 발표된 「화장」을 살펴보자.

「화장」은 화장품 회사의 중역인 '나'가 뇌종양으로 고통받는 아내의 죽음을 지켜보는 이야기이다. 세 차례의 수술 끝에 아내는 죽고, 죽은 아내를 화장(火葬)하면서 소설은 끝난다. 전립선염으로 오줌누는 것이 고통스러운 '나' 역시 죽음의 포박으로부터 자유롭지 못한 형편이다. 뇌종양으로 죽어가는 아내와 전립선염으로 고생하는 '나'의 이야기에 소설의 절반 정도가 할애되며, 나머지 절반은 '나'의 은밀한 연정 대상인 '추은주'를 이야기하는 데에 할애된다. 뇌종양인 아내의 발작을 묘사하는 '나'의 시선은 냉정하고 객관적이다. 다음과 같은 식이다.

"아내는 두통 발작이 도지면 머리카락을 쥐어뜯고 시퍼런 위액까지 토해냈다. 검불처럼 늘어져 있던 아내는 아직도 저런 힘이 남아있을까 싶게 뼈만 남은 육신으로 몸부림을 치다가 실신했다. 실신하면 바로 똥을 쌌다. 항문 괄약근이 열려서, 아내의 똥은 오랫동안 비실비실 흘러나왔다. 마스크를 쓴 간병인이 기저귀로 아내의 사타구니를 막았다. 아내의 똥은 멀건 액즙이었다. 김 조각과 미음 속의 낱알과 달걀 흰자위까지도 소화되지 않은 채로 쏟아져 나왔다. 삭다 만 배설물의 악취는 찌를 듯이 날카로웠다. 그 악취 속에서 아내가 매일 넘겨야 하는 다섯 종류의 약들의 냄새가 섞여서 겉돌았다. 주로 액즙에 불과했던 그 배설물은 흘러나오자마 바로 기저귀에 스몄고, 양이래 봐야 한 공기도 못 되었지만 똥냄새와 약냄새가 섞이지 않고 제가끔 날뛰었다."

'나'는 발작으로 인한 아내의 고통에 관심을 두는 것 같지 않다. 발작으로 시퍼런 위액을 토하고, 실신으로 항문 괄약근이 열려 거기서 배설물이 흘러내리는 정경, 그리고 배설물이 풍기는 심한 악취를 묘사하는 데 주력하고 있는 듯하다. 다시 말하면, 고통당하고 무너져 가는 몸에 대한 객관적 관찰에 관심이 집중된 것이다. 생명체 속에는 자기 자신을 죽음에 이르게 하는 어떤 장치가 내장되어 있는 셈이다. 그런 점에서 삶은, 죽음이란 최종 목적지에 이르기 위한 여정이며, 병이나 노화현상조차도 생명현상에 포함되게 될 것이다. 뇌종양에 대한 의사의 설명을 보자.

> 뇌종양은 암의 계통이다. 인간의 두개골 안에서 발생할 수 있는 종양은 백삼십여 종류이다. 조직 내의 모든 신생물이 종양이다. 종양은 어떤 신체조직 안에서도 발생할 수 있다. 종양이 발생하게 되는 환경과 조건은 알 수 없다. 종양은 생명 속에서만 발생하는 또다른 생명이다. 죽은 조직 안에서 종양은 발생하지 않는다. 종양의 발생과 팽창은 생명현상이다. 생명 안에는 생명을 부정하는 신생물이 발생하고 서식하면서 영역을 넓혀나간다. 이 현상은 생명현상의 일부인 것이다. 종양과 생명을 분리시킬 수는 없다.
> (김훈, 「화장」, ≪문학동네≫, 2003, 여름)

"종양의 발생과 팽창"을 "생명현상"의 일종으로 보는 의사의 논리에 따르면, 아내를 죽음의 고통으로 몰아넣는 뇌종양 역시 변이된 생명현상일 뿐이다. 그리고 종양은 죽은 조직 안에서는 발생하지 않기 때문에, 오히려 뇌종양은 아내의 생명을 증명하는 훌륭한 알리바이가 된다. '나'는 의사의 설명을 "뻔한 소리였고, 하나마나한 소리"라고 말하면서도, 그 설명의 진실성 때문에 무서움을 느낀다. 현실적인 삶 속에서는 생(生)과 사(死)가 명백한 대립처럼 경험되지만 사실 생과 사는 분리된 것이 아니다. 그것이야말로 무서운 진실인 것이다. 생명체가 탄생하는 바로 그 순간부터, 죽음의 시한폭탄은 작동을 시작하는 것이다. 생로병사(生老病死)가 인간의 근원적인 고통으로 꼽아지긴 하지만, 오히려 '늙고 병들고 죽는 현상'이 생명체의 삶 속에 포함되어 있다고 보는 견해가 옳은 판단일 듯하다. 작가 스스로가 말하듯 이 소설은 "인간 삶 속의 (생물학적인 조건인) 생로병사가 한 덩어리로 포개져 함께 가는 모습"을 보여준다.

이러한 생각은 프로이트의 '삶의 본능'과 '죽음 본능'을 떠오르게 한다. 초기에 프로이트는 쾌락원칙이 정신과정을 지배하는 유일한 법칙이라고 생각했다. 즉 '불쾌'를 피하고 '쾌'를 얻는 방향으로 정신과정이 운용된다고 본 것이다. 그러나 불유쾌한 경험을 반복하는 환자들의 사례를 만나면서, 쾌락원칙에 대한 자신의 신념을 포기하게 된다. 특히, 불유쾌한 경험을 반복적으로 회상하는 '반복강박' 환자를 통해서, "어떤 악마적인 힘"이 존재한다는 것을 알게 된다. 프로이트는 "악마적인 힘"이 "이전의 상태를 회복하려는 유기적 생명체 속에 내재한 어떤 충동"이라고 가정하고 그것을 "죽음본능"이라고 부른다. 즉 생명개체를 보존하려는 본능(에로스)과 나란히, 생명체를 원래의 무기물 상태로 되돌려보려는 본능(죽음본능)이 존재한다는 설명이다.

「본능('죽음본능'을 말함: 인용자)은 이전의 상태를 회복하려는 유기적 생명체 속에 내재한 어떤 충동인 것처럼 보인다」. 이「이전의 상태」는 생명체가, 불안을 일으키는 외부의 힘이 가하는 압력 때문에 버리지 않을 수 없었던 것이다. 다시 말해서 본능은 일종의 유기적 신축력이고, 다른 말로 해서 유기적 생명체 속에 내재한 관성의 표현이다. 본능에 관한 이러한 견해는 본능을 변화와 발전을 향한 추진력이라고 보는 데 익숙해져 있는 우리에게 대단히 새로운 것으로 느껴진다. 이제 우리는 본능을 그와는 정반대로 생명체의 「보수적」 성격의 표현으로 인식하도록 요청받고 있다. 한편으로 우리는 곧 동물들의 삶에서 본능이 역사적으로 결정된다는 견해를 확인해 주는 것처럼 보이는 여러 사례들을 떠올리게 된다. 예컨대, 어떤 물고기들은 산란기에 지금까지 그들이 살아온 거처에서 멀리 떨어진 특정한 물 속에 알을 낳기 위해서 대단히 힘든 이주 여행을 감행한다. 많은 생물학자들의 견해에 의하면, 그 물고기들의 행위는 단순히 그들이 전에 살았던 장소를 찾아내고 있는 것이다. (S. 프로이트, 윤희기, 박찬부 역, 「쾌락원칙을 넘어서」, 『정신분석학의 근본개념』, 열린책들, 2004, 307~308면)

물고기나 철새가 자신이 태어난 곳으로 돌아가려는 회귀본능을 가진 것처럼, 유기체는 원래의 상태인 무기체로 돌아가고자 하는 성향을 갖는다. "생물개체를 보존하려는 본능과 그것을 점점 큰 단위로 결합시키려는 본능"인 '생명본능(Lebenstriebe)'과, "그 단위를 해체하여 원래의 무기물로 되돌려 보내려는 본능"인 '죽음본능(Todestriebe)'이 존재하는 것이다. 생명현상은 두 가지 본능의 협력, 또는 상호대립행위로 설명할 수 있다. 두 종류의 본능은 서로 분리된 상태로 나타나는 일이 거의 없으며, 다양한 비율로 혼합되어 나타나며 그 비율도 끊임없이 달라진다. 그러니까 맥박이 끊어지는 순간까지는, 생명체 내의 두 본능의 협력과 상호 대립이 쉼없이 지속되는 셈이다. '나'는 아내의 죽음을 "심전도의 계기판의 눈금이 0으로 떨어지자 램프의 불이 깜박거리면서 삐삐 소리를 냈다"라는 문장으로 표현한다. 심전도 계기판의 눈금이 영(零)을 가리키는 것, 그것이 죽음이다. 아내의 투병을 고통과 짜증으로 표현하던 것에 비해, '나'에게 아내의 죽음은 편안함으로 느껴진다. "이 년에 걸친 투병의 고통과 가족들을 들볶던 짜증에 비하면, 아내의 임종은 편안했다. 숨이 끊어지는 자취가 없이 스스로 잦아들 듯 멈추었고, 얼굴에는 고통이 없었다. 아내는 죽음을 향해 온전히 투항했다." 죽음이, 고통이 제거된 평안함으로 다가오는 이유는, 열반원칙으로서의 쾌락원칙이 죽음본능에 봉사하기 때문이다. 내적인 긴장을 일정 상태로 유지하거나 그것을 제거하는 것이 '열반원칙(Nirwanaprinzip)'이다. 유기체를 무기체로, 다시 말해 긴장을 제로 상태로 유지하려는 죽음본능의 의도와 일치하게 된다.

생명체가 살아있는 동안은, 생명체 내에서의 생명본능과 죽음본능의 투쟁이 계속될 수밖에 없다. 맥박이 끊어지기 전까지, 심전도의 계기판의 눈금이 '0'을 가리키기 전까지는, 두 본능의 밀고 당기는 싸움이 계속된다. 그러나 생명체는 '자연사(自然死)'를 운명처럼 타고 났기 때문에 결국 싸움은 죽음본능의 승리로 귀결된다. 죽음본능이 전권을 가질 때의 생명체는 더이상 생명체가 아니기 때문에, '나'는 염을 마친 아내의 시신이나 뼛조각과 재들로 남은 유골에서 아내의 흔적을 느끼지 못한다. 호흡을 멈춘, 죽음본능의 완벽한 승리가 이루어진 섬뜩한 세계를 상징하는 것이 '화장(火葬)'이다. 반면, '화장(化粧)'은 죽음본능과 부단히 싸우며 유기체를 영속시키려는 다른 쪽 본능인 생명본능을 상징한다. 화장술의 역사야말로, 필연적일 수밖에 없는 노추(老醜)를 조금이라도 피하고 지연시키고자 한 전략 아니었던가. 「화장」의 주인공 '나'의 직업이 화장품 회사의 직원인 것도, 화장품 산업과 관련한 이야기들이 길게 인용된 것도 이 때문이다. '化粧/火葬'은 '생명본능/죽음본능'의 은유로 읽힐 수 있다. 화장(化粧)산업의 세계가 시끄럽고 화려하게 묘사된 것은 그것이 생명본능(에로스)의 모습이기 때문이다. 화려한 화장(化粧)의 세계에 비한다면, 화장(火葬)의 세계는 쓸쓸하고 헛헛하지만 은밀하고 집요하다.

그런데 이 소설에서 '나'의 연정의 대상인 '추은주'의 역할은 무엇일까. '나'는 '추은주'의 이름을 읽었을 때, "이제는 지층 밑에 묻혀버린 먼 고대국가의 이름을 떠올"렸다고 고백한다. 그리고 "당신은 당신의 이름 속으로 사라지고 저의 부름이 당신의 이름에 닿지 못해서 당신은 마침내 삼인칭이었고, 저는 부름과 이름 사이의 아득한 거리를 건너갈 수 없었"다고 말하며, 결코 '추은주'에게 접근하지 못한다. 소설 끝에 가면 '추은주'가 사직서를 내고 사라짐으로써 그녀와의 만남이 끝내 좌절되고 만다. '추은주'는 '나'의 에로스적 대상이 아니라, 오히려 '나'를 죽음본능으로 이끄는 매개체이다('추은주'가 아내의 발병 시기에 나타났다가 아내의 죽음과 함께 사라지는 것도 이 때문이다). 왜냐하면 '나'가 그녀의 이름 속에서 "먼 고대국가의 이름"을 떠올리고 있기 때문이다. 지층 밑의 고대국가를 떠올리는 것은, 발생 초기로의 회귀본능을 감지하는 것과 다른 것이 아니다. 그렇기 때문에 '나'의 아내와 '추은주'는 대립적인 표상이 아니라, 동일한 표상이라고 보아야 할 것 같다. 아내는 '화장(火葬)'의 세계로 향하고, '추은주'는 그 이름 자체가 화장(火葬)의 세계를 가리키고 있으므로.

불멸하고자 하는 에로스의 욕망을 실현시키는 것은, '나'의 딸이다. "딸의 얼굴과 몸매는 죽은 아내를 빼다박은 듯이 닮아 있었다. 눈이 동그랬고 귀가 작았고 볼이 도톰했다. 쓰러져서 우는 딸은 어깨의 둥근 곡선과 힘없어 보이는 잔등이까지도 죽은 아내를 닮아 있었다." 아내의 영정과 딸의 얼굴을 번갈아 보는 '나'는 "죽은 사람의 얼굴 표정이 아직 죽지 않은 사람의 얼굴 위에서, 살아서 어른거리고 있었다"고 말한다. 생식(生殖)이야말로, 자연사의 숙명을 가진 생명체가 운명을 거슬러 불멸하는 방법이다. 생식을 통해, 자식의 몸 속에 자신의 생식세포를 살려둘 수 있기 때문이다. 즉 아내는 운명을 피하지 못하고 필멸하고 말지만, 자신을 닮은 딸의 얼굴과 어깨의 둥근 곡선 속에 그대로 살아있게 된다. 「화장」은 化粧/火葬의 상징을 중심으로 하여, 인간의 삶과 죽음, 불멸과 필멸의 문제를 다루고 있다.

2. 풀뿌리 밑의 연화장 세계

「화장」의 '나'가 전립선염이란 노화의 증세를 보이는 것과 마찬가지로, 「언니의 폐경」의 '나'와 언니는 폐경이란 뚜렷한 노화를 경험하고 있는 중이다. 「화장」의 '나'와 「언니의 폐경」의 언니는 55살 동갑내기이고, '나'는 그들보다 5살이 적다. 여성의 폐경은 전립선염보다 더 훨씬 확고하고 뚜렷한 노화의 증세가 된다. 전립선염이 제대로의 기능을 하지 못하는 녹슬어가는 몸을 의미하는 것이라면, 폐경은 여성성의 상실이란 문제와 직결되기 때문이다. 여성만의 고유한 역할을 임신과 출산으로 본다면, 폐경을 거친 여성의 몸은 더 이상 여성이라 불리기 어렵게 된다. 「화장」의 '나'에 비한다면, 「언니의 폐경」의 여성 주인공들은 더 큰 정체성의 위기에 빠져 있는 셈이다. '나'와 언니는 비슷한 시기에 남편의 상실을 경험한다. 언니의 경우 사별(死別)이고, '나'의 경우 합의 이혼이라는 점에서 차이가 있긴 하지만, 반평생을 의지해온 배우자를 잃었다는 점에서는 공통적이다. 배우자의 상실이라는 지점과 폐경이라는 사건은 맞물려 있다.

언니의 폐경은 형부의 죽음과 함께 시작되었다. '나'의 형부는 평생을 일에 파묻혀 산 사람이었다. 과장, 부장을 거쳐 상무로 승진한 형부는, 늘 회사 로고가 찍힌 넥타이를 맸고, 양복 앞깃에 회사 배지를 달고 있었다. 회사가 있는 남해안의 공업단지에 머물면서 주말이나 휴가 때면 서울에 올라오곤 했는데, 이년 전 추석휴가를 끝내고 남해로 내려가던 중 비행기가 추락하면서 죽었다. 언니에게는 두 아들이 있었지만 각자 가정을 이루고 언니와는 떨어져 산다. '나'와 언니는 한강을 사이에 두고 건너편의 아파트에 살면서 자주 왕래를 하며 살아간다.

'나'는 언니의 폐경 증세가 형부가 죽던 날부터 시작된 것 같다고 말한다. 사고가 있던 날, '나'와 언니는 비행기 추락사고의 현장으로 달려가서 형부의 시신을 확인한다. 형부는 A-6 좌석에 앉았는데, A열에 앉아 있던 승객 여섯 명은 모두 죽었고, 뒷자리인 B열에서는 B-4, B-5, B-6 좌석의 승객이 살아남았다. 형부의 시신을 실은 냉동 앰뷸런스를 따라가며 '나'와 함께 서울로 올라오던 언니는 "얘,

왜 B-6은 살고 A-6은 죽는 거니?"라고 말하다가 갑작스레 생리혈을 쏟는다. 언니는 왜 갑작스레 생리혈을 쏟았으며, '나'는 왜 그것을 "폐경 증세의 시작"으로 간주하는 것일까? '나'가 전해주는 정보에 의하면, "폐경이 임박하면 작은 심적 충격에도 때 아닌 출혈이 있을 수 있다"고 한다. 그러니까, "형부의 돌연한 죽음이 언니의 생식기관 속에서 난데없는 배란과 출혈을 일으킨다는 것"이다. 언니의 돌연한 출혈은, 나로 하여금 회귀성 어족들을 떠올리게 한다.

  언니는 A-6과 B-6의 사이를 우는 것일까. 폐경이 임박하면 작은 심적 충격에도 때 아닌 출혈이 있을 수 있다고 여성잡지에서 읽었는데, 형부의 돌연한 죽음이 언니의 생식기관 속에서 난데없는 배란과 출혈을 일으킨다는 것은 상상할 수 없었다. 알에서 깨어나는 치어들, 동해안의 내수면을 떠나서 알래스카 바다로 향하는 회귀성 어족들의 치어들, 죽음에 죽음을 잇대어가면서 할딱거리고 꼼지락거리면서 기어이 바다로 나가는 그 바늘끝 같은 치어의 무리들이 내 마음 속에 떠올랐다. 그래서, 언니의 젖은 팬티에서는 물고기 냄새가 났던 것일까.
            (김훈, 「언니의 폐경」, 《문학동네》, 2005 여름, 236면)

  A-6 좌석에 앉았던 형부는 죽었고, B-6에 앉았던 승객은 죽음을 모면했다. "왜 B-6은 살고 A-6은 죽는 거니?"라는 언니의 질문은, 죽음의 우연성과 불가항력성에 대한 항변처럼 들린다. 그러므로 'A-6'과 'B-6' 사이의 거리는 삶과 죽음 사이의 거리이며, 언니는 그 심연 사이에서 울고 있는 셈이다. 언니가 삶과 죽음이 그렇게도 가깝다는 사실을, 동시에 둘 사이에 도저히 건널 수 없는 심연이

존재함을 느꼈다고 볼 수 있다. A-6/B-6는, 火葬/化粧과 동일한 상징적 의미를 갖는다. 언니는 형부의 죽음을 사랑하는 남편의 상실로 받아들이는 것 같지 않다(왜냐하면 언니는 형부의 죽음 앞에서는 울지 않다가, 생리혈을 터뜨리고야 운다). 남편의 상실을 통해 자기에게 성큼 다가온 죽음의 그림자를 느낀 것이고 그것을 더 크게 문제삼는 듯하다. 때문에 갑작스런 출혈은 불가항력적인 죽음을 거부하고자 하는 언니의 삶에 대한 욕망이라고 보아야 할 것이다. 필멸하는 죽음에 대한 거부는 언니로 하여금 때 아닌 생리혈을 쏟게 한다. "생식기관 속에서 일어나는 난데없는 배란" 행위는 무차별적 죽음에 포획되지 않고, 불멸의 존재로 살아남기 위한 생명체의 안간힘으로 이해된다. 생리혈을 쏟아내는 것으로 상징되는 생명본능의 행위 속에도 죽음본능은 숨어있다. 언니의 생리혈을 닦아주면서 '나'는 회귀성 어족을 떠올린다. 알에서 깨어나 동해안을 떠나 알래스카 바다로 향하는 치어들의 행렬은 그 자체로 강력한 생명본능과 삶의 의지를 느끼게 한다. 하지만 태어난 곳으로 되돌아오고야 마는 회귀성 어족의 생태를 생각해 볼 때, 작은 생명체 안에 엄연히 존재하는 죽음본능을 감지할 수밖에 없다.

언니의 폐경 증상은 두 가지로 나타난다. 저녁 무렵의 수다와 음식에 대한 까탈스러움. '나'가 전달하는 여성잡지의 정보에 의하면, "폐경을 맞는 여자들은 저녁 무렵에 근거 없는 불안을 느낀다"고 한다. 정신분석학 역시 폐경기는 불안 증세가 촉발되는 시기이며, 그런 시기에는 리비도가 급격하게 많이 생산된다고 설명한다(불안의 감정은, 인생 초기의 어떠한 체험을 반복이란 형태로 되풀이하는 것이라고 설명한다. 인생초기의 어떠한 체험이란 바로「출산행위」를 가리킨다. 이 설명에 따른다면, 폐경기 여성의 불안은 자신이 태어날 때의 고통을 반복하는 것이며, 거기에서 급격한 리비도가 분출된다는 것이다). '나'는 언니의 수다에 대해 "늘 대꾸할 수 없다"고 말한다. 언니의 말은 "누구에게도 전달되지 않는, 언니 혼자만 알아들을 수 있고 언니 혼자에게만 유효한 말"이기 때문이다. 어째서 언니는 이렇게 무의미한 말들을 쏟아내야 하는 것일까? 언니의 수다에는 물고기가 자주 등장한다.

　　－얘, 비행기가 꼭 물고기 같구나. 저 지느러미를 좀 봐.
　　－얘, 꼭 버들치 같아. 대가리가 반짝거리네. 꼬랑지에 등이 켜졌어. 얘, 좀 봐.
　　－얘, 어쩜 저렇게 스미듯이 사라질 수가 있니?

　김포 가까이에 있는 아파트에 살기 때문에, 하늘에서 비행기를 발견하는 것은 흔한 일이다. "점점 작아지는 비행기들이 그 깊은 노을 속으로 사라졌고, 저물어서 도착하는 비행기들은 노을의 저쪽에서 배어나오듯이 한 개의 점으로 돋아나서 김포 쪽으로 다가왔다." 그래서 베란다 창 밖 하늘은 언니의 말처럼 "물고기들이 날아다니는 수족관"처럼 보이기도 한다. 물고기란 비행기에 대한 은유적 표현이다. 남편을 비행기 사고로 잃은 사실을 생각하면, 비행기에 대한 언니의 집착은 쉽게 이해가 된다. 그렇지만 언니는 비행기 자체에 관심을 가지는 것이 아니라, 비행기가 나타나고 사라지는 것, 그리고 비행기가 물고기처럼 보인다는 사실을 신기하게 여긴다. 가을날의 저녁 무렵만큼 삶의 공허함과 무의미함을 사유하도록 강요하는 시간도 없을 것이다. 자매가 사는 아파트의 위치 또한 상징적이다. 둘은 한강 하구 쪽으로 강을 따라 들어선 아파트에 살고 있다. "언니는 강 건너 김포의 한강 쪽"에, '나'는 그 건너편에.

> 하구의 맨 끝 쪽에서 강은 서쪽으로 커다랗게 굽이쳤다. 바다는 보이지 않았지만 바다의 힘이 깊숙이 닿아서 바다가 밀어올릴 때 강물은 도심 쪽으로 거꾸로 흘렀고 썰물 때는 바다 쪽으로 쏟아져내려갔다. 흐름이 돌아서는 밀물 때는 내려가려는 강의 힘과 거꾸로 올려붙이는 바다의 힘이 부딪혀서 강물은 흰 거품을 곤두세우며 일어섰고 물이 한꺼번에 빨려나가는 저녁 썰물 때는 강의 밑창이 빠지는 소리가 들렸다. 물이 다 빠져나간 저녁 무렵에는 낮게 엎드린 강의 양쪽으로 젖은 갯벌이 드러나고 강은 문득 고요해지면서 굽이침의 뼈대만을 드러내는데, 그 굽이침의 보이지 않는 먼 쪽에서 다시 밀물은 조금씩 다가오기 시작했다.
> (위의 책, 252면)

강의 하구에 이른 강물처럼, '나'와 언니 역시 삶의 마지막 어딘가 쯤에 도착해 있다. 그러나 죽음으로 향하는 초로(初老)의 삶이라고 해서, 고요하기만 한 것은 아니다. 오히려 강의 하구이기 때문에, 바다로 상징되는 죽음의 입구에 서있기 때문에, 리비도의 급격한 배출로 밀물과 썰물의 운동은 더 격렬해진다. 가을날, 저녁, 강의 하구라는 시간적, 공간적 배경은 '나'와 언니의 폐경기에 대한 적절한 은유가 된다. 강의 양쪽으로 젖은 갯벌이 드러나 보이는 저녁 무렵, 언니의 시선은 하늘에 고정되어 있다. 수족관 같은 하늘에 나타났다, 사라지는 비행기(물고기)는 자연스레 존재의 생(生)/몰

(沒)을 떠오르게 할 것이다. 그러나 생/몰은 완전히 분리된 대립적 개념이 아니다. "노을 속에서 점으로 사라지는 비행기들과 점으로 나타나는 비행기들은 모두 비행기의 태아이거나 발생 이전의 흔적처럼 보여서, 사라지는 비행기와 다가오는 비행기가 똑같"은 것이 되어 버리기 일쑤이다. 정리하자면, 비행기에 출/몰에 대한 언니의 집착은, 생명의 탄생/죽음에 대한 집요한 추구에 다름 아닌 것이다. 언니의 불안함의 실체는 죽음일 것이다. 이해할 수는 있지만 순순히 받아들일 수 없는 죽음 앞에서, 언니는 수다로서 공포감을 상쇄하고 있다고 말할 수 있다. 그렇게 본다면, 쏟아지는 생리혈이나 쏟아지는 말들은 동일한 의미를 갖는 셈이다.

언니보다 5살 아래인 '나'에게도 곧 폐경이 닥칠 것이다. '나'는 폐경에 임박해 있으며, 이미 갱년기의 증상을 보이고 있다. 언니와 마찬가지로 '나' 역시 남편을 잃었다. '나'의 남편은 착실하게 성공가도를 달려 대기업의 대표이사의 자리에 오른다. 자신의 어머니 형에게 자랑스런 아들이자 동생이며, 딸에게도 좋은 아버지인 편이지만, '나'에게는 좋은 남편이 되지 못했다. 가정을 균열시키지 않고 사회적 명성에 손상이 가지 않도록 "아무런 애정도 없이 그저 습관적으로 함께 살아"온 것뿐이다. 출장에서 돌아온 남편의 속옷에는 젊고 건강한 여자의 것으로 추정되는 머리카락이 붙어있곤 했지만, '나'는 그것을 문제삼지 않는다. 남편과의 무료하고 위태로운 결혼생활은, 시어머니의 죽음, 딸의 유학과 함께 막을 내린다. 별거에 들어가고 '나'와 남편의 결혼생활은, 7:3의 재산분배라는 확고부동한 숫자로만 남는다.

그런데 남편과 이별하는 자리에서 '그이'와의 만남이 시작된다. 남편과 그이는 정반대의 사람이다. 성공가도를 달린 남편과 대조적으로, 남편과 입사동기인 '그이'는 만년 인사부장으로 남편의 결재를 받고, 상사의 부인인 '나'의 편의를 봐주어야 하는 입장이다. 그리고 대표이사에 취임한 남편에 의해 해고를 당한다. '그이'에 대한 '나'의 감정을 사랑이라고 말하기는 어려울 것 같다. 사랑이라기보다는 같은 처지에 있는 자들끼리의 연민에 가깝다. 가령, '나'와 '그이'의 성교장면은 도무지 애틋한 사랑을 떠오르게 하지 않는다.

> 그이의 성교는 격렬하지는 않았다. 기둥을 박듯이, 내 몸 속에 깊이 들어와서 오랫동안 몸을 움직이지 않았다. 다리를 벌려서 그이의 몸을 받아내면서 나도 꼼짝하지 않았다. 베란다 창 너머에서 새벽 썰물에 강의 밑창이 빠지는 소리가 들렸고, 흐린 갯벌 위에 한쪽 다리로 서 있는 새 한 마리가 내 마음 속에서 고요했다. 그 새를 안고, 물살에 씻겨 바다 쪽으로 내려가는 환각이 떠올랐다. (위의 책, 260면)

'나'와 '그이'가 사랑을 나누고 있는 장면과, 창밖의 강 갯벌의 모습이 겹쳐진다. 바다에 닿아있는 강의 하구는 인생의 황혼기에 대한 은유인 동시에, '나'의 성기에 대한 은유이기도 하다. 강물이 다 빠져버린 썰물의 갯벌 위에 한 발로 서있는 한 마리 새의 모습은, '나'와 '그이'의 모습이다. '나'는 '그이'의 첫인상을 "마른 몸매에 팔다리와 목과 손가락이 길어서, 한쪽 다리로 서는 조류"와 같았다고 말하며, 그래서 '그이'를 보며 "멸종위기"를 느꼈다고 말한다. "봄이 되어도 시베리아로 돌아가지 못하고 낯선 종족들 틈에 눌러 앉아서 여생"을 마치는 "겨울 철새의 낙오자"를 떠올린다. '그이'는 약육강식의 사회에 절대로 적응할 수 없는 몸과 정신을 소유한 사내, 말하자면 낙오자이다(남편과 같은 부류를 생각할 때, '그이'는 확실히 낙오자이다). 작가는 「화장」의 '나'나 「언니의 폐경」의 '나'가 중년의 사랑에 빠져드는 것을 의도적으로 방해하는 듯하다. 「화장」의 '나'는 결코 '추은주'를 가까이 하지 못했고, 「언니의 폐경」의 '나'는 남편과 이별하는 시점에서 '그이'를 만나기는 하지만, 이들 사이에서 연민 이상의 애정 감정이 발생하지 않는다. 왜 로맨스의 가능성이 제거되고 마는 것일까. 작가는 사랑의 문제가 생/사의 부속물일 뿐, 삶의 중핵을 차지할 수는 없다고 생각하는 듯하다. 혹은 사랑이 죽음을 초월하고 죽음을 벗어나게 하는 유효한 대안일 수는 없다고 생각했기 때문일까. 죽음을 벗어나 불멸에 이르게 하는 것은 사랑이 아닌 생식이므로.

'생/사'라는 주제는 '나'의 냄새에 대한 기억을 통해 또한번 반복된다. '나'는 시댁의 제사에서 전을 부치다가 들기름 냄새를 맡으며, 어떤 "예감"에 시달린다.

그 냄새의 실체를 무엇이라고 종잡을 수는 없었다. 그것이 대체 무엇인지, 그것을 향하여 무어라 말을 걸어야 하는지, 몸 속으로부터 겨우 몇 마디 말을 끌어내면서도 다시 겨우 열리려는 말문을 틀어막는 냄새였다. 몸 속에 연주를 가지고 있던 봄날, 햇볕에 부푼 흙을 집어 먹고 싶었던 입덧이 기억이 기름 냄새 속에서 떠올랐다. 남편의 속옷에 묻어온 여자 머리카락이 더운 방바닥 위에서 꿈틀거릴 때 마음속에 떠올랐던 나신의 여자, 여자의 먼 조상 같기도 하고 화석 속의 여자 같기도 했던 웬 여자의 환영도 들기름 냄새 속에서 떠올랐다가 이내 지워졌다.

(위의 책, 248면)

죽음이 두려운 이유 중의 하나는, "지나간 시간들이 무어라 말하여질 수 없는 채 그렇게 지워지고 빠져나갈 것"이기 때문이다. 존재의 과거와 현재를, 마치 아무것도 없었다는 듯이 삼켜버리는 거대한 무의미는, 인간 존재로 하여금 두려움을 느끼게 한다. '나'는 들기름 타는 냄새를 맡으면서 몇 가지의 기억을 떠올린다. 제사음식을 준비하는 시댁의 마당은 삶과 죽음이 공존하는 자리이다(제사의 대상이 되는 死者와 음식을 탐닉하는 生子). 들기름 냄새는 딸을 가졌을 때의 입덧의 기억이나, 남편의 외도를 짐작하게 하는 여자의 머리카락 같은 것을 떠올리게 하지만, 그것들은 금세 지워지고 만다. 기억은, 과거라는 흘러가버린 시간을 현재에 붙잡아 매는 성공적인 방편이 될 수 있을 것이다. 기억하는 만큼은 사라지지 않는 셈이고, 그런 점에서 일종의 불멸이 가능할 수도 있다. "냄새는 인간의 무의식 속에 각인되어서 아득한 기억들을 불러온다는 것"이다. 그러나 날고구마나 오이, 흙, 들기름 냄새가 무의식 속의 아득한 기억을 환기하는 데까지는 성공하지만, 그것들을 언어로 의미화, 개념화 하지는 못한다. 그래서 그저 코끝에 잠시 맴돌다가 사라지는 냄새의 흔적들에 '나'는 조바심을 내고 있는 것 아닐까.

「언니의 폐경」은 폐경기 여성을 화자로 내세워 삶/죽음의 문제를 보게 한다. 삶 가운데 그림자를 드리우고 있는 죽음! 소설 내내 지속되던 삶과 죽음의 팽팽한 긴장은, "풀뿌리 밑의 연화장세계"라는 인식을 통해 쉽게 이완되고 만다. 소설의 마지막 무대는 경주남산인데, 무덤의 도시인 경주는 삶/죽음의 공존을 보여주기 위한 가장 적합한 도시일 것이다. '나'와 언니는 경주남산에 올라, 경주의 옛 이야기가 실려있는 책자를 펼쳐본다. 책에는 이런 이야기가 실려있다. 경주 변두리에 사복이라는 불구자가 살았는데 어머니가 죽자, 원효 스님을 불러서 장사를 치렀다. 사복과 원효가 상여를 메고 산으로 올라갔다. 사복이 풀뿌리 한 개를 뽑으니 풀 뽑힌 자리 밑으로 고요하고 정갈한 세계가 나타났다. 사복이 그 속에 어머니를 장사지내며 이야기는 끝난다. 삶이 죽음이고 죽음이 곧 삶이라는 인식에 의해, 삶과 죽음의 화해할 수 없는 드라마는 성공적으로 봉합된다. 살아있는 자가 서있는 풀의 세계(色) 바로 아래에 연화장세계(空)가 자리잡고 있다는 것. 이런 식의 결말은 김훈의 소설에서 다소 예외적인 것이라 할 수 있다. 김훈은 줄곧 삶과 죽음의 팽팽한 긴장을 다루는 데 주력해 왔다. 생(生)으로도 사(死)로도, 에로스로도 타나토스로도 귀속되지 않는 삶에 관한 이야기를 다루기 위해, 죽음과 시체로 가득찬 전쟁터를 종횡무진하지 않았던가. '색즉시공, 공즉시색'이라는 초월적 인식은 삶과 죽음의 불화를 간편하게 화해시켜주기는 하지만, 같은 이유 때문에 김훈 소설의 특장이라 할 수 있는 팽팽한 긴장미나 비극미의 효과는 감소되고 만듯하다.

3. 「언니의 폐경」이 성취한 것과 지나친 것

그렇지만 「언니의 폐경」을 '삶과 죽음'의 문제에 국한해 접근하려는 독법, 즉 「화장」의 연장선상에서 독해하려는 시도는 정당한 것일까. 존재론의 문제만이 작가의 유일한 관심이었다면, 왜 김훈은 자신에게 거추장스러울 것이 뻔한 여성 화자의 입을 빌어 삶과 죽음의 문제를 사유하게 한 것일까. 김훈은 중년 남성의 입을 빌어 성취했던 「화장」의 성취를, 이제 중년 여성의 입을 빌어서 다시 한번 성취해 보려고 한 것일까. 그렇다면 폐경기의 여성의 내면을 그리고자 한 작가의 의도는 성공했다고 할 수 있을까.

작가는 자신이 '여성'의 입을 빌어 말하고 있다는 것을 분명히 의식하고 있다. 소설에서 분명하고 섬세한 여성의 목소리가 들려오는 것은 사실이다. 물, 물고기, 강, 달의 이미지가 소설에 빈번하게 등장하는데, 이것들은 여성성과 긴밀하게 관련을 맺고 있다. 앞에서 살펴본 것과 같이, 강의 하구라는 상징은 여성 인물의 연령과 성기를 동시에 상징하기 위한 장치이다. 물고기의 이미지는 뱃속의 태아와 회귀성 어족을 떠오르게 하는데, 이것은 임신과 죽음으로 연결된다. 강의 운동인 밀물과 썰물은 달의 운동과 관련된 것인데, 달은 한 달을 주기로 하여 나타났다가 사라지는 반복 때문에 여성의 상징으로 기능한다. 주기적인 운동성이란 특성 때문에, 여성의 고유한 신체 현상인 달거리를 칭하는 언어로 '월경'이라는 단어가 채택되었을 것이다.

그러나 여성적인 상징이 얼마나 구현되었느냐가 성공의 관건은 아닐 듯하다. 여성의 심리를 묘사하는 데 성공했느냐는 것, 달리 말하면 여성으로 하여금 얼마나 자유롭게 말하게 했느냐가 더 중요한 문제 아닐까(남성 작가인 김훈이 그린 여성의 내면은 확실히 다르다. 90년대 문단을 풍미했던 여성 작가들의 소설에 비한다면, 「언니의 폐경」은 고요하고 정갈하기까지 하다. 여성 작가들이 즐겨 그렸던 도발성도 없고, 시끌벅적한 로맨스나 열정의 체취도 느껴지지 않는다. 여성의 로맨스가 과도하고 과장되게 그려졌던 것에 반발해서인지, 작가는 의도적으로 로맨스를 문제의 중심에서 밀쳐내 버린다. 그러나 사랑이나 물욕으로부터 자유로운 여성의 내면 역시 다른 의미에서 과장되게 느껴지며, 어떤 부분에서는 개연성이 결여된 인물로 다가오기도 한다). 「언니의 폐경」의 언니나 '나'는, 죽음의 문제 앞에 무방비 상태로 놓여있다는 점에서 「화장」의 '나'와 동일한 상황에 처해있다. 「화장」의 남성화자는 객관적 묘사와 경어체의 화법을 번갈아 구사하며, 자신의 내면을 어느 정도 말하는 데 성공한다. 그것에 비한다면 「언니의 폐경」의 여성화자는 원래의 목적을 달성하지 못했다고 보아야 할 것 같다. 언니는 수다에 가까운 말들을 쏟아내지만, 그 말들은 소통을 전제로 하지 않은 철저히 사적인 언어에 가까운 형편이다. 그러므로 언니는 많은 말을 했지만 아무 말도 하지 않은 것과 마찬가지이다. 또 '나'는 무언가를 말하려고 조바심을 내지만, 그것을 끝내 언어로 재현하지 못하고 만다. "몸 속으로부터 겨우 몇 마디 말을 끌어내면서도 다시 겨우 열리려는 말문을 틀어막는" 지경이다. '나'는 결국 냄새 속에서 기억을 더듬다가 말하고자 하는 것들을 끝내 언어로 길어올리지 못하고 만다. 그러나 입 밖으로 터져나오는 말문을 틀어막는 것은, 냄새가 아니라 남성인 작가의 이데올로기가 아닐까. 때문에 여성의 입을 빌어, '여성의 내면'을 '대신' 말해주고자 했던 작가의 의도는 일정 부분 실패하고 말았다고 해야 할 것이다. 이방인이요, 영원한 타자일 수밖에 없는 여성이, 남성의 전유물인 언어를 빌어 자신의 이야기를 해본다는 것은 애초부터 어불성설일지도 모른다. 「언니의 폐경」의 여성인물들은 너무 많은 이야기를 하거나 혹은 아무 이야기도 하지 않음으로써, 결국 자신의 이야기를 풀어내는 데 실패하고 만 것이 아닐까.

안전한 독서, 위험한 독서

김경욱 「위험한 독서」

1. 독서치료사와 문학의 위상

　김경욱의 「위험한 독서」에는 '독서치료사'라는 독특한 직종이 등장한다. 음악치료사와 미술치료사가 음악과 미술을 매개로 하여 환자를 치료하듯, 독서치료사는 "책으로써 마음의 병을 어루만지고 치유"한다. 독서치료사는 영혼의 의사인 셈인데, 심리적 외상의 원인을 분석하여 환자를 치료하는 정신분석의와 유사한 방법을 취하고 있다. 그런데 흥미로운 것은 치료를 위해 '책'을 이용한다고 하지만, '나'가 피상담자들에게 권하는 책의 대부분이 문학작품(소설)이라는 점이다. 그러므로 독서치료의 효용에 대한 '나'의 믿음은, 문학이 인간의 정신적 질환을 치료하는 정서를 불러일으킨다고 주장했던 아리스토텔레스의 신념과 먼 거리에 있지 않은 듯하다. '나'는 테베의 도서관에 걸려 있던 "영혼을 치유하는 곳"이란 문구가 현대의 도서관에도 여전히 유효하다고 확신하는 사람이다. 책은 마음의 질병,

영혼의 상처를 치유하는 비약(秘藥)과도 같다. 책의 유용성, 문학의 효용과 가치를 믿어 의심치 않는 '나'는 확신에 차서 책을 읽지 못하는 가여운 영혼들에게 다음과 같이 요청한다. "……사람들 모두 나에게 오라. 와서 마음의 평화를 구하고 갱생을 도모하라."

　독서치료사가 행하는 치료의 과정을 보자. 먼저 독서카드를 작성하게 한다. 병원에서 진료카드를 작성하게 하듯이, 피상담자의 독서 취향과 습관에 관한 기초적인 자료를 수집하는 것이다. "최근에 읽은 책, 감명깊은 책, 아끼는 사람에게 권해주고 싶은 책, 앞으로 읽고 싶은 책"이 적힌 독서목록은 피상담자의 "자서전"이자 "영혼의 연대기"라 할 수 있다. 왜냐하면 독서카드에 적힌 목록들은 한 개인의 독서의 취향과 습관은 물론, 그들의 성격 및 심리상태를 반영하기 때문이다. 독서목록을 통한 진단을 마친 후에는, 피상담자에게 심리상태에 도움이 될 만한 책을 읽게 한다. 가령 중년 남자와 부적절한 교제를 하는 소녀에게는 『롤리타』를 읽게 하고, 지켜보는 사랑만으로 가슴 아파하는 사람에게는 『콜레라 시대의 사랑』을 보게 하며, 세상의 속물성에 환멸을 느낀 조숙한 청소년에게는 『호밀밭의 파수꾼』을 권하는 식이다. 소설은 교육과 치료의 효과를 가지고 있기 때문에, 책을 읽으며 피상담자의 마음의 병이 낫게 된다.

　'나'는 독서치료의 한 성공적인 사례를 소개한다. 상습적으로 고급 외제차에 불을 지른 열다섯 살짜리 소년을 상담하게 되었다. 세상에 대한 노골적 적의를 보이며 침묵으로 일관하던 소년의 입을 열게 한 것은 한 권의 책, 미시마 유키오의 『금각사』였다. 금각사에 불을 지른 방화범의 내면을 탐미적 언어로 그려낸 소설을 읽고 소년은 자신의 감정을 쏟아냈다. '나'의 설명에 의하면 소년은 소설의 문장을 읽으면서 고통과 안도감을 동시에 느꼈던 것이다. 자신 안의 괴물과 만나는 고통, 그리고 그 괴물이 유일무이한 존재가 아님을 확인하는 데서 오는 안도감. '나'는 심리치료의 시작은 고통이며, 치료의 끝은 쾌감이라고 말한다. 소년의 독서치료는 성공적으로 마무리 되었고, 소년은 평범한 아이로 돌아오게 되었다. 이러한 독서치료의 방법론은 『시학』의 카타르시스의 기능과 일치하는 면이 많다. 『시학』의 저자는 등장인물의 설정과 플롯을 통해 관객에게 연민과 공포라는 부정적인 감정을 불러일으키고 나서, 비극의 주인공이 불행의 원인을 인지하고 그 원인을 모종의 보편적인 도덕적 명제와 연관 지으면서 비극의 대단원을 정리하게 될 때 관객은 연민과 공포의 감정을 배출하며, 이 배출을 통해 관객의 마음은 정화된다고 말한다. 소년의 사례는 책이 강고한 영혼의 마음을 여는 트로이의 목마이자, 영혼을 치유하는 묘약임을 증명해 보인다.

그런데 치료에서 중요한 것은 '책' 자체가 아니라, 독자의 '독서' 행위이다. 때문에 '나'는 자신의 직업을 "책치료사가 아니라 독서치료사"라고 소개한다. 왜냐하면 독서치료에서 중요한 것은 주어진 책의 독서를 통해서 자신의 심리적 갈등을 극복하는 것이 관건이기 때문이다. 또한 독자는 독서를 통해 교훈이나 계몽을 찾아내야 하는 것이 아니라, 책에 공감하는 것이 중요하다. 책의 교훈이 병든 마음을 치료해 주는 것이 아니라, 독서의 과정에서 일어나는 감응과 동일시가 치료를 가져오기 때문이다. 어쨌든 독서치료의 장(場)에서 소설은 영혼의 묘약이라는 이전의 영광을 다시 되찾은 셈이다. 더욱이 문학의 효용과 가치가 전면적으로 회의되기 시작한 근래의 상황을 고려한다면, 독서치료라는 생소한 분야는 문학의 위상을 재고하게 해준다.

2. 당신 : 읽어내기 어려운 책

　책의 치유적 기능에 대한 '나'의 믿음에 흠집을 낸 인물이 '당신'이다. 당신을 대상으로 한 '나'의 독서치료가 실패했기 때문이다. '나'는 '당신'을 "여러모로 읽어내기 쉽지 않은 책"이라고 표현한다. 자신의 욕망을 드러내는 데 소극적인 그녀의 심리상태를 짐작하고 진단하기가 쉽지 않은 탓이다. 다른 피상담자들의 독서목록과 다르게, 그녀가 작성한 독서카드는 '나'에게 심리를 유추해낼 어떤 단서를 제공하지 못한다. 그녀가 작성한 목록은 다음과 같았다. 최근에 읽은 책-『다이어트! 제대로 알고 하자』, 감명 깊게 읽은 책-『데미안』, 아끼는 사람에게 권해주고 싶은 책-『홀로 눈 감으면 언제나 내 안에 있는 너』, 앞으로 읽고 싶은 책-『빵 굽는 사람이 아름다운 스물일곱 가지 이유』. "서른 살 성인의 것이라고는 믿을 수 없을 만치 독서의 분량은 가난했고 취향은 이렇다 할 중심이 없"었기 때문에 '나'는 그녀가 어떤 문제를 안고 독서치료사를 찾아왔는지 가늠하지 못한다(그러나 '나'의 진술과는 다르게, 독서목록은 그녀의 취향과 삶의 태도를 정확하게 드러내고 있다고 해야 할 것이다. 왜냐하면 치료가 끝나갈 즈음 그녀는 다이어트에 대한 부담감을 이야기하고, 제빵기술을 배우러 다니게 되며, 『데미안』의 주인공처럼 알을 깨고 성숙한 인간으로 거듭나기 때문이다. 그녀의 도서목록은 현실이 아닌, 미래를 예언적으로 반영하고 있었던 것이다).

책읽기를 별로 좋아하지 않는 그녀(아이러니하게도 그녀의 근무처는 도서관이다)가 독서치료사인 '나'를 찾아온 이유는 무엇인가. 스스로 꺼낸 이야기에 의하면, 그녀는 어떤 책을 읽으면 "칠 년 사귄 남자친구를 깔끔하게 정리할 수 있을까", "구질구질하게 울거나 후회하지 않고 끝장낼 수 있을까"를 알고 싶어서 찾아왔다는 것이다(그런데 흥미로운 점은 그녀의 진술에 대하여 "당신이 독서를 통해 얻고자 한 것은 진정 그것이었을까. 고작 그것이었을까"라며 의구심을 버리지 못하는 '나'의 태도이다). 독서 안내인으로서 '나'는 그녀를 제대로 진단하지 못했기 때문에 어떤 책을 권해야 하나 고민한다. 하지만 몇 권의 책을 통해서 마침내 그녀를 파악하는 데 성공한다. 대쉴 해미트의 『몰타의 매』, 다자이 오사무의 『인간실격』, 『사양』 등이 그녀를 진단하고 치료하는 독서목록이 되어준다. 『몰타의 매』의 주인공에 대한 적대감을 보고 그녀 안에 감추어진 "기왕의 것에 대한 집착"과 "결별에 대한 두려움"을 읽어낸다. 『인간실격』, 『사양』을 읽으면서 그녀는 더욱 적극적으로 독서를 해나가며 자신의 속마음을 털어놓게 된다. 그리고 성격, 옷차림, 버릇까지도 변하게 된다.

그녀는 아들 없는 집에 넷째 딸로 태어났다. 부모와 형제로부터 사랑을 받지 못했던 그녀는 자기를 부정하고 욕망을 숨기는 방식으로 삶을 살아왔다. 이러한 성격은 연애 방식에도 고스란히 이어져서 남자 친구의 외도를 확인하고도, 항의도 못하고 결별도 못한 채 관계를 끌어오고 있는 중이었다. 『사양』을 읽으면서 "전통적 여성상을 거부하고 새로운 윤리를 적극적으로 모색하는 주인공"에 매력을 느끼며, 자신이 전통과 관습의 희생양임을 깨닫게 된다. "당신은 비로소 자신의 불우했던 과거를, 자신을 긍정적으로 바라볼 수 있게 된 것이다." 자기를 부정하고 자신의 욕망을 억누르기에 급급했던 그녀가 자신을 긍정적으로 바라보게 된 것이다. 상처받은 마음이 치유받자, 표정이 밝아지고 상대의 시선을 외면하던 버릇도 없어졌다. 옷차림도 화려해지고 고집하던 낡은 신발을 벗고 새 구두를 신게 되었다.

> 당신은 날로 화사해졌다. 당신은 다이어트를 해야 한다는 푸념을 습관처럼 내뱉었지만 당신의 풍만한 몸매가 나에게는 눈부셨다. 빛나는 생기와 샘솟는 자신감으로 충만해진 당신의 문장은 당당해서 아름다웠다. 자신의 빛나는 변화를 감춰둘 수만은 없다는 듯 당신은 카메라가 달린 최신 휴대폰을 장만하기도 했다. 오백만 화소라 웬만한 디지털 카메라보다 성능이 좋다고 했다. 얼마 전에 개인 홈페이지를 오픈했는데 너무 썰렁해서요. 사진 좀 올려볼까 해서 구입했어요. 벌써 자신의 사진도 몇 장 올렸다고 했다. 앞으로는 자기가 구운 빵도 찍어 올릴 계획이란다. 빵도 구울 줄 아느냐고 내가 물었다. 며칠 전부터 제빵학원에 다니기 시작했어요. 본격적으로 배우기 위해 도서관 일도 그만뒀어요. 제 이름이 들어간 빵집을 여는 게 꿈이거든요.
> (김경욱, 「위험한 독서」, 《문학동네》, 2005 가을)

독서치료는 상당한 성공을 거둔 셈이다. 의기소침하고 소극적이고 우유부단하던 사람이, 소설읽기를 통해 생기와 자신감, 결단력을 소유하게 되었으니 말이다. 소년의 경우와 마찬가지로 그녀의 사례 역시, 문학의 효용과 가치를 증명하기에 부족함이 없지 않은가. 그렇지만 '나'와 마지막으로 만나는 자리에 가면, 그녀를 변화시킨 진짜 원인이 소설책이 아니었음이 밝혀진다.

> 당신은 그즈음 장안의 화제가 된 드라마에 대해서도 말했다. 저처럼 날씬하지도 않고 든든한 배경도 없는 여자가 주인공으로 나오는데 얼마나 당당하고 씩씩하게 사는지 너무 보기 좋아요. 저도 그렇게 살고 싶어요. 게다가 제빵기술자예요. 나이는 서른, 저랑 동갑이지 뭐예요. 이름은 또 얼마나 특이한지. 당신은 자신의 분신이라도 발견한 듯 호들갑을 떨었다. 텔레비전 드라마를 즐겨보지 않는 나는 당신의 열렬한 시청소감에 맞장구를 칠 수도 토를 달 수도 없었다. 그 드라마를 한번도 본 적 없다고 고백하자 당신은 나를 외계인 보듯 했다. 주인공 이름이 너무 재미있는데. 그 드라마 보면 선생님도 많이 밝아지실 텐데. (위의 책)

그녀에게 생기와 자신감을 불어 넣어주고 새로운 직업을 선택하도록 작용했던 힘은 소설에 있었던 것이 아니다. 그녀는 텔레비전 드라마(이 드라마는 지난 여름 최고의 시청률을 기록했던 〈내 이름은 김삼순〉일 것이다)를 보면서 삶의 활기와 용기를 얻게 되었다고 고백한다. 그녀는 『사양』의 주인공을 동일시의 대상으로 삼았던 것이 아니라, 날씬하지도 않고 배경이 좋지도 않은 드라마의 주인공을 동일시의 대상으로 삼았던 것이다. 서른 살이란 나이와 독특한 이름(그녀의 이름은 언급되지 않지만 남자에게나 붙일 법한 이름이라는 진술로 보아 '삼순이'만큼 독특한 이름일 것으로 짐작된다)은 그녀로 하여금 더욱 드라마에 매료되도록 했을 것이다. 그러니까 도서관을 그만두고 제빵 기술을 배웠던 것도, 자신의 이름이 들어간 빵집을 열겠다는 말했던 것도, 드라마 주인공을 모방한 행동이었던 것이다.

독서치료가 성공적으로 이뤄졌다는 '나'의 생각은 착각에 불과했다. 이제 책은 영혼을 치유하는 고매한 기능을 새로운 주자인 텔레비전에게 이양해야 할 지경이다. 그녀의 상처를 치유하고 변화시킨 것이 텔레비전 드라마라는 사실이 밝혀지면서 독서치료사는 조롱과 풍자의 대상이 되고 만다. 소설을 만병통치약으로 생각했던 독서치료사의 믿음이 애초부터 너무나 허황된 것이기도 했다. 독서치료를 그만 받겠다는 그녀의 말에 '나'는 아쉽고 불안할 수밖에 없다. "당신을 그대로 보낼 수는 없었다. 당신에게 권해주고 싶은 책들이 나에게는 아직 많았다. 끝이라니." 독서치료사와 소설의 권위는 동시에 땅에 떨어지고 텔레비전 드라마가 그 위치를 점하게 된 형국이다.

3. 무엇이 위험한 독서인가

소설에는 적어도 세 가지의 독서가 등장한다. 연쇄방화범 소년의 독서, '당신(그녀)'의 독서, 그리고 '나'의 독서이다. 소년은 감응적인 독서를 통해 세상을 향한 맹목적 적대감을 치유할 수 있었다. 그녀는 몇 권의 책과 텔레비전 드라마를 통해 상실했던 자신감과 생기를 회복할 수 있었다. 소년과 그녀의 독서 대상은 책과 드라마이다. 그런데 '나'의 독서대상은 '당신'이며, 그래서 '나'는 그녀를 자주 책에 비유하고 있다. 그녀를 책에 빗댄 은유를 몇 가지 찾아보면 다음과 같다.

특별한 기대나 별다른 설렘도 없이, 외지고 남루한 서가에서 우연히 발견한 책.
무엇 때문인지 여태 단 한 번도 대출된 적 없어 존재감마저 희박해진 책.
한 번 훑어보기만 하면 두 번 다시 들춰볼 일 없을 것처럼 평범해 보이는 책.
당신은 일러두기도 목차도 없는, 독자를 위한 배려를 찾아볼 수 없는 책인 셈이다.
당신은 여러모로 읽어내기 쉽지 않은 책이었다.
서툴게 번역된 책처럼 문장은 아리송했고 문맥은 쉬이 연결되지 않았다.
당신은 더 이상 독자를 마음 불편케 하는 책이 아니어서 이렇게 속삭인다. 나를 읽어봐. 주저하지 말고 나를 읽어봐.

소설에서 '책'은 문서와 담론으로 구성된 서적이나 문학작품으로 제한되지 않는다. 텔레비전 드라마와 사람도 '책'이며 독서의 대상이 될 수 있다. 여기에서의 '책'은 데리다나 바르트가 말하는 '텍스트'에 가까운 것이다. "텍스트의 바깥은 없다"는 명제를 빌자면, 모든 것이 다 텍스트인 셈이다. 바르트는 '작품'과 '텍스트'를 구분하는데, '작품'은 단일하고도 안정된 의미를 드러내는 기호체계로 소비의 대상이며, '텍스트'는 고정된 의미로 환원될 수 없는 무한한 시니피앙들의 짜임이다. 그는 「저자의 죽음」을 통해 텍스트 내에서의 저자의 죽음, 독자의 탄생을 선언한 바 있다. 저자가 더 이상 글쓰기의 기원이 아니라는 주장이다. 저자라는 개념이 들어설 자리가 없어지고 여러 다양한 문화에서 온 글쓰기들을 배합하며 조립하는 조작자, 또는 남의 글을 인용하고 베끼는 필사자가 존재할 뿐이라는 설명이다. 때문에 텍스트를 해독하는 것은 더 이상 의미 없는 일이며, 글쓰기를 이루는 모든 흔적들을 모으는 독자의 역할이 중요해진다.

오늘날 독서에서 작가의 영향력은 눈에 띄게 감소한 반면 독자의 영향력은 날로 강력해지고 있다. 책의 의미는 작가의 창조적 능력이 아니라 독자의 취향에 따라 결정된다. 어떤 사람들은 말한다. 책에는 독자가 메워야 할 수많은 빈칸이 존재한다고. 독자가 그것을 채우기 전에는 모든 책이 본질적으로 미완성 원고에 불과하다고. 심지어 잘나가는 텔레비전 드라마는 시청자들이 결말을 좌우하기도 한다. 당신의 취향은 불치병으로 시름시름 죽어가는 여자 주인공을 벌떡 일어나게 할 수도 있고 운명의 장난으로 적이 된 연인을 다시 맺어줄 수도 있다. (위의 책)

「위험한 독서」의 "책"은 '작품'보다 '텍스트'에 가깝다. 책이 '텍스트'를 의미하기 때문에, 독서도 단순히 책을 읽고 독해하는 행위로 정의되지 않게 된다. 그래서 '나'는 저자의 전기적 사실이나 이력 등에 관심을 기울이지 말 것을 당부하며 이렇게 말한다. "독서를 통해 당신이 발견해야 하는 것은 교묘하게 감추어진 저자의 개인사나 메시지라는 그럴듯한 이름으로 포장된 이데올로기가 아니라 바로 당신 자신이다." 독서치료사는 작가의 메시지나 이데올로기라는 단일하고 고정적인 의미를 해독하는 전통적 독서를 부정하고, 책읽기를 통해 독자가 다원적 의미의 적극적인 생산자가 되기를 권장한다.

소년의 독서치료가 성공적이었던 것도, 소년이 후자의 독서를 수행했기 때문일 것이다. 그런 이유로 '당신'의 독서는 '나'의 비판의 대상이 되곤 했다.

저자는 죽었다고 생각하세요. 당신은 고개를 끄덕이며 이렇게 대답했다. 1948년 강물에 뛰어들어 죽었네요. 게다가 동반자살이래요. 불쌍한 사람. 당신은 어느새 책 말미의 작가연보에 코를 박고 있었다. 어수룩한 당신. 당신의 터무니없어 보일 정도의 진지한 반응에 나는 하마터면 웃음을 터뜨릴 뻔했다. 전통적인 독서법의 영향력은 질기고 집요했다.
(위의 책)

초보적인 독자들이 갖고 있는 오래된 선입견 중 하나는 책 속의 주인공과 저자를 동일시한다는 것이다. 이런 독서법의 폐해는 정답을 찾기 위해 교사의 눈치를 보는 학생처럼 저자의 권위에 짓눌린 나머지 책에 자신을 자유롭게 내던지지 못한다는 것이다. 이것은 작가의 경험담인가, 저것은 작가의 상상력인가. 독서량이 많지 않은 당신도 예외는 아니어서 작가의 전기적 사실을 의식하느라 정작 자신의 경험과 감정을 읽어내지 못했다.
(위의 책)

상담 초기의 '당신'은 저자의 전기적 사실에 주의를 기울이고, 저자와 주인공을 동일시하는 전통적인 독서법의 소유자였다. 그래서 '나'는 『인간실격』을 권해주면서 "책을 당신의 것으로 만들어 보세요. 이렇게 합시다. 저자는 죽었다고 생각하세요"라고 주문한다. 전통적인 독서에서 벗어나지 못하던 '당신'은, 상담 후반부로 가면 독서를 통해 "자신의 경험과 감정을 읽어내"는 생산자로서의 독자로 변신하게 된다. 바르트 식으로 말하면, 전자는 독자에게 그저 읽도록 주어진 '읽어진 텍스트', 후자는 독자로 하여금 직접 쓰도록 유도하는 '쓸 수 있는 텍스트'와 유사한 것이다. 그렇다면 위험한 독서란 저자의 의도를 확인하고자 하는 전통적인 독서를 뜻한다고 할 수 있다. 왜냐하면 고정적이고 단의적인 의미의 해석은 적극적인 생산을 방해하기 때문이다.

그런데 독서치료사인 '나' 역시 위험한 독서를 수행 중에 있다고 할 수 있다. 텔레비전 드라마나 대중영화, 심지어 광고조차도 하나의 텍스트임에도 불구하고, '나'는 피상담자들에게 오직 책, 그것도 소설만을 고집스럽게 권장하며 '작품'을 신화화하고 있다. 피상담자들에게는 저자의 권위에 억눌리지 말고 자유롭게 자신의 경험과 감정을 읽어내라고 주문하지만, '나'는 텍스트로서의 피상담자에게서 하나의 의미를 끄집어내려고 한다('나'의 치료방법은 증상의 기원을 찾아내는 정신분석의의 작업과 비슷한 점이 많다. 그런데 정신분석학이야말로 유년기의 상처라는 단의적인 기원을 결코 포기하지 않는 학문 아니던가).

이러한 태도는 '당신'을 읽어가는 '나'의 독서과정에 잘 드러나 있다. '나'는 그녀를 자신의 개념과 이해의 틀 안에 가두려 하는 경향이 강하다. 이해불가능의 텍스트로 개방시키는 것이 아니라, 자신의 지식 체계를 통해 단일한 기의로 환원시키고자 한다. '나'는 독서를 통해 자기 자신을 읽은 것이 아니라, "수난의 구조"와 "희생양" 개념이라는 '당신'의 "개인사나 메시지"를 읽어내고 있기 때문이다.

4. 환상의 창을 매개로 한 책읽기

　그녀가 사라지고 나서 '나'는 그녀의 근황을 궁금해 한다. 그나마 그녀의 근황을 알게 된 것은 인터넷 덕분이다. 그녀가 홈페이지를 개설한 커뮤니티에 가입하고, 그녀의 성별, 이름, 나이의 정보를 이용하여 홈페이지를 찾아낸다. 상담이 끝나 만날 수는 없지만 인터넷 공간을 통해 그녀를 찾아가 볼 수는 있다. 매일 매일 홈페이지를 둘러보는 '나'는 이렇게 고백한다. "상담할 때보다 나는 당신에 대해 더 많은 것을 알게 된 기분이다. 전화하지 않아도 만나지 않아도 당신이 그날 무슨 빵을 구웠고 기분은 어땠는지 어떤 사람들을 만났고 어디에 갔었는지 모두 알 수 있다. 나는 당신을 읽을 수 있게 된 것이다." '나'는 인터넷의 도움으로 그녀라는 '책'을 여전히 읽을 수 있게 된 것이다. 그녀가 상담 중에 던지는 말, 책에 그어 놓은 밑줄이나 메모를 통해 그녀라는 '책'을 읽는 것보다 홈페이지의 공간을 통해 그녀를 읽는 것이 더 효율적인 것처럼 보인다. '나'는 상담할 때보다 더 많은 것을 알게 된 기분이라고 고백하지 않는가. 홈페이지에 업로드된 사진, 일상에서 느끼는 감상을 적어 놓은 글, 게시판이나 방명록의 글, 심지어 배경음악까지도 그녀를 직간접적으로 표현하고 반영하기 때문일 것이다.

　그러나 인터넷 홈페이지를 통한 '나'의 그녀 읽기라는 독서는 진정한 성공일 수 있을까. 인간관계는 항상 오해 투성이이며, 불완전한 의사소통에서 오해가 비롯됨을 생각할 때, 온전한 의사소통이 이루어지는 사회는 유토피아라 부를 만하다. 얼굴을 마주보는 직접적인 접촉도 온전한 이해를 보장하지 못하는데, 인터넷 공간에서의 접속이나 엿보기가 얼마나 온전할지 의문이 들지 않을 수 없다. 개인 홈페이지에 수다에 가까운 글들과 화보에 가까운 사진들이 업로드 되는 것은 사실이지만, 글과 사진이 개인을 사실적으로 반영한다고 생각하기는 어렵다. 게재된 글과 진심 사이의 간격은, 포토샵으로 처리된 이미지 사진들과 실제 얼굴의 차이만큼이나 엄청날 것이다. 때문에 인터넷 공간에서 그녀를 읽는 행위는 음험한 관음이나 자위 행위에 지나지 않을 수 있다. 그렇게 본다면 관음적 시선으로 그녀를 읽는 '나'의 독서는 또 하나의 위험한 독서가 된다.

　마찬가지로 그녀의 드라마 읽기 역시 위험성을 내포하고 있다. 그녀는 자신과 여러 면에서 비슷한 점을 가진 드라마의 여성 주인공에게 동일시를 하며 드라마 텍스트를 적극적으로 읽고 있다. 드라마 시청으로 삶에 긍정적 변화가 일어났다는 점에서, 그녀의 독서는 생산적이고 적극적인 독서라고 할 만하다. 하지만 제빵기술자가 되어서 자기 이름을 내건 빵가게를 차리길 소망하는 그녀의 꿈은 드라마에 대한 수동적인 모방일 뿐이다. 때문에 환상의 창을 통해 무비판적, 수동적으로 드라마를 읽는 그녀의 독서 역시 위험한 것일 수밖에 없다.

　소설은 문학의 지고한 가치를 맹신하는 '나', 인터넷의 가상 공간을 통해 소통의 가능성을 모색하는 '나', 가짜 욕망인 줄도 모른 채 모방욕망에 사로잡힌 '당신', 모두를 풍자의 대상으로 삼는다. 그렇다면 문학의 위상을 계승하려던 대중매체의 시도는 실패한 것이라고 보아야 할 것 같다. 가상 공간에서의 소통이란 가짜의 독서, 가짜의 소통임이 드러나기 때문이다. 그럼에도 불구하고 가상공간에서의 읽기는 여전히 진행 중이다. 가상공간의 환상의 창이 소통의 환상만을 부추기는 것이라 하더라도, 글쓰기(혹은 글읽기)와 사진 올리기를 멈출 수는 없을 것이므로. '나'는 말한다. "그리하여 당신의 근황이 늘 궁금한 요즘의 나에게는 두려운 문장이 하나 생겼다. 최근 2주간 새 게시물이 없습니다." 책의 흰 여백은 검은 글씨 사이의 틈새로 작용하여 새로운 독서를 창출하지만, 인터넷 공간의 여백은 공포를 유포할 뿐이다.

5. 현실과 허구, 대중문화

「위험한 독서」는 소설집 『장국영이 죽었다고?』(김경욱, 『장국영이 죽었다고?』, 문학과 지성사, 2005)에 실린 단편들의 연장선상에 있다. 인터넷이나 텔레비전, 영화 등 대중문화를 적극적으로 끌어들인다는 점과, 가상과 현실의 경계, 그리고 소통의 문제에 대한 고민이라는 점에서 그러하다. 표제작인 「장국영이 죽었다고?」의 '나'는 아버지의 파산과 함께 신용불량자가 되었는데, 아내에게 아파트라도 남겨주기 위해 이혼을 선택해야만 했다. '나'는 익명의 ID로 인터넷에 접속하거나 가짜 이름으로 라디오에 사연을 보내는 식으로 사회와 관계를 맺을 뿐이다. 신용불량자로 정상적인 경제활동에 참여할 기회가 차단된 '나'가 가질 수 있는 직업은 피시방 아르바이트 정도이다. 아르바이트 장소인 피시방에서, 비디오방으로, 숙소인 고시원으로 이동하며 사람들과의 접촉은 피한다. '나'는 세상과의 관계를 요구하지 않는 단절되고 폐쇄적인 자기만의 '방'에 머무른다. 가상의 공간을 훔쳐보거나 익명의 대상과 게임을 벌이는 사람들의 집합소인 피시방은 '나'에게 가장 편안한 공간이 되어 준다. "그 누구와도 관계하지 않음으로써 나는 겨우 존재할 수 있다"는 명제가 성립된다. 그러니까 '나'의 존재조건은 '관계하지 않음'인 셈이다.

바깥과의 접촉을 회피하던 '나'는 한 이혼녀와 채팅을 나누면서 "돌연한 활기"를 띠고 그녀 때문에 모처럼 바깥 세상으로 외출을 하게 된다. "발없는 새"라는 ID를 사용하는 이혼녀와 '나'가 긴 채팅을 했던 것은 두 사람이 공유한 "사소한 기억의 연대기" 때문이었다. 두 사람은 우연히도 13년 전 같은 시간 같은 장소에서 같은 영화를 보았고, 같은 날 결혼해서 제주도의 같은 호텔에서 신혼여행을 보냈다. 며칠 후 '나'의 이메일 주소를 물었던 이혼녀는 메일을 보내온다. 검은 양복에 마스크를 착용하고 「아비정전」을 보았던 충무로의 극장 앞으로 나오라는 것이다. 그러나 '나'는 이혼녀를 만나지 못하고 엉뚱한 '플래시 몹(flash mob)'에 참여하게 된다. '나'와 이혼녀 사이의 인터넷 상의 접속은, 실제 세계에서의 접촉으로 이어지지 못한 것이다. 그렇지만 접촉의 실패는 예정되어 있던 것이다. 실제 공간에서의 두 사람의 접촉은 모두 만우절의 조우였기 때문에, 애초부터 진실성이 담보되지 않은 것이었기 때문이다.

「성난 얼굴로 돌아보라」는 뫼비우스 띠처럼 연결되어 있는 현실과 허구의 관계를 보여준다. 제목인 「성난 얼굴로 돌아보라」는 등장인물들이 대학교 시절 공연했던 희곡 작품의 제목이기도 하고, 윤주가 쓴 소설의 제목이기도 하며, 아내가 본 텔레비전 드라마의 제목이기도 하다. 윤주는 희곡의 내용을 변주해서 동일한 제목의 소설을 발표한 것인데, 대학 시절 윤주와 동거했던 '나'는 소설의 내용이 꺼림직할 수밖에 없다. 자전적 요소가 강한 소설일 것이라고, "자신의 과거를 팔아 작가가 되"었다고 추측하기 때문이다. 그런데 윤주의 소설은 과거를 재현한 것이 아니라, '나'의 현재를 반영하고 있었다. 소설 속의 남자는 임신한 아내 몰래 아내의 부하 직원과 불륜관계를 맺고 있다. 남편의 부정을 안 아내는 유산을 하고 남편을 용서하지 못해 인도로 떠난다는 내용인데, 소설은 '나'의 현실과 정확히 들어맞는다. "그녀가 쓴 소설은 명백히 내 이야기였다. 그녀는 자신의 과거를 팔아 작가가 된 것이 아니라 나의 현재를 팔아 작가가 된 것이다. 정확히 말하자면 나의 불행한 미래를 팔아 작가가 된 것이라고 해야겠다."

물론 소설이 발표되었을 시점에는 '나'와 아내의 부하 직원인 '강'이 불륜관계에 있지 않았기 때문에 "나의 불행한 미래를 팔"았다는 주장은 억측임에 틀림없다. 허구가 삶을 반영하는 것이 아니라, 삶이 허구를 반영하고 있는 것이다. 소설을 묵시록의 차원으로 승격하고자 하는 의도일까. 바르트는 여러 가지 글쓰기를 뒤섞어 직조할 권한 밖에 갖지 못한 필사자가 자신을 표현하고자 한다면, 그것은 이미 만들어진 사전뿐이라고 이야기한다. "사전 안에서 낱말들은 다른 낱말들을 통해서만 설명될 수 있으며, 또 그것은 무한하다는 것을."
(롤랑 바르트, 김희영 역, 『텍스트의 즐거움』, 동문선, 1997, 33면). 저자를 계승한 필사자는 하나의 거대한 사전을 가지고 있어, 거기서부터 결코 멈출 줄

모르는 글쓰기를 길어올린다. "삶은 책을 모방할 뿐이며, 그리고 이 책 자체도 기호들의 짜임, 상실되고 무한히 지연된 모방일 뿐이다." 즉 「위험한 독서」의 '당신'이 작성한 독서목록이 사후적으로 실현되는 것도 마찬가지이다.

6. 안전한 것과 위험한 것

대중문화의 적극적 차용이라는 김경욱 소설의 특징은 「위험한 독서」에서도 확인된다. 눈에 띄는 부분이 있다면, 대중문화보다 고전적인 도서 목록들이 엄청나게 많아졌다는 것 정도이다. 또한 대중문화나 가상공간에 대한 종래의 중립적, 유보적인 태도와 비교해 볼 때, 그것들의 허구성을 직접적으로 드러내고 있다는 것도 눈에 띄는 부분이다. 그럼으로써 「위험한 독서」는 지금-여기의 문학의 필요성과 가치를 생각해 보게 한다.

사람들은 무엇 때문에 문학작품을 읽을까. 문학이 즐거움을 주기 때문이며, 삶에 대한 어떤 통찰을 제공해 주기 때문일 것이다. 즐거움과 삶에 대한 통찰이 문학을 통해서만 가능한가라는 반문이 가능하다. 인터넷 게임도, 텔레비전 드라마도, 대중영화도 동일한 기능을 할 수 있지 않는가 말이다. 나아가 가상 공간에서도 진정한 소통이 가능하고, 인터넷 홈페이지를 통해서도 진실한 만남이 가능하다고 주장할 수 있지 않을까.

문학(좋은 문학이라는 전제를 두고)도 대중문화도 즐거움을 줄 수 있다. 다시 한번 바르트를 인용해 보자. 그는 두 즐거움이 서로 다른 차원에 속한 것이라고 말한다. 하나는 "만족시켜 주고, 채워주고, 행복감을 주고, 문화로부터 와서 문화와 단절되지 않으며, 편안한 독서의 실천과 연결"되며, 후자는 독자를 "상실의 상태로 몰고 가서 마음을 불편케 하고, 독자의 역사적, 문화적, 심리적 토대나 그 취향, 가치관, 추억의 견고함마저도 흔들리게" 한다고 말한다. 대중문화나 가상 공간 역시 즐거움을 제공할 수 있다. 문제는 즐거움에 있는 것이 아니다.

의심하라 : 세상에 속지 않는 법
은희경 「의심을 찬양함」

1

　은희경의 「의심을 찬양함」을 일독한 첫 느낌은, 재기발랄함이 넘치는 한 편의 단막극을 본 후의 느낌과 비슷했다. 하지만 가볍게 웃고 말기에는 무언가 개운치 않은 뒷맛이 느껴진 것도 사실이었다. 그러니까 이 소설이 그저 재미있는 한 편의 이야기에 불과한가라는, 소설을 읽은 내가 무언가 중요한 점을 놓치고 있지 않은가라는 불안감 같은 게 남았다는 말이다. 그리하여 소설을 거듭 읽고 나서 느낀 점은, 이 소설이 독자에게 결코 적지 않은 지적인 추리와 독해력을 요구하고 있다는 사실이었다. 달리 말한다면, 전체 서사를 마련하고 기획한 작가의 구성력이 돋보인다는 말이기도 하다.
　소설은 네 개의 부분으로 나뉘어져 있다. 처음 〈1〉과 마지막 〈4〉의 배경은 P시로 가는 기차 안이고, 〈2〉의 배경은 여자 주인공 '이유진'이 '이유진'으로 추정되는 남자와 이야기를 나누는 카페 안이며,

〈3〉은 '이유진'의 친구 S가 입원한 병원의 응급실을 배경으로 하여 이야기가 진행된다. 이 간단하면서도 복잡한 소설을 이해하기 위해서 대략적인 줄거리부터 살펴보자. 주인공은 '이유진'이라는 여성이다. 그녀의 이름이 흔하다는 점이 이 소설의 핵심사항인데, 왜냐하면 소설에서 끊임없이 '동명이인'의 트릭이 사용되기 때문이다. 어느날 '나'의 오피스텔로 사과 한 박스가 배달된다. '나'는 사과를 주문한 적이 없었지만 주소지와 수신인이 확실했으므로, 누군가가 새해 선물로 보냈을지도 모른다고 생각하여 택배를 받아들인다. 며칠 후 낯선 남자가 찾아와 잘못 배달된 사과 상자가 있는지 물었고, 이미 상자를 개봉한 '나'는 몹시 당황하여 남자를 집안으로 불러들여 차를 대접하게 된다.

물론 남의 물건을 개봉했다는 미안함이 남자를 집안으로 받아들인 이유의 전부는 아니었다. 키가 크고 순진해 보이는 용모에 옷차림까지 세련된 낯선 남자의 방문이, 싱글인 그녀에게 불쾌한 일이 아니었기 때문이다. 길지 않은 대화를 나누면서 그녀는 남자에게 더 많은 호감을 갖게 되었는데, 그 이유는 그녀와 그 사이의 여러 가지 공통점 때문이었다. 가령, 자전거 여행이나 마티스 그림에 대한 관심, 카페나 인도 식당에 대한 똑같은 취향, 같은 별자리, 왼손잡이라는 사실이나 똑같은 플레너 노트를 갖고 있다는 점 등은, 그녀가 그를 특별한 사람으로 받아들이는 중요한 요인으로 작용할 수 있었다. 즉, 누구든 그녀와 같은 상황에 놓인다면, "이게 단순한 우연일까, 아니면 운명적인 메시지일까"라고 자문하지 않을 수 없다는 것이다. 아마도 그녀는 '운명적인 메시지' 편에 무게를 실은 듯하고, 그리하여 남자와 다음 만남을 약속한다.

〈2〉는 그녀가 약속 장소인 카페에 들어서면서부터 시작된다. 하지만 그녀를 기다리고 있는 것은, '운명적인 메시지'와 함께 등장했던 남자가 아니라 그와 닮은, 자기 스스로를 그의 '쌍둥이 남동생'이라고 소개한 남자였다. 흥미로운 점은 그녀와 기나긴 논박을 벌이는 '쌍둥이 남동생'의 목적이 어디에 있느냐는 것이다. 급한 일 때문에 약속에 늦는다는 형의 말을 전해야 한다는 애초의 목적을 잃어버린 듯, 그는 그녀와의 기나긴 설전과 논박을 벌이는 데 집중하고 있기 때문이다. 마치 그는 낭만적인 운명론의 어리석음을 비판하기 위해 등장한 듯하다. 동생은 모든 일에는 인과관계가 있다고 믿기 때문에, 그녀와 형의 만남을 우연이나 운명으로 해석하지 않는다. 그에 의하면, 두 사람의 만남은 필연적 결과일 뿐이다. 나아가 그는 그녀와 형의 만남이 형의 고의적인 계획에 의한 것이라고 비아냥거린다.

그의 무례한 반응에 적당히 열이 받은 그녀의 반응은 어떠한가. 그녀는 형의 고의성과는 무관하게 연말에 서점과 패스트푸드점에서 형을 만났었기 때문에 형에 대한 호감을 품게 되었다고 반박한다. 그녀에 의하면 모든 일은 친구 S를 만났던 지난 연말의 어느 오후로부터 시작되었다. S와 대형서점에서 만난 그녀는 그날 소설책과 산문집 두 권을 샀다. 자신과 동명이인인 번역자가 옮긴 책을 보고 있을 때, 등 뒤에 서있던 한 남자의 존재를 눈치챌 수 있었다. 그리고 S와 패스트푸드점에서 치킨을 먹고 있을 때, 다시 건너편 앞자리에서 아까 그 남자를 발견할 수 있었다. 그리고 며칠 후 자신의 오피스텔로 한 남자가 찾아왔는데 그가 바로 서점의 그 남자였다. 그러니

형이 오피스텔로 찾아오기 전부터 그에 대한 그녀의 호감은 이미 형성되어 있었으며, 형제가 아무리 똑같이 생겼을지라도 동생을 향해서는 동일한 호감이 생겨날 수 없다는 설명이다.

둘의 갑론을박이 끝나갈 무렵, 친구 S가 응급실에 실려갔다는 연락이 온다. 그런데 응급실에서 만난 S의 기억은 또 다르다. S의 기억에 따르면, 서점에서 만났던 남자와 패스트푸드점의 남자는 명백히 다른 남자였다는 것. 둘은 혼란에 빠진다. 서점의 남자, 패스트푸드점의 남자, 오피스텔로 찾아온 남자, 쌍둥이 형과 동생, 번역자는 모두 같은 사람인지 각각 다른 사람인지 불분명한 채로 이야기는 끝난다. 그런데 이와 같은 쌍둥이 형제에 관한 이야기는 이미 지난 연말에 겪은 일들이며, 이것은 현재의 시점에서 회상에 의해 서술되고 있다는 것이 문제적이다. 앞서 지적한 대로, ⟨1⟩과 ⟨4⟩는 P시로 가는 기차 안을 배경으로 한다. 그러니까 기차 안에서 과거 회상이 이루어진 것이라고 보아야 한다. 그렇다면 쌍둥이 형제와 관련된 과거 회상이 이루어진 까닭은 무엇인가.

2

도입부인 ⟨1⟩은 주인공 '이유진'이 낯선 사람들과 기차를 타게 된 정황을 설명해 주고 있다. S의 결혼식에 참석하기 위해 P시로 향하는 그녀는 저렴한 동반석을 구입하고 낯선 사람들과 동석하게 된다. 문제는 옆 좌석에 앉은 "올리브색 야구캡을 쓴 남자"인데, 그는 가방에서 그녀가 연말에 구입했던 것과 똑같은 책을 꺼내면서 그녀의 주목을 받게 된다. 소설의 초반부에는 지나치다 싶을 정도로 '쌍둥이' 모티프가 반복하여 등장하고 있다. 건너편 동반석에는 똑같은 분홍 스웨터에 모직 주름치마를 입은 쌍둥이 자매가 앉아 있고, 여고생들은 쌍둥이와 쌍란, 쌍밤이 가져다 주는 행운에 대해 이야기하며, 옆 좌석의 남자는 가방에서 똑같은 책을 꺼내든다.

즉 이 쌍둥이의 모티프가 전체 서사를 이끌어가는 기본 동력으로 작용한다고 말할 수 있다. 쌍둥이란 무엇인가. 단순히 말해서 쌍둥이란 같지만 다른 것, 다르지만 같은 것이다. 부모로부터 동일한 DNA를 물려받은 일란성 쌍둥이의 경우, 부모마저 쌍둥이를 구별하지 못할 정도로 닮았을지라도 두 사람이 상이한 개체임은 분명하지 않은가. 쌍둥이의 유사성과 공통점이 어떤 혼란을 초래하는 것뿐이다. 〈2〉의 카페 안의 대화를 보면, 꼭 닮은 두 형제가 얼마나 다른지를 알 수 있다. 카페에 들어선 '이유진'은 먼저 와있던 쌍둥이 동생을 보면서 형과 닮았다고 생각하지만 대화가 이어질수록 둘의 이미지는 정반대라는 사실을 알게 된다.

미소년 같은 인상의 형과 달리, 동생은 시니컬하고 어두운 인상을 풍긴다. '이유진'과 대화가 잘 통했던 형과 달리, 동생은 그녀와 계속 부딪힌다. 둘의 대화를 간추리면, 동생의 세계관은 '객관, 확률, 필연, 인과관계, 정보, 규칙, 규범' 등의 단어로 설명되고, '이유진'의 세계관은 '주관, 인연, 우연, 운명, 점성술, 감각, 느낌' 등의 단어로 정리될 수 있다. 먼저 동생의 주장을 들어보자. 모든 일에 원인과 결과가 있다고 믿는 동생은 우연과 운명을 믿는 '이유진'의 태도가 못마땅할 수밖에 없다.

　　사람들은 머릿속에 갖고 있는 자기만의 정보 해석 체계, 즉 사고 회로를 통해서 닥쳐온 일을 판단하고 취사선택하게 돼 있습니다. 그런데 그 사고 회로는 철저히 주관적인 기억의 질서에 의해 만들어지죠. 객관적 사실과는 거리가 있다는 얘깁니다. 그렇기 때문에 세상에는 짐작과는 다른 일들이 짐작보다 훨씬 많아지는 거죠. (중략) 인간이 가진 오감과 뇌의 용량을 생각해 보세요. 의식하든 못하든 우리가 일상에서 제공받는 정보는 엄청난 양입니다. (중략) 자신의 사고 회로에 적합한 것만을 선택적으로 받아들이는 겁니다. 그렇게 만들어진 것이 바로 기억의 질서예요. 일종의 판단 매뉴얼인 셈이죠. 그런데 그 매뉴얼이 극히 주관적이고 부분적이라는 데 문제가 있어요. 매뉴얼로 해석할 수 없는 일이 일어났을 때 인간은 대개 우연이라는 말로 뭉뚱그려버리지만, 사실 세상의 모든 일에는 필연적인 인과 관계가 있는 법이에요. 그 인과 관계를 알아낼 수 있는 정보가 기존 매뉴얼의 질서에 적합하지 않아 누락되어 있었던 것뿐이죠.　　　　(은희경, 「의심을 찬양함」, ≪문예중앙≫, 2007 봄, 105~106면)

　　동생의 과학적이고 합리적인 설명에 의하면, 인간의 뇌에는 개인의 정보 해석 체계가 있다. 일종의 기억의 질서인 셈인데, 뇌의 용량이 제한적이므로 이 매뉴얼은 극히 주관적이고 부분적이다. 기억의 매뉴얼로 해석할 수 없는 일이 발생했을 때 우리는 그것을 '우연'이라고 부른다. 하지만 세상의 모든 일에는 필연적인 인과 관계가 있는 법이므로, 어떤 일을 우연으로 취급하는 것은 오해일 뿐이라는 설명이다. 즉, 쌍둥이 형의 매력과 호감의 원인으로 작용했던 기호나 취향의 동일성이 우연의 결과가 아니라 필연적 인과 관계의 산물이라는 설명이다. 동생의 말은 다분히 악의적인데, 같은 오피스텔에 살고 있는 형이 미리 그녀의 취향을 분석해서 우연을 가장했음을 암시하고 있다. "공교로운 일이 일어났을 때 사람들은 생각하지요. 이게 단순한 우연일까, 아니면 운명적인 메시지일까. 당신은 두 번째를 선택한 겁니다. 그날 일어난 일만으로 형이 당신의 운명적 상대라는 최면을 걸기에는 충분했으니까요." 동생의 논증은 계속된다.

세상에 이유 없는 일은 일어나지 않습니다. 눈에 보이지 않지만 세상은 철저히 질서가 지배하고 있어요. 그렇기 때문에 합리적인 예측이 가능한 것이고요. 통계학에서는 우연히 일어난 것처럼 보이는 일이 사실은 필연적 결과라는 걸 숫자로 증명하죠. 샘플의 숫자가 커지면 극히 일어나기 어려운 일도 의외로 쉽게 일어날 수 있습니다. 예측을 많이 하면 할수록 하나라도 맞을 확률이 높기 때문에, 되도록 많은 예측을 하게 유도하는 것은 초능력자들이 흔히 사용하는 속임이죠. (중략) 우리는 우연한 일에 의미를 둡니다. 누군가와 생일이 같다거나, 혹은 똑같은 옷을 입고 있다거나, 계속해서 같은 음악이 흘러나온다거나, 내 생각이 어느 책 속에 그대로 나온다거나, 다른 사람과 동시에 똑같은 말을 한다, 또는 시계를 볼 때마다 같은 숫자가 겹친다, 뭐 그런 것들 말이죠. 그러나 확률이 낮을 뿐 그런 일들은 일어나게 되어 있는 일입니다. 문제는 사람들이 거기에 특별한 의미가 있다고 생각하고 싶어한다는 거죠. 그런 식으로 우연의 일치를 검출하는 기술은 자연선택을 통해 지속적으로 연마돼 왔어요. 여러 사건들 사이의 의미 있는 상관관계를 찾아내는 능력은 인류에게 중요한 생존의 이점을 제공했을 테니까요. 당신 경우도 예외가 아니죠. 우연이 반복된다고 생각하고 거기에 운명적이라는 의미를 둔 거잖아요.

(위의 책, 110~111면)

불가해한 것처럼 보이는 세상의 모든 일들이 합리와 이성, 확률과 통계에 의해 설명될 수 있다는 주장이다. 그렇다면 형과 그녀의 만남 또한 확률과 통계에 의해 명백히 설명될 성질의 현상일 뿐이지 않는가. 즉, 둘의 만남에 드리워져 있던 낭만적 운명론의 색채가 일거에 제거된다. 확률상 다소 드문 일이 발생한 것뿐이거나, 누군가의 공교로운 조작에 의한 결과일 뿐이다. 동생은 그녀에게 충고한다. "합리적으로 사고하지 않으면 늘 인생에 속게 됩니다. 당신처럼요." 하지만 늘 속는 자라는 비난에 대한 그녀의 항변 역시 만만치 않다. 합리적 분석과 예측의 절대적 우위를 주장하는 동생에게 그녀는 이렇게 말한다.

정작 세상을 이끌어가는 것은 이유 없이 생겨나는 일들 아닌가요? 모두가 예측할 수 있는 범주 안에서 생기는 일들은 인생이라고 할 수도 없죠. 우리가 계획을 세우는 동안 발생하는 우연이 바로 그 사람의 인생이라는 존 레논의 말을 당신이 들어보았는지 모르겠군요. 당신 형은 계획적이지 않았어요. 문 밖에 서 있는 당신 형의 얼굴을 보았을 때 내가 왜 그렇게 놀랐다고 생각해요? 맞아요. 서점에서 우연히 스쳤을 뿐인데도 며칠 동안 머리를 떠나지 않던 남자가 옆 동에, 그것도 같은 호수에 살고 있다는 것이 흔한 일은 아닌 거죠. 하지만 이름이 같다는 데에는 아닌 게 아니라 미심쩍은 마음이 들더군요. 당신 형이 일부러 내 주소와 이름을 알아내 사과를 배달시킨 뒤 그것을 빌미로 찾아온 게 아닌가 의심하기 시작했어요. 그날 친구가 큰 소리로 떠들어대던 것도 마음에 걸렸고요. 당신 용어를 빌리자면 정보를 너무 많이 뿌려댄 셈이지요. 패스트푸드점에서 곧바로 집으로 돌아왔기 때문에 뒤를 밟았을 수도 있고, 아니면 처음부터 나를 알고 있었을지도 모른다는 생각이 들더군요. (위의 책, 112~113면)

그녀의 입장은 쌍둥이 동생과 정반대이다. 그녀는 "이유 없이 생겨나는 일들"이 세상을 이끌어간다고 생각한다. 그녀는 "계획을 세우는 동안 발생하는 우연이 바로 그 사람의 인생"이라는 존 레논의 말을 인용하면서 그의 주장에 반박한다. "사람의 마음을 움직이는 건 객관적인 정보가 아니에요. 설명할 수 없는 감각과 느낌이라구요"라는 그녀의 언급은, 확률과 통계, 규칙 밖에 존재하는 어떤 영역에 대한 확신을 표현한다.

우연과 필연에 대한 쌍둥이 동생과 그녀의 논박으로 채워진 〈2〉는 논박 자체만으로도 흥미진진하다. 쌍둥이 동생의 주장에 의하면, 쌍둥이 동생 자신은 그녀가 구입한 책의 번역자와 동일한 인물이다. 그러니까 남자 '이유진'과 여자 '이유진'의 공박인 셈이다. 전혀 다른 생각을 가진 남자와 여자는 같으면서 다른 쌍둥이라고 할 수 있다. '이유진'이 번역한 책은 쌍둥이에 대해서 다음과 같은 흥미로운 언급을 하고 있다.

> 사회적 규범과 틀 바깥에 존재하는 신경병 환자들의 이야기였는데 그 중 한 챕터는 서로 경계가 모호한 쌍둥이의 사례. 그 쌍둥이들은 때로 선악의 역할을 분담하여 자신의 인생을 연출했다. 필요에 따라 하나가 되기도 하고 둘이 되기도 했으며, 종종 서로를 바꾸었다. 마치 소년들이 자기만의 비밀 장소를 만들어 그곳에서 세계를 시뮬레이션하듯 상대방의 존재 속으로 드나들곤 했던 것이다. 그러면서 그들은 생각했다. 나는 흉내 내는 가짜이거나 그림자이고, 내 삶은 어딘가 다른 곳에 있다고.
> (위의 책, 124면)

경계가 모호하면서 동시에 정반대처럼 보이는 쌍둥이는 형과 동생의 모습이기도 하며, 남자 유진과 여자 유진의 모습이기도 하다. 우연과 필연에 대하여 간단한 판단을 내리기는 어려울 듯하다. 어떤 사건들은 명확한 인과 관계의 논리에 의해 설명되는 것이 사실이지만, 논리와 질서로 해명되지 않는 삶의 불가해한 영역 역시 여전히 남아 있기 때문이다. 모든 일을 우연이라고 생각하는 자도 인생에 속겠지만, 모든 일을 필연으로 해석하는 자도 인생에 속을 것이다. 그러기에 브레히트는 '의심을 품는 것은 찬양받을 일이다'라고 노래했던 것일까.

3

앞서 말했듯이 「의심을 찬양함」은 독자의 지적인 독해를 요구하는 소설이다. 우선 〈2〉의 남자 '이유진'과 여자 '이유진'의 공박과 주장을 이해해야 한다. 그리고 불분명하고 명확하지 않은 소설의 이러저러한 부분들은 독자에게 나름의 추리와 짐작을 요구한다. 즉, 독자는 「의심을 찬양함」이 던지는 여러 개의 물음표에 나름의 답을 마련해야 하는 셈이다. 소설을 끝까지 읽어도 서점에서 만난 남자, 패스트푸드점의 남자, 오피스텔로 찾아온 남자, 카페에서 만난 남자, 기차 옆 좌석에 앉은 남자가 동일한 인물인지 다른 인물인지 알 수 없다. 또 카페에서 만난 남자가 정말 번역가 '이유진'인지, 오피스텔에 찾아온 남자와 카페에서 만난 남자는 동일인인지, 아니면 다중인격자인지 알 수가 없다. 독자에게 가능한 것은 '짐작'해 보는 일이며, 객관적인 사실처럼 보이는 일을 '의심'하는 것뿐이다.

소설 구성상으로 볼 때, 기차 안에서 회상을 하도록 작가가 이야기를 배치한 것도 의문스런 부분이다. 소설 도입부를 자세히 보자. "깜빡 잠이 들었던 유진은 안내 방송 소리에 눈을 떴다. 통로 건너편에서 쌍둥이들이 내릴 준비를 하기 위해 구두를 찾아 신느라 수선을 떨고 있었다."(103면) 그리고 기차가 출발했을 때는 건너편 좌석이 텅 비어 있다고 이야기한다. 하지만 〈4〉의 시작 문장을 보자. "어느 결에 깊이 잠들었던 모양이었다. 정차역을 알리는 안내 방송이 다시금 유진의 잠을 깨웠다. 유진은 무심히 통로 쪽으로 고개를 돌리다가 소스라쳐 놀랐다. 비어 있던 건너편 자리에 이미 내린 줄 알았던 쌍둥이들이 다시 돌아와 앉아 있는 거였다."(124면)

쌍둥이 자매가 내렸다고 착각했던 것으로 볼 수도 있지만, 기차가 출발한 직후부터 그녀가 잠이 들었던 것으로 해석할 수도 있다. 그렇다면 회상처럼 보이는 〈2〉와 〈3〉의 이야기가 실제의 사건으로 해석될 여지는 그만큼 축소된다. 옆 좌석에 앉은 남자의 인상착의와 쌍둥이 형제의 그것 사이의 상동성은 이런 추측에 무게를 실어준다.

유진은 대화에 말려들지 않기 위해 고개를 창밖으로 돌렸다. 그 순간 기차가 터널로 들어갔다. 풍경이 사라지고 검은 스크린이 나타났다. 그것은 등 뒤에서 유진을 바라보고 있는 옆자리 남자의 얼굴을 정면으로 반사하고 있었다. 그 안에서 유진과 남자의 눈빛이 마주쳤다. 남자의 야구캡에 새겨진 미국 대학의 로고가 뚜렷이 보였다. 유진은 생각했다. S는 내일 신부가 된다. 남자친구를 사랑하는 건 확실하지만 그 삶이 진짜로

운명적 상대인지 확실할 수 없어 불안해하다가 스키장의 우연한 사고를 운명적인 사인으로 받아들였다. 1월에 운명적 상대를 만난다는 사수자리의 점괘가 S에게는 맞아떨어진 셈이었다. 유진의 오피스텔로 찾아왔던 남자 역시 사수자리였다. 그 남자도 1월에 운명적 상대를 만났을까.

(위의 책, 125~126면)

검은 스크린처럼 펼쳐진 유리창에 뚜렷이 드러난 것은 무엇인가. "남자의 야구캡에 새겨진 미국 대학의 로고"이다. 이 외양적 특징은 쌍둥이 형과 동생 모두의 특색과 연결된다. 즉 형은 "미국 대학의 로고가 새겨진 후드티"를 입고 있었고, 동생은 "깔끔한 검은 재킷에 올리브색 셔츠"를 입고 있었다. 형과 동생의 특징이 합쳐진 것이 바로 '미국 대학의 로고가 새겨진 올리브색 야구캡'이다. 그렇다면 이런 짐작과 추리가 가능하다. '이유진'은 동반석 옆 좌석에 앉은 남자에게 호감을 느낀다. 특히 그가 자신이 읽으려던 책과 똑같은 책을 펼쳤기 때문에 호감이 배가되고 그 남자에 대한 호감은 그녀의 백일몽에 쌍둥이 형제로 표상되어 나타난다. 하지만 이 추리는 소설의 마지막 문장에 의해 의심을 받게 된다. 왜냐하면 "유진의 오피스텔로 찾아왔던 남자 역시 사수자리였다. 그 남자도 1월에 운명적 상대를 만났을까"라는 문장은, 쌍둥이 형제 이야기를 객관적 사실로 전제하고 있기 때문이다. 그러므로 소설이 허용하는 최대치는 가능한 한 '의심'하는 것뿐 아닐까.

4

우연인가 필연인가 운운하는 것은 닭이 먼저냐 달걀이 먼저냐는 공방처럼 공허하게 느껴지기도 한다. 어느 편이 옳은가 하는 문제를 떠나 소설은 예술에 대한 흥미로운 언급을 하고 있다.

> 규칙에 의해 판단하고 대비하지 않으면 세상은 혼란에 빠집니다. 되는대로 살라는 겁니까? 규칙에 의한 분석과 예측이 있기 때문에 일기예보나 교통 정보, 마케팅, 범죄 수사 같은 게 가능해져요. 예술은 사람들이 사고하는 일정한 패턴을 배반함으로써 긴장을 만들어냅니다. 모두가 예상하는 패턴과 어긋날 때에 농담이 성립될 수 있듯이 말이죠.
> (위의 책, 111~112면)

합리주의자인 쌍둥이 동생은 교통 정보, 마케팅, 범죄 수사와 같은 실제적인 영역에서 '규칙에 의한 분석과 예측'이 필요한 반면, 예술은 이러한 일정 패턴을 배반하는 데서 시작된다고 말하고 있다. 예술의 자유로운 정신이 규범과 교리에 대한 위반정신과 맺고 있는 관계를 생각할 때 이는 당연한 결과라고 할 수 있다. 그리고 이것이 예술적 영혼을 소유한 여자 '이유진'이 쌍둥이 형에게 끌리는 무의식적 원인이기도 하다.

그날 오피스텔로 찾아왔던 남자의 말을 유진은 한동안 잊을 수가 없었다. 세상은 그야말로 제멋대로 굴러가요. 더러움과 증오와 한심함으로 가득 차 있어요. 솔직히, 아무렇게나 살아도 상관없는 세상이라고 생각합니다. 내가 누구든 무슨 상관이겠습니까. 이 세상이 모두 정밀하게 짜여진 각본대로 움직인다고 생각하세요? 그렇다면 나는 아마 각본대로 뛰지 않는 토끼일 거예요. (위의 책, 124면)

시스템이 인간 개별자를 조정하고 간섭하고 있다고 볼 때, 정밀하게 짜여진 시스템에 저항하고 그것을 배반하는 방법은 하나밖에 없다. '각본대로 뛰지 않는 토끼'가 되는 길! 〈4〉에서 쌍둥이 동생의 복사판인 옆 좌석의 남자는 일본 가수의 공연을 보러 가는 여고생들에게 그 가수의 매력이 무엇이냐고 묻는다. 여고생들은 이렇게 대답한다. "어디로 뛸지 몰라서 더 멋있는 것 같아요"라고. 남자는 그것이야말로 '토끼의 생존술'이라고 응답한다. "토끼는 적을 발견한 순간부터 무조건 뛰기 시작하거든. 근데 아무 규칙 없이 왔다 갔다 제멋대로 뛰는 거야. 어디로 뛸지 알 수가 없으니까 작전이고 뭐고 적용시킬 수도 없지 않겠어? 각본대로만 뛰었다면 벌써 여우나 매한테 파악당해 모조리 잡혀먹었을지도 모르지."(125면)

각본대로 뛰지 않는 토끼의 모습에는 자신이 거짓 세계에 지배당하고 있다고 믿는 편집증자의 불안, 그러기에 모든 것을 의심할 수밖에 없는 의심하는 주체의 모습이 투영되어 있다. 대화에 말려들지 않기 위해 창밖으로 눈길을 돌리지만, 그 순간 검은 스크린 위에 반사된 타인의 얼굴을 마주하게 되듯이, 우리에게 일어나는 일이 우연인지 필연인지 확실히 알 수는 없을 것이다. 또한 여학생들의 반문처럼, 각본대로 뛰지 않더라도 토끼는 재수 없게 적이 기다리고 있는 방향으로 뛰어갈지도 모른다. 그러니 역사적 순간뿐만 아니라 인간 존재의 매 순간마다 '의심'은 찬양받을 만한 일인지도 모른다.

브레히트는 다음과 같이 노래한다.

절대로 의심할 줄 모르는 생각 없는 사람들도 있다.
그런 사람들의 소화능력은 놀랍고, 그들의 판단은 오류를 모른다.
그들은 사실을 믿지 않고 오로지 자신을 믿는다.
필요한 경우에는 사실이 그들을 믿어야 한다.
자기 자신에 대한 그들의 관용은 한계가 없다.
논쟁을 할 때 그들은 스파이의 귀로 듣는다.

절대로 의심할 줄 모르는 생각 없는 사람들을
절대로 행동할 줄 모르는 생각 깊은 사람들이 만난다.
결단을 내리기 위해서가 아니라 결단을 피하기 위해서 생각 깊은 사람들,
그들은 자기의 머리를 오직 옆으로 흔드는 데만 사용한다.
근심스러운 표정으로 그들은
침몰하는 배의 승객들에게 물을 조심하라고 경고한다.
살인자가 치켜든 도끼 아래서 그들은
살인자 역시 인간이 아닐까 자문한다.
이 일은 아직도 충분히 연구 검토되지 않았다고 중얼거리면서 그들은 잠자리에 든다.
그 행동은 우유부단이 본질이다.
그들은 언제나 즐겨 말한다.
아직 결단을 내릴 때가 아니라고.

물론, 그대들이 의심을 찬양하더라도,
절망적인 것을 의심하는 것은 찬양하지 말라!
스스로 결단을 내리지 못하는 사람이라면

의심하는 능력이 무슨 도움이 되겠느냐!
너무 빈약한 근거에 만족하는 사람은 잘못 행동할지라도 모른다.
그러나 너무 많은 근거를 요구하는 사람은
아무런 행동도 하지 못하고 주저하며 머뭇거리기 마련이다.

이제 한 사람의 지도자가 된 그대여, 잊지 말라.
과거의 그대가 지도자들에게 의심을 품었기 때문에, 현재의 당신의 지도자가 되었다는 것을!
그러므로 그대를 따르는 사람들에게도 허용하라. 의심하는 것을!

'열정의 윤리'와 '결혼의 윤리' 사이에서

정미경 「시그널레드」

1

    정미경의 「시그널레드」는 '나'가 K의 죽음을 알리는 전화를 받으며 시작된다. 조감독은 "살고 있던 아파트에서 뛰어내렸다는데, 그럴 만한 이유가 없었대"라며 K의 죽음을 전한다. 전화를 걸어온 조감독과 '나'는 둘 다 K와 사귄 적이 있었다. 그러니까 이 소설에는 연애의 삼각구도가 밑그림으로 마련되어 있는 셈이다. '나'는 옛 애인의 죽음을 전해 듣고, K와의 만남과 사랑, 그리고 결별을 떠올린다. 그러나 '나'가 떠올린 K와의 과거는 결코 행복한 추억이 아니었다.
  K는 무대미술을 전공한 예술감독이다. 영화 쪽 일로 돈을 벌고, 뮤지컬 무대 일로 명성을 얻은 K는 말하자면 성공한 사람이었다. K가 만든 무대는 "인물의 심리를 해석하고 구현하는 그의 세트와 색채는 독특해서, 모호한 주인공의 내면"을 잘 표현했다는 호평을 받아왔다. '나'와 K는 감독과 스태프의 관계로 만나게 된다. 무대

제작을 하면서 '나'와 K의 관계는 감독과 스태프에서, 연인으로 발전하게 된다. 조감독은 처음부터 '나'에게 적대감을 표출하는데, 그녀와 K가 연인관계였기 때문이다. '나'가 못을 박다가 손을 다치게 되자, 조감독은 못이 박힌 자신의 손을 내보이며 "나, 손이 이렇게 될 때까지 비명 한 번 지른 적 없어. 이 일 계속하려면, 내가 여자라는 그 생각부터 버려"라고 쏘아붙인다. '나'와 조감독의 팽팽한 신경전이 벌어지지만, 그것이 '나'와 K의 관계를 흔들지는 못한다. 하지만 '나'는 "K와의 관계가 언제까지 이어지든 결코 그에 대해 완전히 알지 못하리라"는 예감을 떨쳐버리지 못한다.

하지만 '나'와 K의 관계가 깨어진 이유가 조감독이나 다른 여자에게 있었던 것은 아니다. 둘 사이를 갈라놓은 것은 K의 어머니이다. 하지만 어머니가 둘 사이에 개입한 것은 아니다. 아니, K는 처음부터 어머니로부터 벗어나지 못했었다고 해야 정확하다. K와 있을 때면 '나'는 "재(災)의 그림자처럼 휙 스치는 어떤 존재의 자락을 엿보게 되는 순간"을 느끼곤 했는데, 그 "그림자의 흔적"의 정체가 바로 어머니였던 것이다. K는 자신과 어머니의 관계, 그리고 그때 얻은 "적색에 대한 맹(盲)"에 대해서 말해준다.

K는 친어머니를 본 적이 없었다. 외항선을 타는 아버지는 낯선 여자를 집으로 데리고 오곤 했는데, 여자들은 대체로 5년을 채우지 못하고 아버지를 떠나곤 했다. K가 어머니라고 부르는 여자는 아버지가 고3 때 데리고 들어온 여자였는데, 그녀는 무녀(巫女)였다. K는 어머니가 화장하는 모습을 훔쳐보곤 했다고 털어놓는다.

여자의 화장은 늘 입술에서 끝났다. 신(神)이 얼굴에 내리기라도 한 듯 뚫어지게 거울을 바라보며, 부적을 그릴 때 쓰는 경면주사 빛의 립스틱을 꼼꼼하게 칠했다. 마지막으로 아래위 입술을 살짝 맞물었다 놓으면 여자의 얼굴은 손바닥만한 부적으로 완성되었다. 살짝 맞물었던 입술이 더할 나위 없는 붉은 꽃으로 피어나는 순간이면 나는 오줌이 마려워지곤 했다. (정미경, 「시그널레드」, 《문예중앙》, 2006 봄, 168면)

어머니의 모습을 훔쳐보는 K의 시선에서, K에게 어머니가 욕망의 대상임을 알 수 있다. 그러므로 '나'와 조감독의 싸움에는 승자가 있을 수 없다. 왜냐하면 K의 시선은 오로지 어머니에게만 고정되어 있고, '나'와 조감독은 어머니의 대체물에 지나지 않기 때문이다. 조감독의 말대로, K가 '나'를 비롯한 여자들에게 호감을 갖는 것은 그녀들이 단지 어머니와 닮았기 때문이다. '나'는 조감독의 지적을 받아들이지 못하지만, K의 집에서 그의 정사정면을 확인하고 그와 헤어지게 된다.

고요하고 느린, 그의 숨소리가 아니었다. 숨소리는 가팔랐고 잠든 자의 숨소리가 아니었으며 한 사람의 숨소리가 아니었다. 숨소리와 침대의 스프링이 출렁거리는 소리 위에 목이 졸리운 듯한 신음 소리가, 입에 든 사탕 대신 혀를 깨물었을 때의 달콤한 고통 같은 교성이 끊길 듯 겹쳐졌다. ……그건 두 사람이 사랑을 나누는 소리였다. 나는 달아나는 대신 침대 쪽으로 발걸음을 옮겼다. K의 몸 위에 올라와 있던 여자의 얼굴은 못 보았지만 조감독의 뒤통수는 아니었다. 사내처럼 짧은 조감독의 머리 대신 어깨 길이의 머리카락을 K는 움켜쥐고 있었다. K의 배와 여자의 배 사이에는 미끈거리는 땀냄새가 상해가는 바나나 냄새로 번져왔다. (위의 책, 177면)

'나'가 K와 이별을 결심한 것은 단순히 그가 다른 여자와 잠자리를 했다는 것 때문이 아니라, 그 여자가 바로 그의 어머니였기 때문이다. "사랑이란 끊임없이 그 무게를 달아보고 싶어지는 속성을 가진 것이어서 조감독과 나는 천칭에 올라선 듯 서로를 바라보며 파들거렸지만, 우리는 둘 다, 잘못된 과녁을 노려보고 있었던 셈이다. 묽은 어둠 속에서 모르는 여자의 뒤통수를 본 순간, 나의 저울은 뚝 부러져 버렸다." "나의 저울"이 부러졌던 까닭은, 뒷모습의 주인공이 K의 어머니일 것을 직감했으며, 자신이 승산없는 싸움을 벌이고 있다는 것을 알았기 때문이다.

2

소설의 초반부에는 〈나──K──조감독〉의 삼각구도가 팽팽한 긴장을 만들지만, 후반부에서 삼각구도의 진실이 〈나/조감독──K──어머니〉임이 밝혀진다. 그런 점에서 「시그널레드」는 '오이디푸스 신화'를 반복하고 있는 셈이다. 오이디푸스가 어머니 이오카스테와 동침하듯, K는 어머니(계모이긴 하지만)와 근친상간의 죄를 범한다.

K는 어머니가 화장하는 모습을 엿보며, "입술이 더할 나위 없는 붉은 꽃으로 피어나는 순간" 강한 요의(尿意)를 느끼곤 했다고 고백한다. 즉 K에게 계모는 강렬한 욕망의 대상이었으며, 이를 암시하는 것이 "경면주사 빛", "붉은색"이다. "경면주사 빛의 립스틱"은 어머니를 향한 욕망을 암시하는 빛깔이다. 그런데 "붉은빛"이라고 하지 않

고 굳이 "경면주사 빛"이라고 표현하는 이유는 무엇일까. "경면주사"는 황하수은을 주성분으로 하는데, 예로부터 귀한 상약재로 사용된 붉은색의 광물이다. 그런 이유로 부적을 그릴 때 사용되어 왔지만, 수은성분이 많기 때문에 수은중독의 위험이 있다고 한다. 어머니의 입술 빛을 "경면주사 빛"으로 표현한 이유는, 어머니를 향해 K가 품은 욕망의 강렬도와 그 위험성을 동시에 표현하기 위해서이다. "붉은빛"은 금기의 대상임을 밝히는 경고의 색깔이기도 하고, 그럼에도 불구하고 잠재워지지 않는 욕망의 강렬함을 표현하는 색깔인 것이다.

K는 욕망의 위험성을 감지하고 대학 진학 이후 집에 가지 않았다. 하지만 군대에서 휴가를 나왔다가 집에서 쉬는 동안 잠재되어 있던 욕망이 폭발하고 만다. 짐을 들어주기 위해 치성을 드리러 산에 가는 어머니를 따라나섰다가, K는 산속 바위굴에서 어머니와 동침하게 된다. 오이디푸스가 자신의 죄를 깨닫고 눈을 찔러 장님이 되었듯이, K는 어머니와 동침 후 "시그널레드"를 잃게 된다.

> 귀대를 하는 날, 횡단보도 앞에서 붉은 신호등을 보며, 나는 눈을 몇 번이나 깜박였다. 신호등의 붉은빛이 묽은 번트시에나로 보였다. 시에나 지방의 철분 섞인 흙을 태워 얻는 색. 물감 튜브를 짤 때나 볼 수 있었던 탁하게 흐린, 오래된 녹물 같은 색. 고장이 났나. 주위를 두리번거렸다. 마침 불자동차 하나가 신호를 무시하고 달려와 눈앞을 지나쳤다. 신호등과 같은 색이었다. 내 시야에서 시그널레드 빛깔이 사라진 것을 안 순간, 머릿속 어딘가에 경면주사 붉은빛이 비에 젖은 꽃잎처럼 착 들러붙었다.
> (위의 책, 171면)

어머니와 동침한 후, 횡단보도 앞의 붉은 신호등이나 불자동차의 색깔은 붉은색이 아닌, "탁하게 흐린, 오래된 녹물 같은 색"으로 보인다. 그의 시야에서 "시그널레드"가 사라진 것이다. K는 "그러니까, 머릿속에 경면주사 빛이, 비에 젖은 꽃잎처럼 들러붙는 순간, 모든 붉은빛을 잃어버렸어. 내 눈은"이라고 말한다. K는 붉은색을 섬세하게 구분하지 못하는 자신의 증상을 "색맹"과 구분하여 "적색에 대한 맹(盲)"이라고 부른다. 유전질환인 색맹과 달리, 자신의 증상은 어머니와의 동침 이후 갑작스레 생겨난 것이기 때문이다.

붉은색을 보지 못하는 K는 붉은색의 물체를 볼 때마다, '나'에게 그 색깔이 어떻게 보이는지를 집요하게 묻는다. K의 질문을 안타까움으로 해석한 '나'는 "보이는 모든 색에 이름을 붙이려는 시도는 어쩌면 무지개를 손으로 붙들어보겠다는 것과도 같아요. 사람이 눈으로 식별할 수 있는 색깔은 일천만 가지가 넘으니까. 그걸 단지 몇 개의 색깔군으로 분류해버리는 건 색깔에 대한 횡포가 아닐까. 타오르는 노을빛은 날마다 달라지며 핏빛 단풍이라고 부르는 색깔도 해마다 일교차와 일조량에 따라 미세하게 달라지잖아요"라고 위로한다. 하지만 '나'는 K의 질문을 올바르게 해석하지 못했기 때문에, '나'의 위로는 진정한 위안이 되지 못한다.

'나'는 K가 "읽어낼 수 없는 색 앞에서 서서, K는 안타까운 게 아니라 목이 마른 듯한 표정으로 붉은 색면을 노려보곤 했다"는 점을 알지 못했던 것이다. "적색에 대한 맹"이라는 그의 증상은 "삶의 껍데기"가 아닌 본질을 보아 버린 대가(代價)이며, 자신의 행위에 대한 자기처벌의 의미를 갖기 때문이다. 아니, 그것은 결핍이 아니라 우월의 표지일 수도 있다. K는 "내 눈알을 찌르고 싶어졌을 때, 진정으로 그러고 싶어졌을 때, 눈이 스스로 붉은색을 거부해버렸어"라고 말한다. K는 눈을 찌르는 오이디푸스의 행위를 붉은색을 거부하는 행위로 대체한다.

그런데 근친상간의 금기를 어긴 대가로 "적색에 대한 맹"이란 증상이 나타난 이유는 무엇일까. "적색에 대한 맹(盲)"이 되었다는 것은 붉은색을 구분하지 못하게 되었음을 의미한다. 즉, 붉은색의 기준이 되는 "시그널레드"를 상실했다는 의미이다. 기준색인 "시그널레드"가 사라졌기 때문에, 여러 가지의 붉은색은 서로 구별이 되지 않는 모호한 덩어리로 존재할 뿐이다.

> 버밀리언, 코발트바이올렛, 로즈레드, 루비, 마젠타, 버건디, 라스베리레드, 제라늄, 레드바이올렛, 보르도, 오렌지, 스칼렛, 카드뮴레드, 로즈핑크, 카디널레드, 크림슨...... 그리고 모든 붉은색의 기준이 되는 시그널레드. 조금 확장하면 번트엄버, 번트시에나 같은 것도 붉은색의 범주에 넣을 수 있겠지만, 결국 눈에 보이는 모든 붉은색에 이름을 붙인다는 것은, 꼭 그만큼 이름지을 수 없는 붉은색의 스펙트럼을 확장하는 게 되고 말 것이다. 어떤 대상이나 사람을 한 단어로 확정해버리면 오히려 그 외의 다른 속성들을 놓쳐 버리는 것처럼. (위의 책, 166면)

"시그널레드"의 상실이 붉은색의 차이의 소멸을 가져오듯이, 근친상간은 차이를 소멸시킨다. 오이디푸스의 근친상간이 테베의 재앙을 불러일으켰던 이유는 무엇인가. 오이디푸스는 차이의 소멸을 가져오는 기제이다. 오이디푸스와 어머니의 관계는 모자인 동시에 부부가 되고, 그와 안티고네의 관계는 부녀인 동시에 남매로 변한다. 스핑크스의 수수께끼처럼 하나이면서, 둘이고, 동시에 셋인 존재가 된 것이다. 오이디푸스는 남편이며 아들이고, 아버지이자 오빠, 형이 된다. 문화적 차이를 무화시키는 오이디푸스는 괴물이며, 그렇기 때문에 그는 테베의 오염원으로 지목되어 추방당한다. 즉, 근친상간은 구별과 차이를 소멸시키는 범죄 행위인 것이다.

"시그널레드"의 소멸은 차이의 소멸을 알려주는 표지이다. "시그널레드"가 없어졌기 때문에 "버밀리언, 코발트바이올렛, 로즈레드, 루비, 마젠타, 버건디, 라스베리레드, 제라늄, 레드바이올렛, 보르도, 오렌지, 스칼렛, 카드뮴레드, 로즈핑크, 카디널레드, 크림슨"은 같은 색으로 보이게 된다. 눈 찌르기가 신에 의한 처벌인 동시에 신의 질서에 대한 거부일 수 있듯이, "시그널레드"의 상실은 자기처벌인 동시에 질서에 대한 거부라는 의미를 갖는다. 그렇기 때문에 "난, 네가 보는 것과는 다르게 봐"라는 K의 말은 "시그널레드"를 갖지 못한 자의 비애라기보다는 "시그널레드"의 세계를 위반하고 초월한 자의 오만일 수 있다.

3

「시그널레드」는 사랑의 후일담처럼 보인다. '나'와 K의 사랑, 조감독과 K의 사랑, '나'와 조감독의 신경전. 그러나 연애의 삼각구도 더 아래 자리잡고 있는 그림은 K와 어머니의 근친상간이다. 기준색을 거부하고 문화적 차이를 무화시킨 "내 눈알을 찌르고 싶어졌을 때, 진정으로 그러고 싶어졌을 때, 눈이 스스로 붉은색을 거부해" 버린 K의 삶에 관한 이야기이다.

> "……자기 삶을 결정할 수 있는 인간은 그리 많지 않다. 때로 제 속에 들어앉은 욕망의 절정 앞엔 절벽이 있을 수도 있다. 살아서 체험하는 죽음 같은 욕망이다. 떨어질 줄 알면서도, 그때 사람들은 벼랑 끝에서 한 발을 내딛는다. 두 눈을 뜬 채로. 어리석은가? 그렇지만 허공인 줄 알면서도 발을 내디디게 하는 그런 순간이 꼭 있더라. 사람들이 그것에 어떤 이름을 붙이는지도, ……안다." (위의 책, 178면)

K는 욕망의 절정을 선택함으로써 차이가 소멸된 세계, 죽음 같은 욕망의 세계에 유폐된 인물이다. 물론 K는 문화적 차이가 소멸된 세계가 "허공"에 다름 아니며, 그런 선택을 한 자신이 괴물로 취급된다는 사실을 안다. 그럼에도 불구하고 그는 "허공인 줄 알면서도 발을 내디디게 하는 그런 순간"이 있더라고 말한다. 질서의 세계를 위반한 그는 어떤 의미에서 자기 삶을 스스로 결정한 자이다. 물론 그의 선택은 실패가 예견된 선택이었고, 때문에 그의 삶은 자살로 마감된다.

「나의 피투성이 연인」도 금기를 위반한 열정의 삶, 일상에 가려진 음험한 열정을 보여주는 소설이다. 이 소설도 죽음에서 시작된다. 도서관 직원인 '유선'은 두 달 전에 남편을 잃었다. 남편은 새벽 문호리에서 차사고로 죽었기 때문에, '유선'에게 남편의 죽음은 하나의 수수께끼, 받아들일 수 없는 현실일 수밖에 없다. "혼자서, 그것도 술을 조금 마신 상태"에서 "굴곡이 심한 국도 변의 가로수를 그가 탄 차가 정면으로 들이받았다." 그의 죽음은 자살인지 아닌지도 해명되지 못한다. '유선'은 자신의 죽음에 대해 아무 말하지 않는 "피투성이 연인"의 시체 앞에 내동댕이쳐 있는 형국이다. "그 시각에 그는 왜 문호리를 갔던 것일까"라는 의문이 머리를 떠나지 않는다. 소설은 이 물음에 대한 답안을 모색하는 내용으로 채워져 있다고 할 수 있다.

남편의 죽음 이후 혼돈에 빠져있던 '유선'에게 출판사로부터 의뢰가 온다. '유선'의 남편은 명망있는 소설가였는데, 아직 세상에 발표되지 않은 그의 글들을 출판하자는 제의였다. 출판사 직원은 세상 사람들은 빠른 속도로 남편을 잊어갈 것이니 남편의 이름이 잊혀지기 전에 미발표 원고를 묶어내자는 것이었다. '유선'은 남편의 동의도 없이 글을 발표하는 것이 옳은 일인지 확신하지 못하면서도 남편의 글이 남겨진 컴퓨터 파일을 열어본다. 컴퓨터 파일에는 발표하지 않은 단편 세 개와 암호가 걸린 파일이 남아 있었다. "오월생"이란 제목의 일기인지, 소설인지 장르가 애매한 글이었다.

그의 기록에는 극도의 절제와 결코 절제할 수 없는 과잉된 정서가 들끓고 있었다. 일기처럼 보이는 그의 글은 문맥이 제거되어 있었기 때문에, 독자인 '유선'에게는 암호와 수수께끼처럼 보일 뿐이다. 그렇지만 '유선'은 글에서 남편의 시선이 M이란 인물에게 고정되어 있음을 알게 된다. 남편은 M이 자신의 "영혼의 목발"과 같은 존재라고 말하지만, '유선'은 M이라는 인물이 아내인 자신이 아니라는 것을 직감한다.

나의 어디가 좋아?
모르겠어.
말해 줘.
모든 게 좋아. 너의 모든 것.
그렇게 많니?
고개를 갸웃하며, 믿을 수 없다는 듯.

(정미경, 「나의 피투성이 연인」, 『나의 피투성이 연인』, 민음사, 2004, 92~93면)

연인 사이의 대화처럼 보이는 위 인용문에서 발화주체는 모두 생략되어 있다. 하지만 '유선'은 이 글을 읽으며 강한 질투심에 사로잡힌다. '유선'은 "나의 어디가 좋아?"라는 질문을 남편에게 한 적이 있지만, "그렇게 많니?"라는 말을 한 적은 없다. 그러니까 '유선'은 대화 속의 인물이 아닌 것이다. "오월생"이란 제목의 글은 백 일 동안의 사랑에 대한 기록이었다. 그 기록 속에 '유선'의 이니셜은 딱 한 번 등장하지만 남편의 초점은 오로지 M이란 여자에게 고정되어 있다. "그 글을 온통 지배하고 있는 것은 Y가 아니라 M이다. Y와 M은 아득히 먼 두 지점에 있는 존재였으며 온도계의 가장 먼 곳에 위치하는 두 지점이었다." Y(아내인 '유선')가 "우울한 원심력"이라면 M(연인)은 "구심력"에 비유될 수 있다.

……루즈몽은 그랬다. 우리의 생애는 두 개의 윤리가 있다. 하나는 결혼의 윤리며, 다른 하나는 열정의 윤리다. 인생에 밤과 낮이 있듯 태양 아래의 윤리와 달빛 아래의 윤리가 있을 것이다. 어느 것이 더 무거운 것인지에 대해선 말하지 않는다. 삶은 어느 순간까지 선택을 강요할 것인가. 날마다 숨쉬는 순간마다 선택을 강요하는 삶이여, 나는, (위의 책, 90면)

남편은 일기에서 인생의 윤리를 "결혼의 윤리"와 "열정의 윤리"로 나눈다. 삶은 항상 두 개의 윤리 중 하나를 선택할 것을 강요한다. 남편은 아내로 상징되는 "결혼의 윤리"와 M으로 상징되는 "열정의 윤리" 사이에서 괴로워하고 있다고 보아야 한다. 물론 남편의 글은 상당히 절제되어 있기 때문에 '유선'이나 우리의 짐작이 상상에 지나지 않긴 하지만, 「나의 피투성이 연인」은 "결혼의 윤리", "태양 아래의 윤리"를 따르는 것처럼 보이는 우리 삶의 이면(裏面)에 "열정의 윤리", "달빛 아래의 윤리"가 잠복되어 있음을 보여준다.

하지만 '유선'의 삶을 배제시키고 소외시키는 남편의 "열정의 윤리"는 '유선'에게는 너무도 부당하지 않은가. '유선'은 남편의 숨겨졌던 열정을 발견하고 배신감과 질투심에 사로잡힌다. 게다가 〈M──남편──유선〉의 삼각구도에서 M은 정체를 알 수 없는 인물이고, 남편은 이미 죽은 사람이기 때문에 질투는 부질없는 감정이 될 뿐이다. 배신의 고통은 '유선'에게 "지독한 가려움"의 증상으로 신체에 나타난다. "모든 게 좋아. 너의 모든 것." "그렇게 많니?"라는 사랑의 밀어가 피부 안쪽으로 스며들어 벌레처럼 꿈틀거리는 것이다. 가려움은 남편의 배반으로 인한 고통을 은유한다. 살이 패일 정도로 손톱으로 긁은 후 생긴 붉게 부풀어 오른 살은 '유선'의 삶의 의미에 생긴 균열이며 회복되지 않는 고통의 은유이다. 일종의 "외상 후 스트레스 증후군"인 셈이다. 즉, 질투심과 배신감으로 죽을 것 같은 고통을 가려움으로 대체한 것이다. 근래에 과도한 스트레스를 받은 적이 있느냐는 피부과 의사의 질문에 '유선'은 이렇게 대답하고 싶어 한다.

전, 얼마 전에 남편을 사고로 잃었어요. 그와 이 년을 연애했고 칠 년을 같이 살았어요. 그런데도 처음엔 그가 죽음 쪽으로 핸들을 꺾어버렸는지 아니면 어둠 속에서 갑자기 나타난 나무에 부딪혔는지 그것조차 알 수 없었어요. 지금은 심한 안개가 낀 여름밤에 그 사람을 그곳까지 불러낸 사람이 누군지를 알 수 없게 되었고요. 그 사람의 일기가 정말 자신의 검열을 거친 것인지, 제 자신의 열정의 윤리만을 고집하며 그 일기를 누군가가 읽어주기를 원하는지 아니면 다시는 돌아올 수 없는 어둔 창밖에서 안 돼, 고개를 젓고 있는지 그것도 알 수 없어요.

(위의 책, 118면)

'유선'은 "개인적인 고통을 증언하는 건 스스로 모자라는 사람임을 광고하는 것이나 다름없을 것"이라며 아무에게도 남편의 일기를 말하지 않는다. 그런데 남편의 글이 '유선'의 환상이 아닌가 하는 의심을 버릴 수 없다. '유선'이 굳이 사람들에게 일기의 내용을 숨기고 혼자만 간직하는 이유는 무엇인가. 또한 남편의 글은 암호가 설정되어 있다는 점에서 비밀이지만 '유선'이 쉽게 유추해낼 수 있다는 점에서 이미 비밀이 아니지 않는가. 남편의 글은 그저 소설가의 단상이 아닐까. 아니, '유선'은 소설의 마지막에서 이제 남편의 일기를 삭제하겠다고 말하지만, 사실 글은 처음부터 존재하지 않았던 것은 아닐까. 그렇다면, 남편의 글이 부재하는 것이라면, '유선'의 환상은 어떤 의도에서 비롯된 것일까.

질투심 역시 사랑의 위장된 모습이다. 남편의 불륜을 상상함으로써, '유선'은 남편에 대한 사랑을 지속하는 것은 아닌지. 남편을 죽음의 세계로 떠나보내지 않고, 남편의 부재를 인정하지 않고, "피투성이 연인"을 끌어안은 채 애도를 지속하고 있는 것은 아닌지. '유선'이 정말 두려워하는 것은 남편이 잊혀지는 것이 아닐까. '유선'은 출판사 직원에게 "이미 발표된 글들 외엔, 일기도, 쓰고 있던 작품도 없었어요"라고 말하지만, 애초부터 남편의 일기는 존재하지 않았던 것일수도 있다. 그런 점에서 '유선'의 독백은 의미심장하다.

> 널 위해서가 아니야. 당신은 내 속에서, 언제까지나, 마지막 보여주었던 그 모습처럼, 나의 피투성이 연인으로 남아 있어야 해. 지나고 보니 어떤 일도 일어날 수 있는 게 인생이고 어떤 일도 견뎌내는 게 인간이더라. 뭘 못 견디겠어. 오늘 밤 돌아가 당신 파일을 열어 하나하나 딜리트 키를 누르고 가려움도 딜리트 키를 눌러버리고, 그렇게 견뎌볼까 봐. 차갑긴 하겠지만 마지막 보았던 당신의 얼굴을 껴안고 말이야. 당신은 언제까지 나를 물어뜯으며, 나의 연인으로 남아 있어야 해. 피투성이의 연인, 잔혹한 연인. 당신이 특별히 가혹한 사람이란 생각은 안 해. 모든 연인은 더 사랑하는 자에게 잔혹한 존재이니까. (위의 책, 136면)

남편의 일기는 남편이나 M을 위해 존재하는 것이 아니라, 남편을 "피투성이 연인, 잔혹한 연인"으로 내 안에 남겨두기 위해 필요했던 것이 된다. 그러니까 일기는 남편의 욕망의 기록이 아니라 남편에 대한 '유선'의 욕망의 기록인 셈이다.

4

정미경의 소설은 치밀한 구성과 매끄러운 문장을 장점으로 한다. 장점으로 지적할 수 있는 또 하나는 해석의 가능성이 열려있다는 점이다. 다른 말로 한다면, 소설이 한 개의 이야기로 집중되어 있으면서 동시에 하나의 이야기에 여러 작은 이야기들이 겹쳐 있다는 것이다. 그렇기 때문에 정미경의 소설은 해석이 완료되고도 잉여를 남긴다.

「시그널레드」의 맨 위 층위엔 연애의 삼각구도가 준비되어 있다. '나'나 조감독을 중심 인물로 본다면 소설은 달콤한 연애 뒤의 씁쓸한 추억으로 읽힌다. 특히, 한 남자를 가운데 두고 벌어지는 두 여자의 신경전에서 사랑이 타인의 욕망을 욕망하는 것에 지나지 않음을 알게 된다. 또한 사랑하는 사람에 대한 이해가 결국은 오해라는 것과, 인간과 인간 사이에는 항상 심연이 존재한다는 교훈을 얻게 된다. 하지만 초점을 K에 맞추게 된다면, 금기를 뛰어 넘고 허공에 몸을 던진 열정의 삶, 그 삶의 뜨거운 잔혹함과 마주치게 된다.

「나의 피투성이 연인」은 성실했던 남편의 이면을 폭로하는 이야기이다. "결혼의 윤리"와 "열정의 윤리"가 대척점에 세워지는데, 인간의 실존이란 두 윤리 중 어느 하나의 선택 혹은 둘의 타협점일 것이다. 「시그널레드」의 M은 "열정의 윤리"를 끝까지 밀어붙인 인물일 것이다. "열정의 윤리"의 끝 지점에는 죽음이 마련되어 있음과, 그러나 그럼에도 불구하고 평온한 "결혼의 윤리"에는 항상 "열정의 윤리"가 휴화산처럼 내장되어 있음을 보여준다. 하지만 서술자인 '유선'에게 초점을 맞추게 된다면, "오월생"이 사랑을 질투로 대체하여 사후애도를 지연시키는 허구의 전략임을 눈치채게 된다.

소통의 갈망 혹은 절망
신경숙 「숨어있는 눈」

1. 그 무더웠던 밤에 관한 이야기

　신경숙의 「숨어있는 눈」은 A의 부재에서 시작한다. 그러니까 'A의 부재'가 소설의 근원적인 동력이다. 화자인 '나'는 A의 대학후배이다. 지금으로부터 약 한 달 전, '나'는 고양이를 한 마리 데려가 달라는 전화 부탁을 받고 A의 집을 방문했었다. '나'의 여섯 평짜리 원룸에는 이미 그전에 A가 맡겨놓은 흰 고양이가 있었기 때문에 고양이를 더 키울 형편이 못되었지만, 고양이로 인해 생긴 A와 그 남편 사이의 일을 짐작할 수 있었기에 신도시에 있는 A의 집을 방문하게 된 것이다. A가 여기저기서 주워온 고양이가 열 마리를 넘어서자, 더이상 화를 참을 수 없었던 A의 남편이 집을 나가 버린다. 남편이 집을 나가버리자 A는 그제서야 고양이를 여기저기에 보내기로 하고, 회색 새끼 고양이를 '나'에게 맡기기로 결심한다.
　그런데 회색 고양이를 데리고 A의 집을 나선 '나'는 안개가 짙게

낀 이날 밤, 신도시 도로에서 길을 잃고 헤매다가 약물중독자가 운전하는 차와 충돌하는 사고를 당한다. 결국 '나'는 고양이를 데리고 다시 A의 집으로 돌아간다. '나'와 A는 "폐허"같은 집에서 한 밤을 보내게 되고, '나'가 아침에 눈을 떠보니 A가 사라져 버렸다. 약 한 달 전에 없어진 A는 현재까지 연락이 없고, 아내의 행방을 찾아 그 남편이 '나'의 집을 방문한 것이다. 남편은 "그날 밤의 얘기"를 듣고 싶어 한다. 그러니까 이 소설은 나가 "A의 연락을 받고 A를 찾아갔던 그 무더웠던 밤, 내가 A를 마지막으로 봤던 그 밤"에 관한 이야기이다.

2. 극적독백과 기억하기

이 소설은 처음부터 끝까지 극적독백의 형식을 견지하고 있다. 그래서 소설에는 화자인 '나'의 목소리만 드러난다. 때문에 중요인물인 A마저도 고유한 자신만의 목소리를 갖지 못하고, A의 말들은 '나'의 입을 통해 재인용되거나 재구성된 형태로 문면에 드러나게 된다. 소설의 청자인 '당신(A의 남편)' 역시 말할 기회를 갖지 못한다. '나'의 말 속에서 그의 그림자가 감지될 뿐이다.

> 저녁 안 먹었으면 홍차에 우유라도 부어드릴까요? 아, 먹었다고요. 다행이에요. 냉장고 좀 보세요. 손님에게 대접할 과일 한 조각이 없군요. 그날 밤의 얘기를 듣고 싶다고요? 어느 밤인가요? 내가 A의 연락을 받고 A를 찾아갔던 그 무더웠던 밤, 내가 A를 마지막으로 봤던 그 밤, 말이군요. 원하면 얘기는 해드리죠.
>
> (신경숙, 「숨어있는 눈」, 《문학과사회》 2004 가을, 953면)

인용문에서 보듯이, 화자인 '나'의 진술만이 전면에 드러나며, 청자인 '당신'은 적극적인 발언권을 갖지 못한다. "아, 먹었다고요"와 같은 '나'의 말들을 통해서, 그가 '먹었다'는 의사표현을 했을 것으로 추측될 뿐이다. '당신'은 '나'에게 마지막으로 A를 만난 날 있었던 일을 자세히 말해달라고 요청한다. 그러니까 '나'가 이야기를 하는 일차적인 목적은 '당신'의 궁금증을 풀어주는 데에 있다. 즉 그날 있었던 일을 가능한 한 자세히 말해줌으로써, 아내를 찾거나 혹은 최소한 아내가 사라진 이유를 짐작케 해주어야 하는 것이다. 극적독백의 형식에 힘입어, '나'는 발언권을 독점하는 가운데 청자나 독자로서는 진실의 여부를 확인할 수 없는 어떤 이야기를 들려주게 되는 것이다.

극적독백이라는 형식은 한 인물이나 사건을 응축된 이야기로 전달하기에 적합한 서술방식이다. 이 소설이 일관성 있게 서사를 이끌어 가는 데 성공한 것은 서술형식의 선택과 밀접한 관련을 맺는다. '나'의 과거회상에 전적으로 의지하는 서술전략 때문에, '나'와 A와 고양이를 중심으로 한 이야기에서 거의 벗어나지 않으며 서사를 전개하는 것이 용이하다. 또 서술의 전권이 '나'에게 주어져 있기 때문에, 서사의 일관성이 자동적으로 주어졌다고도 말할 수 있다. 흥미로운 것은 말실수처럼 일관성을 깨뜨리면서 서사의 줄기를 벗어난 이야기들이 소설에 등장한다는 점이다. '서사의 잉여'라고 말할 수 있는 이 부분들은, 두말할 나위 없이 소설의 감추어진 부분을 드러내는 역할을 한다.

위에서 말했듯이, 소설은 'A의 부재'에서 출발한다. '나'는 A와의 과거를 기억하고, 특히 A와 보냈던 마지막 밤에 대해 자세히 털어놓는다. '나'의 말하기는 A를 기억하는 행위이며, 기억하는 행위는 A를 현재로 소환하고자 하는 의지를 반영하는 것이다.

> 한달 전 그날 밤 A에게서 특별히 이상한 낌새는 없었습니다. 눈을 내리깔고 손톱을 만지작거리기는 했지만 좀 우울한가 보다 생각했어요. (……) 생각없이 화면을 응시하고 있던 내가 늑대가? 싶어 손에 들고 있던 키위를 내려놓았던 <u>기억이 나요.</u> (……) 극한 상황에 처하면 어떻게 돌변할지는 아무도 모를 일이죠. 고양이 뒤를 쫓아다니던 여자애가 화면 속의 늑대를 쳐다보던 <u>기억도 나네요.</u> 여자애는 아줌마, 늑대가 개같이 생겼어요, 라고 말했죠. (……) A가 내 등을 손바닥으로 두들기며 장난스럽게 웃었던 <u>기억도 나요.</u> (……) 내가 데려가야 할 회색 새끼 고양이가 귀를 뒤로 젖히더니 냄새를 맡을 요량으로 코를 내 손끝에 갖다대었을 때 A가 사람 먹는 건 주지마, 하면서 내 손을 탁 쳤던 <u>기억도 나요.</u>
>
> (위의 책, 964~965면, 밑줄: 인용자)

인용문에서 보듯, '나'의 기억행위는 A를 불러들이기 위한 주술과도 같은 것이다. 그러나 결론부터 말하면, '나'의 기억행위는 A를 현실세계로 불러들이는 데 실패한다. 왜냐하면 소설 끝에 다다르더라도 A는 다시 돌아오지 않으며, A가 사라진 이유도 명확히 밝혀지지 않기 때문이다. A를 불러들이는 '나'의 기억행위가 무성의한 탓이었을까, 아니면 '나'의 기억하기가 원래부터 실패할 운명이었던 탓일까.

즉 '나'의 독백들은 A의 흔적을 좇는 일종의 기억하기이며, 부재하는 A를 재구성하기 위한 시도라고 할 수 있다. A의 흔적을 찾아 헤맨다는 점에서 A의 남편은 좀더 절실한 상황에 처해있다. 그는 A가 평소에 다니던 세탁소로, 옷가게로, 동물가게로 아내의 흔적을 찾으러 다니다가, '나'에게까지 오게 된 것이다. 그러나 마지막 밤을 함께 보냈던 '나'마저도 아내의 행방을 밝혀주지 못한다. 다만, '나'는 고양이 이야기를 늘어놓다가, 그 이야기에서 미끄러져 자기 자신의 이야기를 들려줄 뿐이다. '나'의 입을 통해 복원된 A의 개인사에서 가장 중요한 것은 고양이이다. A는 고양이를 기르기 시작하면서 조금씩 이상해졌던 것이다. 아니, 혹은 조금씩 이상해지면서 고양이를 키우기 시작했는지도 모른다.

3. 황폐한 세계에 던져진 고양이

A가 고양이 문제 때문에 남편과 불화를 겪게 된 게 사실이지만, 그녀가 처음부터 고양이를 좋아했던 것은 아니다. 오히려 고양이와 관련한 미신들 때문에 고양이를 꺼려했다는 편이 정확하다. 그러던 A가 고양이에게 관심을 갖게 된 것은 "그곳"에서 고양이를 만난 이후이다. "그곳"이란 어느 외국도시를 가리키는 대명사이다("그곳"이 외국도시를 뜻한다는 것은 A의 남편을 통해 알게 된 것이고, 처음 들을 때만 해도 '나'는 "그곳"이 어디를 말하는지 몰랐었다). "그곳"과, 그곳에서 만난 고양이에 대한 A의 기억은 다음과 같다.

A가 불쑥 그러더군요. 나는 그곳이 별로 좋지 않아. 어딜 가나 풍경

은 무척 좋았지. 숲과 호수로 이루어진 곳이어서 어디나 그림엽서 같았어. 너무나 아름다워서 답답했어. 숲의 나무들이 사람들이었으면 싶었고 잔잔한 호수가 어물전이 펼쳐진 시장이었으면 했지. 나는 A가 말하는 '그곳'이 어디인지 몰랐지만 그냥 잠자코 귀를 기울였죠. 이상한 일이지. 더 이상 여기에서 하루도 견딜 수 없을 만큼 사람들에 치이고, 노여움인지 분노인지 그런 것들이 목에까지 치받혀 떠났던 것인데도 숲과 호수가 있는 조용함도 별 도움이 되질 못했어. 기억나는 건 버림받은 고양이야.

(위의 책, 966면)

서술방식의 특성 때문에 '나'의 진술을 통하지 않고 독자가 A에 대한 정보를 얻을 수 있는 길들은 차단된다. 즉 A의 삶이 소설 전면에 제시될 수 없고, '나'가 흘리는 정보를 통해 A의 삶의 일부분이 재구성되는 것이 가능할 뿐이다. 성글게 제공된 정보에 의하면, A는 한번 (혹은 그 이상)의 이혼경력이 있고, 전남편과 시애틀, 밴쿠버, 리마, 파리 등의 도시에서 살았던 경험이 있었다. 그리고 세무서 직원인 지금의 남편과 결혼했고, 신도시에 집을 마련하기 위해 열심히 돈을 모았었던 적도 있었다. 또 자세한 이유를 알 수는 없지만, "더 이상 여기에서 하루도 견딜 수 없을 만큼 사람들에 치이고, 노여움인지 분노인지 그런 것들이 목에까지 치받혀" 여기를 떠났었지만, "숲과 호수가 있는 조용함"으로 대표되는 외국의 도시들도 A가 입었던 상처를 치유해주지 못했고, 결국 다시 한국으로 돌아온 것 같다.

흥미로운 점은 "숲과 호수가 있는 조용함"으로 표상되는 "그곳"이, 호수를 끼고 있는 조용한 지금 이곳의 신도시와 닮음꼴이라는 점이다. 그렇다면 신도시에서의 A의 생활은 답답한 외국생활의 연장선상에 있는 것이라고 말할 수 있다. 호수를 끼고 있는 신도시 역시, 그곳처럼 풍경만 아름답지 답답하기 그지없는 장소에 불과하다고 할 수 있다.

"그곳"을 회상하던 A는 "기억나는 건 버림받은 고양이"라고 말한다. 그 고양이가 어떤 고양이였길래, 아름다운 풍경을 대신하여 기억의 표면으로 떠오르는 것일까. A가 말하는 고양이는 그녀가 숲에서 만났던 버림받은 고양이다. 원래 집에서 키우던 고양이였는데, 주인이 다른 곳으로 이사를 가면서 숲에다 버렸다고 한다. 숲 생활에 적응이 안 되었던지 고양이는 사람이 지나갈 때마다, 네 발을 허공으로 치켜들고 뒹굴고 애처롭게 바라보며 몸을 둥글게 말았다가 펴 보이곤 하면서 아양을 부렸다. 그러나 사람들은 생선을 가져다 주는 것 이상의 호의를 베풀지 않았고, 어느날 자동차에 치여 죽고 만다.

"그곳"에서 보았던 고양이에 관한 이야기는, 이후에 A가 고양이를 키우게 되는 심리를 설명해 준다. 처음으로 키웠던 흰 고양이는, 온몸이 나뭇잎에 덮인 채 다리를 절면서, 남편 자동차 밑으로 기어들면서 A와 인연을 맺게 되었다. 버림받고 사람의 동정과 호의를 바라는 그곳의 고양이의 모습과, 다리를 절면서 자동차 밑으로 기어들어 온 흰 고양이의 모습은 상당히 닮아있다. 그곳의 고양이에게 무관심했다가 고양이의 죽음을 보아야 했던 A는 죄책감을 상쇄하기 위해서라도 흰 고양이를 받아들일 수밖에 없었을 것이다.

그런데 문제는 흰 고양이를 데리고 온 이후, A의 고양이에 대한 관심이 비정상적으로 보일 만큼 심각해진다는 것이다. 들여온 고양이가 열 마리를 넘기면서 급기야 남편과의 관계마저 위기를 맞게 된다. A가 고양이에게 관심을 갖는 일차적 이유는 그들이 버림받았기 때문이다. 버림받은 것에 대한 연민인데, 여기에는 자기연민의 의미가 포함되어 있기도 하다. 즉 A가 고양이와 자기 자신을 일정부분 동일시하고 있다는 뜻이다. A가 '나'에게 말해주었던 흰 고양이에 대한 이야기가 상당부분 거짓말이었음이 나중에 남편의 말을 통해 확인된다. A는 흰 고양이가 "페르시아 종"이라고 말해주었지만, 외양을 보더라도 흰 고양이는 페르시아 종이 아닌 게 확실하다. 또 A는 수줍어하며 구석으로만 다니는 흰 고양이에 대하여, "위로 수고양이 셋을 두고 태어난 암고양이라서 그런다고", "오빠들 등살에 기를 못 펴고 섞여 살아서 다른 고양이들보다 얌전한 것"이라고 설명했다. 그러나 길에서 주워온 고양이란 사실을 상기하면, 고양이 가족에 대한 이야기는 A가 꾸며낸 허구에 불과하다.

그렇다면 무엇 때문에 A는 고양이에 대한 이야기를 꾸며내려고 했을까. 고양이를 빌어 자신의 이야기를 하고 있는 게 아닌가라는 추측을 해보게 된다. 다시 말하자면, 고양이는 A의 분신이다. 그래서 그곳에 대한 추억은 버림받은 고양이에 대한 기억으로 대치된다. A는 버림받은 고양이, 사랑받지 못하는 고양이에게 자신의 처지를 투사한다. 처분했던 고양이를 다시 집안으로 끌어들이게 된 이유를 말하는 장면에서, 이러한 추측은 확실한 근거를 얻게 된다. 고양이가 열 마리를 넘어버리자 남편은 집을 나가 버렸고, 그러자 A는 남편을 돌아오게 하기 위해 고양이들을 다른 곳으로 보냈다. 그러다가 어느 순간부터 다시 A는 고양이를 집안으로 끌어들인다. '나'는 A의 남편에게 어쩌다가 '다시' 고양이를 키우기 시작했느냐고 묻는다. 남편은 어떻게 다시 고양이가 집안에 들어오게 됐는지를 기억하지 못한다. 그러면서 자신이 추측해본 네 가지 이유를 제시한다.

 (1) 병원에 다녀온 후라고요? 지금 생각해보니 자꾸만 구토 증세를 느껴 임신인 줄 알고 병원에 갔다가 자궁 내막이 두꺼워져 아이를 갖기는 힘들겠다는 말을 듣고 오던 날 길에서 고양이를 한마리 데리고 들어왔던 것 같다고요?
 (2) 머리에 총알이 박힌지도 모르고 끝없는 고통에 팔 년째 시달리다가 일본에서 수술을 받게 된 아프가니스탄 소녀에 대한 기사를 읽던 날도 두 마리를 데리고 들어온 것 같다고요. 탈레반 전투 세력이 카불을 점령하기 위해 총격전을 벌일 때 맞은 총탄이라지요.
 (3) 지난번 스물 몇 명이나 되는 여자들과 노인들을 죽인 연쇄 살인범이 잡혀 현장 검증하는 가정이 보도되던 무렵에 매일 한마리씩 데리고 들어왔어요? 그랬군요.
 (4) 뭐라고요? 크게 말해보세요? 저 회색 새끼 고양이는 어린 딸을 성폭행한 의붓아버지가 증거 불충분으로 감옥에서 나왔을 때 그의 어머니가 항의 표시로 손가락을 잘라 경찰서에 보냈다는 날 데리고 들어온 거였다고요?

고양이를 다시 키우게 된 근거로 제시된 네 가지는 작위적이라고 할 만큼 한 방향을 지시하고 있다. A는 병원에서 임신이 힘들겠다는 진단을 받던 날 고양이를 데려온다. 총알이 머리에 받힌지도 모른 채 두통을 호소하던 소녀가 수술을 받던 날, 스무 명이 넘는 노약자와 부녀자를 죽인 연쇄살인범이 현장검증을 하던 날, 딸을 성폭행한 의붓아버지가 증거불충분으로 풀려나는 날, A는 고양이를 데리고 들어온다. 이 사건들은 세계의 불모성, 황폐함, 폭력성을 보여준다. 세계는 이루 말할 수 없이 폭력적이고 황폐하다. 세계는 민간인의 머리에 들어가 박히는 총알같은 것이며, 무차별적 살인을 저지르는 연쇄살인범과 같으며, 딸을 성폭행하는 잔인한 의붓아비와 같은 것이다. 이런 황폐한 세계에 A는 무방비 상태로 내던져있다. 보호받지 못하는 한마리 고양이 새끼처럼. 때문에 고양이에 대한 보호와 연민은, 자기자신에 대한 연민이기도 하다.

4. 가족만들기와 그 실패

A는 황폐한 세계를 견디기 위한 방법으로 '가족 만들기'를 선택한다. 신경숙 소설에서, 가족은 '나'와 '타자'가 분리되기 이전의 유토피아로 기능한다. 때문에 가족의 회복은 당위명제와 같은 의미를 갖는다. 그런데 깨어진 가족의 회복이 지난한 것으로 묘사되는 경우가 많기 때문에 소설은 대개 비극적인 결말을 맞게 된다. 「숨어있는 눈」에도 가족은 있다. '나'의 가족과 A의 가족. '나'는 어머니와 아버지, 오빠와 한 가족을 이루고 살았던 적이 있다. 하지만 어머니의 죽음, 아버지의 재혼, 오빠의 결혼을 계기로 해서 '나'의 가족은 흩어지게 되었고, '나'는 지금은 여섯 평의 원룸에서 가족없이 혼자 지내고 있다. 정확히 말하면 독신녀인 '나'에게 가족은 없다.

'나'에 비하면, A는 옛날에도 지금도 가족과 함께 살고 있다. 하지만 A 역시 가족만들기에 실패했다고 할 수 있다. 전남편과 만들었던 가정은 이혼으로 깨어졌고, 지금의 남편과 이루고 있는 가정 역시 고양이의 침입으로 깨어질 만큼 불완전한 것이기 때문이다(그리고 실제로도 A의 가출과 함께 이 가정 역시 깨어진다). 그래도 A는 가족 만들기의 꿈을 버리지 않는다. A는 "조용히 샌드위치 가게를 하면서 아이를 낳고 싶어 했"다. A는 무정형의 가족을 단단히 비끄러매줄 끈으로서의 아이가 필요했던 것이 아닐까. 하지만 황폐한 세계는 A에게 아이를 허락하지 않는다. 불임이라는 가혹한 판정을 내릴 뿐.

그런 점에서 '나'가 A의 집을 방문했던 날의 장면을 눈여겨 볼 필요가 있다. '나'가 A의 집에 들어서면서 이상한 기분을 느꼈던 것은 연출되고 조작된 가족적 분위기 때문이었다.

A가 싱긋 웃었던 것 같네요. 그런데 지금 생각하니 참 이상하네요. 아랫집 아이라는데 옷을 마치 엄마와 딸이 부러 맞춰 입은 것처럼 입고 있었거든요. 앞가슴 쪽이 파인 흰 민소매 셔츠에 겨자색 카디건을 걸치고 자연스럽게 구김이 진 크림색 면치마를 입고 발목을 덮는 흰 양말을 신고 있는 A와, 멜방이 달린 초록색 면치마에 역시 목이 파인 흰색 셔츠를 넣어 입고 있는 여자애는 영락없는 <u>모녀지간</u>으로 보였어요. 똑같이 두건까지 쓰고 있었으니까요. 하여간 A와 여자애와, 귀를 쫑긋 세우고 소리를 내지 않고 눈을 반짝이며 흰 털을 낚아채려고 빙빙 돌고 있는 새끼 고양이 사이엔 친밀감이 넘쳐흘렀어요. 마치 한 <u>가족</u> 같았죠.

(위의 책, 959면, 밑줄: 인용자)

비슷한 옷차림을 하고 있는 'A와 아랫집 아이'는 마치 "모녀지간"처럼 보인다. 거기다가 여자아이의 뒤를 따라다니는 새끼 고양이 사이의 "친밀감"은 보는 사람으로 하여금 마치 "한 가족"을 보는 듯한 착각에 빠지게 한다. '나'는 A의 집에 방문했던 이 장면을 떠올리며, "A가 싱긋 웃었던 것 같네요"라고 말하고, 뒤이어 "그런데 지금 생각하니 참 이상하네요"라고 말한다. 짐작하다시피 A가 바라는 것은 가족관계이다. 가족만들기에 실패한 A는 아랫집 아이와 고양이를 데리고 가족적 분위기를 시연해보고 있는 것이다. 하지만 이것은 어디까지나 흉내내기에 불과한 것이다. 시간이 되면 아랫집 아이는 자신의 집으로 돌아가야 하고, 새끼 고양이는 낯선 사람의 손에 위탁되어야 하므로.

　A의 가족만들기가 결국 실패로 끝나리라는 점은 소설 곳곳에 암시되어 있다. 실패의 원인은, A가 가정의 터전을 만드는 공간적 배경과 밀접한 관련을 맺고 있다. A가 전남편과 가정을 꾸렸던 외국의 다섯 도시나 지금 살고 있는 신도시는 그야말로 '도시'적 공간이다. 겉으로 보기에 그곳은 "숲과 호수로 이루어"져 있고 "그림엽서"처럼 아름답기도 하다. 신경숙 소설에는 '도시'와 '농촌'이 대비적 공간으로 그려진다. '도시'가 폭력적이고 잔혹한 세계를 은유한다면, '농촌'은 불모적 현실로부터 피할 수 있게 해주는 대안적 세계를 상징한다. A가 삶의 둥지를 트는 "그곳"은 겉으로는 '농촌'이지만 실제로는 '도시'이다. 평화로운 전원으로 위장되고 포장된 또다른 도시에 불과한 것이다. 때문에 A는 그곳에서 가족을 만드는 것도, 그곳에서 자신을 치유하는 데도 실패하고 만다.

　「숨어있는 눈」에는 대립적 심상이 뚜렷하게 나타난다. 덥고 무더운 날씨, 땡볕, 매미울음소리, 땀으로 상징되는 '더운 이미지'가 한 계열이고, 난, 화원, 나무스푼, 산, 식물로 상징되는 '시원한 이미지'

가 다른 한 계열을 이룬다. 전자는 도시적 삶과 연결되고 후자는 전원적 삶과 연결된다('나'와 A가 "꽃박람회"에서 만난다는 점도 의미심장하다. 그런데 꽃박람회란 것 역시 인공자연 이상의 의미를 갖지 못한다). 문제적인 것은 A나 '나'가 전자적 삶에 노출되어 있다는 점이다. 그녀들은 더위 속에서 땀을 흘리며 여름을 지내고 있다. "숲과 호수"는 위장된 가짜에 지나지 않기 때문에, 그것은 그녀들을 엄습하는 무더위로부터 보호해 줄 수 없다. 공간적인 면에서도, 계절적인 면에서도, A의 가족만들기는 애초부터 실패할 수밖에 없는 프로젝트였던 셈이다.

5. 길을 잃고 만난 가족

여기쯤에서 우리는 화자인 '나'의 역할에 주목하지 않을 수 없다. '나'는 단순한 정보 제공자일 뿐일까. 자세히 보면 '나'와 A 사이에는 상당한 공통점들을 보인다. 우선 A가 고양이에 빠져 있는 것처럼, '나' 역시 고양이에게 대단한 관심을 보이고 있는 것. "짐승에게 어디 그 절제가 쉬운 일인가요. 게다가 자고 깨어났을 때 허리를 둥글게 말았다가 쭉 펴면서 스트레칭 하는 모습은 또 얼마나…… 이런, 내가 고양이 얘기를 이렇게 속살거리다니. A의 목소리와 다를 바가 없군요." 자신이 실토하고 있는 것처럼, A와 '나'의 목소리는 많은 부분 겹쳐지고 있다. 결론부터 말하면, '나'는 A의 또다른 자아라고 할 수 있다.

A와 관련한 이야기의 선을 착실히 따라가던 '나'는, 소설의 중반에 갑자기 자기 이야기를 늘어놓기 시작한다. 정확히 말하자면, A의 집을 나서는 장면을 묘사하면서부터 자신의 이야기를 꺼낸다. 자정 무렵에 A의 집을 나섰는데 지독한 안개가 끼어있는 데다가, A의 집에 안경을 두고 오는 바람에 집으로 가는 길을 잃게 된다. 흥미로운 점은 길을 잃었을 뿐만 아니라, 그와 함께 "이야기가 엇길로 샜"다는 것이다. '나'는 짙은 안개 때문에, 안경이 없기 때문에, 방향감각을 완전히 상실하여 길을 헤매다가 자동차 사고를 당한다.

길을 잃고 헤매던 '나'가 마주친 것은 무엇인가. "국립 암센타"였다. 그리고 '나'는 자연스레 암에 걸려 죽은 어머니를 비롯한 가족의 이야기를 꺼내게 된다.

암병동에 켜진 불빛을 우연히 바라보았어요. <u>내 얘기 좀 해도 되나요?</u> 위암을 앓던 어머니는 쉰이 되던 해에 암 병동에서 생을 마쳤죠. 아버지는 어머니가 생전에 새옷 입는 걸 보지 못했다면서 수의를 마련하려 했죠. 삼베 수의를 마련하는 돈이 수월치 않다는 걸 알게 된 어머니는 수의를 준비하려는 아버지에게 화를 벌컥 냈어요. 수의를 입을 일이 없을 거라고요. 꼭 병을 이겨서 건강한 몸으로 집으로 돌아갈 생각이므로 수의는 칠순이나 되면 마련하겠노라고요. 결국 어머니의 수의는 평소에 즐겨 입던 한복이 대신했죠. 어머니의 서랍에서는 나와 오빠 앞으로 삼천만 원씩 모아놓은 적금 통장이 나왔지요. 자그마치 이십 년을 부은 적금 통장이었어요. 어머니가 죽고 일 년 만에 재혼을 하던 아버지는 나에게 이 원룸을 얻어주었어요. 대학을 졸업하던 해에는 어머니가 마련해두었던 통장도 내게 주었어요. 이미 이 세상에 안 계신 어머니가 모아놓은 돈이었죠. 오빠는 결혼을 하면서 총각 시절 자신이 몰던 자동차를 내

명의로 옮겨주었죠. 내 식구들은 각자의 방식대로 나를 떼어놓거나 떠나면서 그렇게 한 가지씩 남겨주었습니다. 통장을, 원룸을, 중고 자동차를. 나는 여태껏 그 원룸에서 그 통장에 있던 돈을 찾아 쓰며, 그날 밤 사고가 나기 전까지 그 자동차를 몰며 살았죠. <u>이야기가 엇길로 샜군요.</u>

(위의 책, 969면, 밑줄: 인용자)

차가 길을 잃고 미로를 헤매게 되면서, A에 초점이 맞춰져 있던 '나'의 이야기 역시 일관성을 잃게 된다. '나'는 자신의 가족 이야기, 즉 가족의 해체를 이야기한다. 죽음을 이유로 해서, 새로운 가족의 형성을 핑계로 해서, '나'의 가족은 깨어졌고 결국 '나'는 버려졌다. 마치 이사를 핑계로 숲에 버려진 고양이처럼. 그렇다면 가족에게 버림받은 '나', 버림받은 고양이들, 나아가 고양이에게 집착하는 A는 동일한 것이 된다.

길을 헤매다가 약물중독자가 모는 자동차의 습격을 받아 사고를 당하게 된 '나'는 다시 A의 집으로 돌아오게 된다. 한밤 중, A와 '나'와 회색고양이가 한자리에 모인다. 하지만 이미 집은 회복불가능하리 만큼 폐허가 되었다. A와 '나'와 고양이는 똑같은 처지에 있다. 그들은 버림받았고 돌아갈 집이 없으며 맞아줄 가족도 없다. 버림받은 외로운 영혼들은 잠을 이룰 수가 없다. 그들의 상황은 "늑대고개"에서 밤을 새우는 것으로 비유된다. "무서워서 혼자서는 넘지 못한다는 늑대고개"이기 때문에 그들은 모여서 밤을 보낸다.

"그날 밤, 내가 다시 A에게 돌아왔던 그날 밤. A와 나는 잠을 이루지 못하고 폐허가 되어가고 있는 당신 집에 앉아 있었어요." "눈을 감으면 그 밤, 동물원에서 탈출한 늑대가 선연하게 떠올랐"고, 늑대

생각이 잦아들면 "이번엔 역주행을 해오던 자동차가 나를 향해 돌진해오던 순간의 공포가 되살아"나서 견딜 수가 없다. "늑대"와 "역주행을 해오던 자동차"는 세계의 불가해한 폭력을 상징한다. 때문에 버림받은 자들의 연대감이라는 차원에서 마지막 대목은 눈여겨 볼 필요가 있다.

> 슬며시 A를 끌어안았습니다. 그 무더운 열대의 밤에 A와 나는 서로 껴안고 오한에 떨었습니다. 내 가슴에 와 닿던 떨리는 A의 가슴뼈의 감촉이 그대로 생각나는군요. A는 너무도 야위었더군요. 이마는 거칠었고 입술은 메마르고 목덜미엔 주름이 깊었고 탄력을 잃은 가슴 또한 젤리처럼 말랑해 쥘 것도 없었습니다. 등뼈는 휘어져 있었고 종아리는 어린아이 것 같았으며 발가락 또한 가늘다 못해 낭창할 지경이었어요. A는 내가 그랬던 모양이더군요. 거친 내 이마 때문에 애무하는 A의 입술이 아픈 모양이었고 메마른 내 입술 때문에 A의 혀는 찔리는 듯한 고통을 느끼는 것 같았습니다. A는 불균형스럽게 솟아 있는 내 배를 쓰다듬었고 근육이 울퉁불퉁한 내 종아리를 어루만졌습니다. 야위고 거칠고 휘어진 우리의 몸은 너무도 비슷해 거울에 서로 비춰보는 듯했어요. 무엇인가로부터 쫓기는 듯한 공포 때문이었어요. A와 나는 서로의 황폐한 몸을 깊이 껴안었어요.   (위의 책, 976~977면)

"늑대고개"에서의 공포를 견디기 위해 버림받은 '나'와 A가 서로를 깊이 껴안지만, 이것은 에로틱한 성애라는 의미보다는 폭압적 현실에 대한 어떤 견딤이라는 의미로 읽어야 할 것 같다. '나'와 A가 확인하는 바는, "야위고 거칠고 휘어진 우리의 몸은 너무도 비슷"하다는 점, 즉 서로를 들여다보는 것은 "거울에 서로 비춰보는" 것과 같다는 것이다. '나'와 A의 포옹은 세계와 소통하려는 강렬한 의지의 반영이다. 하지만 다음날 아침 A는 어디론가 사라져 버리고, '나'는 방으로 돌아와 더 자폐적인 삶을 사는 것을 볼 때, 그들의 연대가 어떤 구원이 되지 못함을 암시받을 수 있다.

6. 방에 갇혀서……

다음 날 A는 어디론가 사라져 버리고 '나'는 고양이의 울부짖는 소리에 잠이 깬다. A가 집을 나간 장면은 상당히 상징적이다. A는 집을 나가면서 골목을 향해 있는 베란다 창문이란 창문을 죄다 활짝 열어 놓았고, 회색 새끼 고양이를 줄에 묶어 베란다에 매달아 놓았으며, 슬리퍼 한짝은 베란다 난간 위에 매달아 놓았다. 자기의 분신과 같은 고양이를 죽이기라도 하려는 듯 공중에 매달아 놓았다는 것이나, 정체성의 상징일 신발 한짝을 난간에 걸쳐 두었다는 것은, A의 상징적 죽음으로 이해된다. A의 가족만들기는 실패로 귀결되었고, 자신의 상징적 위치를 찾지 못한 A는 흔적없이 사리지고 만 것이다.

A와 달리 '나'는 죽지 않는다. 그러나 '나'의 삶은 죽음과 진배없는 삶이라고 할 수 있다. '나'는 A가 사라진 집에서 불길한 예감에 사로잡혀 다음과 같은 생각을 한다. "이제는 나의 시간 어디로도 온전히 돌아갈 수 없겠다는 생각이 들었어요"라고. "나는 그날 이후, 저 아래 슈퍼에 가는 일을 빼고는 외출을 하지 않"고, "신문도 읽지 않"으며, "마치 모든 빛이 끊긴 동굴" 같은 원룸에 갇혀 살아간다. A가 집안의

모든 문을 열고 공중으로 사라진 것과 반대로, '나'는 집안의 모든 문을 걸어 잠그고 '방'에 갇힌 것이다.

'방'에 갇힌 '나'의 모습은 유폐된 자아를 상징한다. "여섯 평짜리 원룸"은 모든 관계와 절연하고 세계나 타자와의 소통을 포기한, 황폐한 자아의 내면을 은유한다. 원룸이란 공간은 유폐된 자아가 머물기에 가장 적절한 초현대식 공간일 것이다. 하지만 '나'의 절망적 몸짓에는 소통에 대한 간절한 소망이 숨어있는 것 아닐까. A의 남편을 앞에 두고 무언가를 끊임없이 이야기하는 '나'의 모습에서도 소통에 대한 역설적인 갈망을 발견하게 된다.

「숨어있는 눈」은 버림받은 고양이에 대한 이야기이다. 고양이를 키우던 한 여자가 사라진, 그 무덥던 날의 이야기이다. 무더운 여름날씨, 인공도시 속에서 폭력적인 세계가 모습을 드러낸다. 이들에게는 세계의 폭력을 가리워줄 가족이 없으며, 세계와 소통하려는 A나 '나'의 욕망은 좌절된다. A는 사라지고 '나'는 폐쇄적인 방에 갇힌다. 하지만 세계와의 관계맺기에 대한 욕망, 소통에 대한 욕망까지 멈추었다고 할 수는 없다. '나'의 목소리처럼 숨어있지만 명백히 존재하지 않는가.

저자 · 정재림

1973년 경기도 양평에서 태어나 고려대학교 국어교육과를 졸업했고, 같은 대학교 국문과 대학원에서 「전쟁 기억의 소설적 재현 양상 연구」로 문학박사 학위를 받았다. 2004년 조선일보 신춘문예에 「최근 역사소설 경향에 대한 시론(試論)」이 당선되어 문학평론가로 활동을 시작하였다. 고려대와 한국예술종합학교에 출강하고 있다.

기억의 고고학

초판 발행 2008년 11월 27일

지은이 정재림
발행인 김홍국

펴낸곳 도서출판 **보고사** (제6-0429)
주 소 서울시 성북구 보문동 7가 11번지 2층
       전화 922-5120~1(편집), 922-2246(영업)
       팩스 922-6990
       메일 kanapub3@chol.com
       홈페이지 bogosabooks.co.kr

정 가 15,000원
ISBN 978-89-8433-703-9 (03810)

* 잘못된 책은 교환하여 드립니다.
* 저자와의 협의에 의하여 인지는 생략합니다.